2018年度教育部人文社会科学重点研究基地重大项目"贸易冲突背景下的工商业与人权研究"（项目批准号：18JJD820007）的最终成果

企业家、工商业与人权

——贸易冲突背景下工商业与人权规则的共生机制

王堃　著

WUHAN UNIVERSITY PRESS
武汉大学出版社

图书在版编目(CIP)数据

企业家、工商业与人权:贸易冲突背景下工商业与人权规则的共生机制/王堃著.—武汉:武汉大学出版社,2023.12

ISBN 978-7-307-24095-7

Ⅰ.企…　Ⅱ.王…　Ⅲ.企业家—企业精神—研究　Ⅳ.F272.91

中国国家版本馆 CIP 数据核字(2023)第 205055 号

责任编辑:胡　荣　　　　责任校对:汪欣怡　　　　版式设计:马　佳

出版发行:**武汉大学出版社**　　(430072　武昌　珞珈山)

(电子邮箱:cbs22@whu.edu.cn　网址:www.wdp.com.cn)

印刷:广东虎彩云印刷有限公司

开本:720×1000　1/16　印张:16.25　字数:262 千字　插页:1

版次:2023 年 12 月第 1 版　　2023 年 12 月第 1 次印刷

ISBN 978-7-307-24095-7　　定价:68.00 元

自　序

　　对工商业与人权关系的关注源自跨国公司对发展中东道国的民众人权的侵犯。随着全球化的发展和公司实力的增强，大量公司把业务扩展到母国以外，形成跨国公司。据联合国贸易和发展会议公布的《世界投资报告 2009》的统计数据，截至 2008 年年底跨国公司的数量为 8.2 万家，这些跨国公司有 81 万家海外附属企业。① 有些跨国公司侵犯发展中东道国公民人权的行为被揭露出来，联合国便开始关注这一问题。联合国经社理事会为此成立了跨国公司委员会，这个委员会在 1990 年向经社理事会提交了《跨国公司守则》，试图规制跨国公司的行为，但这个守则没有被采纳。2003 年一个小组委员会起草的《跨国公司和其他工商企业在人权方面的责任准则》依然被冷落，直到 2011 年特别代表提出的《工商业与人权：实施联合国"保护、尊重、补救"框架指导原则》（以下简称《指导原则》）才被联合国人权理事会支持与核可。这一议程在联合国的曲折历程可以看出其争议之大。我们不禁要问，跨国公司及其海外附属企业的数量与东道国企业的数量相比绝对是少数，但为何跨国公司对发展中东道国人权侵犯却成为焦点，难道发展中东道国的本土企业都是尊重人权的典范？工商业与人权之间的关系的实质是什么？应当如何处理这个关系？

　　从问题的缘起来看，工商业与人权的关系议题主要是解决工商企业侵犯人权的问题，也就是分析平等主体之间的私人关系。私人关系主要涉及人的行为规则，这就需要明确应当通过何种行为规则来协调两者之间的关系。这些私法的行为规则与公法的组织规则一起共同形成了制度，即工商业制度与人权制度。表面

---

① 联合国贸易和发展会议：《世界投资报告 2009》。

上这是两种不同的制度，实际上是在开放社会逐步发展起来的并不能相互区隔的规则生态系统。所以现代工商业制度并不是独立存在的，而是在渐进性发展过程中与人权制度相互交织而形成的。

现代工商业制度可以繁荣经济，改善人民生活，特别是能够使统治精英阶层获得更多的利益，将这些制度引入发展中国家也就成为一项极具吸引力的选项。这个过程也可以看作制度的自发扩展，是现代工商业制度在竞争中获得优势地位的体现。然而，当把工商业制度单独抽离出来，放入后发展国家不同的规则系统，极容易产生制度生态问题。这是现代工商业制度在很多发展中国家出现问题的原因，也是工商业与人权相冲突的原因。

按照诺思的理论，世界上多数的国家是比较稳定的自然国家，从自然国家向权利开放秩序面临着诸多的门槛条件和利益牵制，[①] 在这个过程中，工商业与人权的矛盾就很难避免。对于自然国家而言，人权制度并没有太多的吸引力，很难与工商业制度一同引入，即使宪法和法律纳入人权条款，也很难成为行为规则。工商企业在自然国家对人权的侵犯，看似源于企业经营者罔顾人权，实际是人权规则在经营者的行为规则系统中并不存在，也就是社会中虽然有人权的词语，但并没有被实际遵循的人权规则。

自然国家这一名称说明了这种国家是一种常态的国家，是人类经历了漫长的采集社会、农业社会，通过不断试错演进，形成了社会形态比较稳定的国家形态。在自然国家中，精英形成政治联盟控制权力机构，并赋予自身特权，通过政治系统操纵经济系统而获得租金。精英为了维持其租金和对政治经济系统的操控，需要比较稳定的秩序，以防止其他个体和群体的挑战，会强化对人民的控制，不允许人民建立永久性组织，人民仅在有限的经济范围内保有一定的自由。这种环境下形成的规则系统在维持秩序方面的功能极强大，在农业社会的低技术条件下可以维持多数人的生存。农业社会行为规则的特点是对创新和冒险的容忍度较低，因为创新和冒险会对现有秩序产生冲击，特别容易对精英的利益形成损

---

① ［美］道格拉斯·C. 诺思、约翰·约瑟夫·瓦利斯、巴里·R. 温格斯特：《暴力与社会秩序——诠释有文字记载的人类历史的一个概念性框架》，杭行、王亮译，格致出版社2017年版，第2页。

害。于是农业社会开始向内卷化发展，农民通过精细化内卷竞争投入更多的劳动力，但整个生产水平却没有太多的提高。虽然农业社会的自然国家极为稳定，但这种稳定是刚性的稳定，会因自然灾害、瘟疫等威胁到人民生存而出现失序。农业社会人们对行为规则和组织规则遵循又会使秩序逐步恢复，循环往复而无法自拔，社会形态也因此无法从自然国家走向权利社会。

个别国家率先从自然国家走向开放社会可能仅仅是历史的机缘巧合。在这些国家中，精英通过允许人民的冒险和创新活动而获得了较多的租金，同时这些社会的行为规则中对冒险和创新有着较多的支持和较少的束缚。经由工商业的发展而对冒险和创新的容忍度逐步提高，现代工商业制度得以形成。现代工商业制度形成的过程就是人权发展的过程，如果没有将权利对所有人开放，任何人都可以建立永久性组织，并且拥有广泛的自由，现代工商业制度就无法形成。从自然国家向开放社会转变的难题是使精英放弃原有获取租金的方式。只有精英认识到即使放弃特权也可以通过全社会的创新活动而获得更多的租金，并且就此达成一定的共识时，社会形态的转变才能逐步展开。

开放社会与自然国家有许多差异，其中关键差异是，虽然以内卷化的方式，也就是依靠更低价格和更高质量来展开经济竞争依然存在，但更重要的方式是通过创新的方法发展出新产品和服务，"人们成立组织去开掘新的机会和追逐与创新有关的租金"的方式更加占据主流。[①] 这其中的关键就是创新，没有创新就没有现代工商业。一方面如果以自由权为核心的人权不能获得保障，也就不会有层出不穷的创新，工商业的现代模式就失去了动力，只能回到内卷化、权利限制的自然国家。很多国家进入中等收入陷阱，收入不能提升反而下降就是这个原因。另一方面，现代工商业模式创造了大量的租金，维持了权利开放，能够维持精英对租金的获取，能够阻止政治系统对经济利益的操纵和对人权的压制，人权规则也就能够更牢固地被遵行。因此，在开放社会人权与工商业是相互支持而不是相互冲突的。

[①] ［美］道格拉斯·C. 诺思、约翰·约瑟夫·瓦利斯、巴里·R. 温格斯特：《暴力与社会秩序——诠释有文字记载的人类历史的一个概念性框架》，杭行、王亮译，格致出版社2017年版，第19页。

随着人权规则的发展，一些社会权被纳入了人权的范畴。这些社会权的出现同样回应了工商业发展的要求，比如社会保障权。社会保障权要求国家承担给付义务，国家承担公民的最低生活保障，使公民能够摆脱对家庭的依赖，可以自由地从事其所感兴趣的事业，从而为工商业发展提供了条件。同时国家需要大量的财政资源来支付社会保障经费，没有活跃的工商业提供的税收，国家对社会保障权的给付义务就难以为继。因此，目前被认为与工商业冲突较多的社会权，包括环境权、劳动权、社会保障权等，与自由权一样，都是与工商业同时演进形成的。

当工商业与人权发生冲突时，由于人权规则并没有真正被遵循，强调保护人权便不会成为可行的方案。自然国家有着较多的对经济进行控制的传统和规则，当工商业与人权发生冲突时，强化对工商业的规制，为工商业制定更多的规则，以各种理由限制民营企业进入的领域，就成为合乎情理的选择。这种做法从近期看有着明显的效果，从结果上看也可能会达到设定的目标。但是从长期看，后果却是那些主张强化规制的人所无法看到的，或者有意被忽略的。强化规制的后果是工商业受到了更多限制。自然国家原本就缺乏的企业创新会被压制，企业最后不得不回到原本就擅长的内卷竞争之中，人权的状况不仅不会得到更好的保障，反而可能恶化。

面对工商业与人权之间的调适问题，本书没有从强化规制的视角进行分析，也没有沿用"私体公法化"的泛公法化的国际法思路，[①] 而是从更为长远的工商业与人权良性互动的角度进行研究，以创新规则的形成作为协调工商业与人权关系的中枢和关键加以论证。通过上面的分析可以看到，工商业与人权关系能够协调发展的关键是创新规则的确立。工商业需要创新才能摆脱内卷而实现长期增长，从而更好地保障人权；保障包括自由权和社会权在内的人权，公民才有可能进行冒险和创新性活动。在脱胎于农业社会的自然国家，稳定规则处于优势地位，对创新的容忍度较低。创新规则需要通过各种方式逐步生成。比如我国政府提出的以"大众创业、万众创新"为指导的各种措施，就是在培养创新规则的形

---

① 这是梁晓晖先生的提法，参见梁晓晖：《工商业与人权：从法律规制到合作治理》，北京大学出版社 2019 年版。

成。除了政策以外，创新规则形成的另外一个比较重要的方式，便是通过宪法和法律加以引导，把比较成熟的国外创新规则和国内经过长期探索形成的有效创新规则纳入宪法和法律，为创新提供较友好的法治氛围。

目 录

第一章 绪　　论

第一节　研究背景与意义

工商业与人权议题是人权发展的产物，而它成为国际社会普遍关注的议题，则在很大程度上源于国际经济秩序的变迁与贸易冲突的升级。当公民的经济、社会、文化权利开始被视作人权时，人权问题便自然而然地与国际贸易冲突联系起来：1957 年，在欧洲共同体成立之时，法国就推动签署了包括男女同工同酬等内容在内的公约，有效避免了他国（尤其是意大利）利用廉价劳动力冲击本国市场。20 世纪 80 年代，企业社会责任运动风起云涌，劳工权益、环保问题得到广泛关注。世纪之交，SA8000、ISO26000 标准问世，在一些跨国社会组织和发达国家政府的推动下，不符合这些标准认证的产品，可能在外贸市场上遭遇壁垒。这强化了工商业领域的劳工权益与贸易冲突之间的联系。同时，消费者运动进一步发展，对国际贸易活动也产生了深刻影响。

工商业发展形成的规则是以 WTO 组织为代表的全球化规则，全球化不仅为企业提供了更多的创新机会，也为各国人权状况的改善提供了动力。很多国家出于各种短期利益考量，往往通过法律、政策、命令、条约、协议、框架等方式，对全球贸易和投资设置各种障碍。设置贸易壁垒的理由有很多，诸如保护本地劳工的工作机会、减少贸易逆差、保护环境等。正如巴斯夏所描述的，各种利益集团来到议会和政府，展开游说，大声疾呼，要保护某个产业，保护这些那些可怜的人群。利益集团的代言人这样说："这些关税保护措施确实使我们富裕了，但我们的财富将可以使我们增加开支，从而可以扩大营业，而我们的利润则可以像甘露一样遍撒劳动阶层。"① 这些理由看似很合理，也有着众多的支持者，从实施效果和结果来看，的确可以在短期内达到目的。但从长远看，这使得市场的竞争规则失效，使价格机制扭曲，使企业创新受阻，也使人权保护的承诺难以兑现。

2020 年 7 月 21 日，习近平总书记在企业家座谈会上提出企业家要发扬创新精神。习近平总书记指出："改革开放以来，我国经济发展取得举世瞩目的成就，同广大企业家大力弘扬创新精神是分不开的。创新就要敢于承担风险。敢为天下先是战胜风险挑战、实现高质量发展特别需要弘扬的品质。""企业家要做创新发展的探索者、组织者、引领者，勇于推动生产组织创新、技术创新、市场创新，重视技术研发和人力资本投入，有效调动员工创造力，努力把企业打造成为强大的创新主体，在困境中实现凤凰涅槃、浴火重生。"② 现代工商业制度和人权保护制度都是由规则组成的，这些规则最初的产生是因为某个具有创新精神的人，在解决工商业或人权问题时创造了新的规则，使问题得到比其他方式更有效的解决。这些创新者创造的新规则因其有效性而在规则的竞争中获胜，成为一个社会中被广泛遵循的规则，立法机关通过法律确认使其得到更好的实施和扩展。在工商业中，最具有创新精神的就是企业家，企业家就成为工商业和人权规则的创造者。因此，解决工商业与人权冲突的关键是规则的创造者，即具有创新精神的企业家。

基于上述背景，本书将从人的行为遵循规则的视角，研究贸易冲突背景下工商业与人权规则的共生机制，将企业家创新行为纳入工商业与人权调适，从而为解决贸易冲突，推动工商业发展和经济繁荣，以及保护人权和维护每个人有尊严的美好生活提出解决方案。本研究具有以下意义：

第一，拓宽工商业与人权的研究视野。关于工商业与人权的问题，以往的研究集中于企业社会责任（Corporate Social Responsibility）领域，并视之为企业责

---

① 转引自［法］巴斯夏：《财产、法律与政府》，秋风译，贵州人民出版社 2003 年版，第 293 页。

② 习近平：《在企业家座谈会上的讲话》，载新华网：http://www.xinhuanet.com/politics/leaders/2020-07/21/c_1126267575.htm，2021 年 4 月 8 日最后访问。

任的升级版。实际上，关于企业社会责任问题，至多是工商业与人权关系的一部分，在这一问题背后所隐藏的贸易冲突，却遭到了有意无意的忽略。

第二，站稳工商业与人权的理论立场。习近平总书记指出，人权事业必须也只能按照各国国情和人民需求加以推进。发展中国家应该坚持人权的普遍性和特殊性相结合的原则，不断提高人权保障水平。国际社会应该本着公正、公平、开放、包容的精神，尊重并反映发展中国家人民的意愿。然而，当前研究却始终站在发达国家的立场上，用空泛的人权标准来框定工商业活动，没有充分考虑发展中国家的实际情况。

第三，廓清工商业与人权的思想框架。目前关于工商业与人权的研究，始终未能脱离西方研究设定的框架——劳工权益成为工商业与人权的核心议题，而其他相关问题却遭到刻意忽略。新的研究意在廓清这一框架，将环境权、平等权等基本人权纳入议题加以总体考虑，从而更加全面地理解这一问题。

第四，在工商业与人权相关问题上争取国际话语权，助力"一带一路"倡议的实施和中国企业"走出去"战略。如果工商业与人权问题仅仅体现为劳工权益议题，包括中国在内的发展中国家必然难以取得话语权上的优势。但如果我们拓宽视野，将发展权、生存权等问题纳入议题，西方国家显然应当承担更多责任。争取话语权，不能局限于西方框定的研究视野，而要想方设法另寻研究路径。人权在很大程度上是一个经济问题。任何一个国家的人权保障，必然与该国经济政策密切相关，并受制于该国在国际经济秩序中的地位。正因如此，无论是企业社会责任，还是工商业与人权领域的国际立法，都在不同场合遭到非常激烈的争议，这种争议主要源自发展中国家与发达国家之间的不同立场。

第五，在工商业与人权相关问题上促进国家人权发展。习近平总书记在不同场合多次强调，中国坚持把人权的普遍性原则同本国实际相结合，坚持生存权和发展权是首要的基本人权。这一观念，不仅精确表述了我国在人权事业发展上的基本立场与核心观点，也为我们真正解决人权的诸多理论问题提供了方法指引和基本遵循。在工商业领域对人权问题展开分析，必须加入对生存权发展权问题的思考，深化对中国人权问题的国情认识，从而更高质量地促进国家人权发展。

第二节 国内外研究综述

学界对工商业与人权议题的研究已经持续了十余年。对企业人权义务和企业人权责任研究已有五篇博士学位论文，包括 Khadja M. Y. Solyman 的 "Multinational Corporations' Responsibility for Violation of Human Rights" （中国政法大学，2013年）、程骞的《公司人权义务的法哲学原理》（武汉大学，2016年）、李莎莎的《企业人权责任研究》（吉林大学，2018年）、许斌的《论工商业人权责任的制度化》（山东大学，2020年）。

有二十余篇相关的硕士论文，包括：王红的《论跨国公司国际人权责任的追究》（华东政法大学，2007年）、曲冰的《跨国公司承担人权责任的困境及出路》（吉林大学，2008年）、李洪如的《论跨国公司人权责任的追究》（厦门大学，2009年）、冷雅宜的《跨国公司的国际人权责任问题研究》（湖南师范大学，2009年）、叶欣的《论跨国公司在人权领域的法律义务》（中国政法大学，2009年）、刘文娟的《跨国公司的国际人权责任研究》（上海交通大学，2009年）、韩月的《试析跨国公司社会责任的国际规制》（吉林大学，2011年）、李苏香的《跨国公司社会责任及其对国际法主体理论的影响》（哈尔滨工业大学，2009年）、李沫含的《论跨国公司的人权责任》（山东大学，2012年）、杜雪飘的《工商业与人权：鲁格原则研究》（广州大学，2013年）、陈薇薇的《论跨国公司的国际人权责任》（西南政法大学，2012年）、邹洁茹的《论跨国公司的人权责任》（吉林大学，2014年）、程燕龙的《跨国公司人权责任法律问题研究》（河北经贸大学，2015年）、秦石军的《论跨国公司的人权责任》（上海师范大学，2014年）、刘伟伟的《论企业的人权责任》（山东大学，2016年）、李林蔚的《论跨国公司的人权责任》（广西大学，2016年）、李敏的《论跨国烟草公司的人权保护责任》（浙江大学，2018年）、钟未一的《论国有企业的人权责任》（山东大学，2019年）、韩永静的《跨国公司与中国供应链企业劳动者权益保障》（华东政法大学，2018年）、张心怡的《跨国公司的人权义务及其规制》（外交学院，2019年）、封婷婷的《母国规制跨国公司的域外人权义务》（中国政法大学，2020年）、张毅的《跨国公司人权保护责任研究》（内蒙古大学，2020年），等等。另外围绕工商业与人权议题发表的论文也有数十篇，这些研究涉及的内容主要包括：

一、有关企业责任的研究

（一）企业社会责任的内容

我国绝大多数学者对工商业与人权的研究还停留在企业应当承担什么样的社会责任以及如何承担社会责任议题上。研究领域大多限缩在经济学和管理学领域。众所周知，企业社会责任，简称 CSR（Corporate Social Responsibility），是指企业在创造利润、对股东负责的同时，还应承担起对劳动者、消费者、环境、社区等利益相关方的责任。[①] 随着研究的不断深入，企业社会责任的理论也自提出后逐渐从"三个中心圈理论"发展到"金字塔理论"再到"三重底线理论"，最后发展成为现在通用的"全球企业公民理论"[②]。企业责任的范围也越来越大，实践形式也越来越多。

《中国企业社会责任报告白皮书》和《中国企业社会责任研究报告》[③] 常年追踪研究我国企业社会责任。胡润研究院、碧桂园集团和国强公益基金会，联合发布的《2020 中国企业社会责任白皮书》中对中国企业承担社会责任的实践归纳为 8 个类别，包括：环境保护、精准扶贫、关爱弱势群体、社区公益、海外公益、助学助教、文化体育、抗震救灾。[④]《中国企业社会责任研究报告（2019）》研究的理论模型自 2019 年起也由责任管理、市场责任、社会责任、环境责任"四位一体"的理论模型转变为"责任三角"理论模型，即以责任管理为核心，以本质责任为顶端，以社会责任和环境责任为两大基石，构成了稳定的

---

① 胡润研究院：《2020 中国企业社会责任白皮书》，载澎湃号"北京电子学会"，https：//www. thepaper. cn/newsDetail_forward_7856311，2020 年 6 月 16 日最后访问。

② 胡润研究院：《2020 中国企业社会责任白皮书》，载澎湃号"北京电子学会"，https：//www. thepaper. cn/newsDetail_forward_7856311，2020 年 6 月 16 日最后访问。

③ 此书丛书名为"企业社会责任蓝皮书"。

④ 胡润研究院：《2020 中国企业社会责任白皮书》，载澎湃号"北京电子学会"，https：//www. thepaper. cn/newsDetail_forward_7856311，2020 年 6 月 16 日最后访问。

"责任三角"结构。① 该模型中，本质责任包括股东责任、客户责任等内容；社会责任则涵盖政府责任、伙伴责任、员工责任、安全生产、社区责任、精准扶贫、抗击疫情等内容；环境责任包括绿色管理、绿色生产和绿色运营等内容。② 其 2018 年报告指出，国有企业和民营企业 100 强社会责任披露重点在股东责任、政府责任、员工责任和社区责任，而外资企业 100 强更加注重对社区责任、员工责任和绿色运营的信息披露。③

政府和企业对工商业和人权的理解大多还局限在企业社会责任的层面，甚至对企业社会责任的内涵认知与国际社会的通常理解仍有偏差。我国企业社会责任主要被界定为依法经营诚实守信、提高持续盈利能力、提高产品服务质量、节约资源保护环境、自主创新技术进步、严格保障生产安全、维护职工合法权益、参与社会公益事业等。而联合国全球契约和 ISO26000 两大主流企业社会责任体系主要涉及尊重人权、保障劳工权利、保护环境、公平运营、保护消费者权利，反对腐败、健全管理体系、促进社区参与和发展等。④

（二）企业社会责任的实现

李玉杰（2015）认为为保护公共利益，实现社会经济的可持续发展，维护社会的和谐稳定，工商企业在其经营活动中有义务尊重和保护人权。企业社会责任运动即是旨在追求"共同福祉"的全球性社会运动，我国的工商企业也应积极地投身于该项运动。必须坚持以人为本的科学发展观，在全社会继续大力宣扬企业社会责任的理念，明确企业对经济、环境和社会发展应当负担的

---

① 黄群慧、钟宏武、张蒽：《中国企业社会责任研究报告（2019）》，社会科学文献出版社 2019 年版，第 3 页。

② 黄群慧、钟宏武、张蒽：《中国企业社会责任研究报告（2020）》，社会科学文献出版社 2020 年版，第 4 页。

③ 黄群慧、钟宏武、张蒽：《中国企业社会责任研究报告（2018）》，社会科学文献出版社 2018 年版，第 28 页。

④ 程骞、周龙炜：《从"企业社会责任"到"工商业与人权"：中国企业的新挑战》，载《中国发展简报》2015 年第 3 期，第 32~33 页。

责任，进一步加强立法和执法监督，以促使企业自觉、积极履行社会责任。①

赵涛、刘保民、朱永明（2008）则试图依据我国国情借鉴 SA8000 标准建立一套基于员工权益保障的企业社会责任评价体系。从劳工权益和人权保障两方面评价企业对员工权益的保障程度；企业也要不断完善自身文化、规章制度并充分利用非正式组织等提升对员工权益的保障。②

顾文忠（2012）认为企业、政府、民间非政府组织、新闻媒体等各个方面、各种力量都要发挥作用，从外部环境上营造企业承担社会责任的良好氛围，共同推进企业社会责任的实施。具体包括：政府应在企业社会责任推行中起到引导、督导的作用；选择特定区域、特定产业的代表性企业，借助政府政策支持，进行 CSR 国际性标准推广试点，并全程监测推广过程和影响，尝试找到适合在我国企业中广泛推广的企业社会责任内容；有针对性地提升企业 CSR 的推进意识，在企业内部设置专门机构推进企业社会责任；政府倡导设置专项社会责任促进活动，包括召开论坛、开展国内外交流等活动，推进企业社会责任工作。③

（三）企业社会责任实现的国外经验

贺建涛（2021）针对 21 世纪初以来，加拿大采矿业在拉美的无序扩张导致的严重社会责任失范问题，指出其损害了东道国的生态安全、传统生活方式、社会和谐及长远发展利益，因而遭到了当地受危害社区的反感与抵制。为缓和采矿导致的紧张局面，加拿大政府于 2009 年和 2014 年两度颁布海外采掘业社会责任五年战略。加拿大政府推动企业遵循国际责任规范；鼓励利益相关方对话，支持东道国提升资源治理能力；试图通过设立相关官方机构协助海外企业化解争端；

---

① 李玉杰：《工商企业在商业活动中尊重和保护人权的责任》，载《天津商业大学学报》2015 年第 1 期，第 67~73 页。

② 赵涛、刘保民、朱永明：《基于员工权益的企业社会责任评价体系探讨》，载《郑州大学学报（哲学社会科学版）》2008 年第 2 期，第 80 页。

③ 顾文忠：《企业社会责任对我国对外贸易的影响》，南开大学 2012 年博士学位论文，第 91 页。

提出以经济外交和司法手段对相关企业予以奖惩。贺建涛指出，加拿大政府在本国企业海外扩张中扮演了"加拿大帝国公司"的角色，通过改进企业伦理形象提高企业海外避险能力和竞争优势是加拿大政府社会责任战略的宗旨。①

二、有关企业人权义务的研究

（一）企业尊重和保障人权的意义

Radu Mares 和张万洪（2018）认为联合国工商业与人权指导原则所确立的工商业与人权领域的关键议题包括企业尊重人权的责任、供应链的职责、获得救济的方式、国家的作用、人权尽职调查、环境问题等。中国企业在海外投资和商业活动中履行该框架规定的尊重人权的义务，重视人权原则是人权主流化的要求，也是深入贯彻落实十九大精神、构建人类命运共同体的实际行动。这样做不仅能促进和保障海外投资的成功，还能降低法律风险，树立大国形象，增加国家话语权。②

杨松才（2014）认为《联合国工商业与人权指导原则》所设置的"保护—尊重—补救"框架不仅为公司的人权尊重责任规定了一套规范性的指导原则，还设立了公司履行尊重人权责任的一般原则，确定了公司人权责任的范围，提供了对人权负面影响的防控、缓解和消除以及相关救济措施。这些规定对于塑造公司人权态度、传播人权理念和促进国际人权法的发展将带来深远影响。③

梁晓晖（2018）指出中国人权政策向"企业有责任尊重人权"转变，将人权从公法规范准则转变为包括企业在内的私营部门的价值原则。这种转变既是中国业界在国内应对输入型人权挑战的结果，也是中国企业在海外投资贸易中积极应对输出型人权挑战的原因。将国际人权原则和规范转化为中国工商企业应予尊

---

① 贺建涛：《加拿大对海外采矿企业社会责任的战略建构：以拉美为例》，载《拉丁美洲研究》2021 年第 3 期，第 1 页。

② Radu Mares、张万洪：《工商业与人权的关键议题及其在新时代的意义——以联合国工商业与人权指导原则为中心》，载《西南政法大学学报》2018 年第 2 期，第 43~50 页。

③ 杨松才：《论〈联合国工商业与人权指导原则〉下的公司人权责任》，载《广州大学学报（社会科学版）》2014 年第 11 期，第 20 页。

重和遵守的价值原则体系和行为准则，将大力提升中国企业在海内外尊重人权的责任意识和能力。① 袁楚风（2016）认为国际化进程中的中国企业履行人权责任，是中国企业国际化战略从"走出去"到"融进去"本土化的必由之路。②

（二）国际公约企业人权责任的落实

李林芳、徐亚文（2020）提出我国可从政府与企业两个层面采取应对措施。在政府层面，可以制定并执行相关法律与政策；制定工作指引，建立监管体系；制定工商业与人权行动计划。在企业层面，应当把尊重人权原则纳入公司治理，主动发布人权履责报告，加强对话与合作。③

王秀梅（2019）提出我国应当借鉴相关经验，适时制定和发布《国家工商业与人权行动计划》，以此进一步促进企业履行社会责任，也更好地向世界讲述在企业社会责任方面的"中国故事"。④ 程骞、徐亚文（2015）认为联合国工商业与人权框架是商业与人权领域最新的发展成果，中国公司应当参照这一框架的指导原则，制定人权环境政策、评估人权环境风险、进行尽职调查、避免陷入同谋和建立对话与通报机制，如此才能赢得主动地位。⑤

张伟、张雅琪（2019）也认为，鉴于中国企业海外投资的不断增长，尤其是"一带一路"倡议的推行，设立一个独立的、完全关乎企业承担人权责任的工商业与人权国家行动计划就显得尤为必要。⑥ 有学者也发现虽然现有工商业与人权框架提出了一系列路径来解决与工商业有关的人权问题，也有诸如全球契约，

---

① 梁晓晖：《工商业与人权：中国政策理念的转变与业界实践的互动研究》，载《国际法研究》2018 年第 6 期，第 3 页。
② 袁楚风：《试析"一带一路"背景下国际化企业人权责任的国际司法监督体系》，载《广州大学学报（社会科学版）》2016 年第 11 期，第 23 页。
③ 李林芳、徐亚文：《"一带一路"倡议与中国企业承担人权责任策略探析》，载《北方法学》2020 年第 2 期，第 129 页。
④ 王秀梅：《论我国〈国家工商业与人权行动计划〉的制定：基于企业社会责任的分析》，载《人权》2019 年第 2 期，第 38 页。
⑤ 程骞、徐亚文：《人权视角下的公司环境责任——兼论"工商业与人权"框架的指导意义》，载《中国地质大学学报（社会科学版）》2015 年第 5 期，第 1 页。
⑥ 张伟、张雅琪：《欲穷千里目 更上一层楼——中国改革开放 40 年人权法治保障建设的回顾与展望》，载《人民法治》2019 年第 1 期，第 14 页。

SA8000 和 ISO26000 等规定了相关的企业责任，但仍然在我国无法适用。

程骞（2015）认为国际公约树立了残障者平等就业权的国际标准，中国的法律法规和政策体现了这些标准，但在对残障的认识上仍与国际实践存在差距。残障者平等就业权无论是在国内还是国际寻求救济的难度都大、效果都有限，因此必须加强国家义务、企业责任和权利救济的建设与改善。①

许斌（2020）认为工商业人权责任公约在现阶段存在补充"软法"与自愿性机制的不足等问题，应当通过争取主权国家的合意，明确工商业人权责任的基本内容，推动国内层面的相关立法，促进不同国家国内法的统合与协调。在此基础上，未来可通过专门人权规范，为特定行业、特定领域内的人权治理提供指引。② 胡珀、李卓伦（2020）提出企业人权责任制度的建构在"软法"与"硬法"间往复。多层治理与国际合作是企业人权责任制度发展的可行路径。③

（三）企业人权义务的实现途径

徐亚文、李林芳（2020）认为企业人权义务具有可操作性，能够通过国家和企业的共同行动得以实现。国家应当培养尊重人权的企业文化、确保纵横两向的政策一致性、提供基于国家的救济途径；企业应当做到政策承诺、人权尽责和及时补救。④ 程骞（2016）在其博士论文中从法学基础理论的视角，澄清公司人权义务的概念，明确公司人权义务的内涵和性质，并且在此基础之上证成公司人权义务的合法性，梳理公司人权义务的具体内容，总结公司人权义务的制度实现路径。他认为，公司人权义务的制度化是法律发展的趋势，对中国的公司和政府而言均构成法律上的挑战。它们应该通过诸如树立公司人权义务意识、强化公司人权义务治理、发布公司人权义务指引、制定国家工商与人权行动计划等措施主动

---

① 程骞：《残障者平等就业权的国际标准和国内规范——基于联合国工商业与人权框架的考察》，载《残障权利研究》2015 年第 1 期，第 182 页。
② 许斌：《论工商业人权责任的制度化》，山东大学 2020 年博士学位论文，第 1~3 页。
③ 胡珀、李卓伦：《企业人权责任的历史演进与未来展望》，载《北华大学学报（社会科学版）》2020 年第 3 期，第 86 页。
④ 徐亚文、李林芳：《简析企业社会责任的人权维度与路径建构》，载《上海对外经贸大学学报》2020 年第 1 期，第 90 页。

回应这一问题。①

　　张心怡（2019）总结了目前的法律环境下，对跨国公司侵犯人权的行为进行规制的路径主要有三种：其一是依靠投资东道国或跨国公司母国的国内法进行规制；其二是依靠国际法直接规制跨国公司的行为，或通过约束跨国公司的母国而间接对跨国公司予以规制；其三是依靠虽不具有法律拘束力，但往往更具效率的社会约束机制对跨国公司的行为予以规范。② 李莎莎（2018）认为我国目前所采取的是间接责任模式，即国家立法机关通过立法行为将国际人权条约和宪法中所涉及的人权进一步落实到法律中，根据权利的内容和企业行为的特点决定企业是否具有此项人权的保障义务。然而这种模式导致对立法过程过分依赖。因此，应当在通过完善立法继续坚持这种间接责任的基础上，选择合适的直接责任模式，并关注公私合作合同制定过程中人权保障条款的引入。具体而言，我国应该完善立法中关于企业人权责任的相关规范，以示范合同的形式强制性引入公私合作合同人权保障条款，尝试宪法规范的间接适用，建立多种实现方式并存的人权责任机制。③

　　胡珀、李卓伦（2020）对企业人权责任进行了展望，认为多层治理与国际合作是企业人权责任制度发展的可行路径。通过修订 WTO 法将"社会条款"（Social Clause）作为提升国际多边贸易体制中人权保护标准的制度工具；依靠即将递交联合国人权理事会审议的《发展权国际公约》运用发展权的工具价值平衡经济发展与人权保护的冲突；以及在多边或双边国际投资协议中明确规定对企业投资经营行为的人权期待通过合同约定的方式直接规范企业人权活动等，都是国际社会正在探索的实现企业人权责任国际治理的重要方式。④

　　袁楚风（2016）认为人权保障视域中的企业人权责任与国家义务存在不可分割的关系。国家履行相关义务是企业人权责任实现的重要保障。在现实环境

---

①　程骞：《公司人权义务的法哲学原理》，武汉大学 2016 年博士学位论文，第 1~2 页。

②　张心怡：《跨国公司的人权义务及其规制》，外交学院 2019 年硕士学位论文，第 1 页。

③　李莎莎：《企业人权责任研究》，吉林大学 2018 年博士学位论文，第 1~3 页。

④　胡珀、李卓伦：《企业人权责任的历史演进与未来展望》，载《北华大学学报（社会科学版）》2020 年第 3 期，第 93 页。

下，为确保企业人权责任的实现，国家义务主要为尊重、保护、实现和非歧视义务，它们共同构成了一个整体，预防、制止并处理企业损害人权行为。① 袁楚风（2016）认为有必要建构和完善企业人权责任的国际司法监督体系，国家可以对企业人权责任的标准起草特别规定，特别是企业的环境责任方面。② 李红勃（2004）认为通过官方立法、社会引导和公司自律等措施，可以促使公司积极承担起对其员工、消费者、驻地居民的权利和环境保护等公共利益的责任。③

三、有关跨国公司与人权关系的研究

（一）跨国公司与人权保障的关系

王晓静（2011）认为跨国公司能够对东道国的人权产生重要影响。冷战结束以来，随着跨国公司的经济权力和政治影响力的不断增长，跨国公司从损害东道国人权慢慢转变为协助东道国政府提供人权保障。④ 李春林（2012）认为传统国际人权保护奉行国家中心主义，强调通过国家间接地给跨国公司设定相关义务，无力应对其所带来的人权挑战。随着跨国公司社会责任运动的兴起，国际社会特别是联合国近年来采取一系列举措来强化跨国公司的人权规制，其国际人权责任出现新的动向：它们不仅日益承担直接有拘束力的人权义务，而且也开始接受积极义务，同时还可能因为拒不履行相关义务而遭受制裁。⑤ 喻中（2004）介绍了拉特纳关于跨国企业人权责任理论，对企业为何要承担人权责任、人权责任的发展趋势及相关规则和企业承担人权责任的界定问题作了介绍。⑥

---

① 袁楚风：《企业人权责任实现的国家义务》，载《温州大学学报（社会科学版）》2016 年第 6 期，第 74 页。
② 袁楚风：《试析"一带一路"背景下国际化企业人权责任的国际司法监督体系》，载《广州大学学报（社会科学版）》2016 年第 11 期，第 23 页。
③ 李红勃：《公司的人权责任》，载《河北法学》2004 年第 9 期，第 45 页。
④ 王晓静：《中国"走出去"企业人权责任的履行》，载《经济研究导刊》2011 年第 3 期，第 36 页。
⑤ 李春林：《跨国公司的国际人权责任：基本现状与发展趋势》，载《云南社会科学》2012 年第 4 期，第 119 页。
⑥ 喻中：《拉特纳论跨国企业的人权责任》，载《人权》2004 年第 5 期，第 15~17 页。

（二）跨国公司承担的人权责任

宋永新、夏桂英（2006）提出要强化跨国公司的责任承担模式，可以在联合国和 WTO 之间建立合作关系，将跨国公司的国际人权责任纳入 WTO 框架。① 汪玮敏（2006）提出了强化跨国公司人权责任框架的思路，包括制定有约束力的直接使用的国际法规则和强化国家对跨国公司的监管。② 董京波（2005）认为制定国际公约是跨国公司人权责任实行的法律保障。③ 刘满达（2003）认为应当在加强国家间对话和合作的前提下，解决跨国公司人权案件的管辖权问题，建立跨国公司人权遵守年报的审查制度和正式或非正式的处罚程序，设立自由贸易的人权例外条款。④

汪玮敏（2008）认为在追究跨国公司的国际人权责任方面，目前主要有三种途径：国家对跨国公司的管制、来自非政府组织和其他国际组织的监督以及跨国公司的自律。但这些途径尚不足以成为跨国公司承担人权责任的有效保障，因而必须采取措施强化跨国公司国际人权责任的规制。⑤ 李良才（2009）提出由跨国公司母国及东道国对跨国公司的人权违反行为实施防范或惩处行动，被设定为最佳模式。在构建政府主导模式的同时，我国应充分培育和发挥民间人权力量，推动跨国公司尊重和保护人权。⑥

毛俊响、盛喜（2017）认为，为给中国企业在对外投资过程中承担社会责任提供更确定、有效的指引，可以将保护、尊重和救济义务纳入国内立法及双边投

---

① 宋永新、夏桂英：《跨国公司的国际人权责任》，载《浙江大学学报（人文社会科学版）》2006 年第 6 期，第 95 页。

② 汪玮敏：《跨国公司的国际人权责任》，载《安徽大学法律评论》2006 年第 2 期，第 258~259 页。

③ 董京波：《跨国公司的人权责任》，载《山西省政法管理干部学院学报》2005 年第 2 期，第 11 页。

④ 刘满达：《跨国公司的人权责任》，载《法学》2003 年第 9 期，第 95 页。

⑤ 汪玮敏：《跨国公司人权责任的规制及其反思》，载《合肥工业大学学报（社会科学版）》2008 年第 2 期，第 146 页。

⑥ 李良才：《跨国公司人权责任研究——人权法新发展及中国的应对机制》，载《山西政法管理干部学院学报》2009 年第 3 期，第 1 页。

资协定。① 马忠法、赵思涵提出在联合国体系下，对跨国公司经营行为的治理应当发挥"软法"与"硬法"各自的优势，同国际系统治理实践相结合，推动建立一个更加尊重人类尊严、与自然和谐相处的有序世界。② 何易（2004）认为强化跨国公司国际人权责任的措施应当包括两个方面：一是以国际条约强化母国对跨国公司的规制责任，二是制定有约束力的直接适用的国际法规则以规制跨国公司侵犯人权的行为。③ 迟德强（2012）认为促使跨国公司承担人权责任首要的措施仍然是强化国家对跨国公司的监管。④ 张思思（2012）认为，强化跨国公司的人权责任需要进一步完善国际人权法体系，促进国内法对国际人权标准的认可与转化，将跨国公司置于更广泛的法律控制之下。同时，还应该激励公民社会的发展、加强东道国与母国的合作，引入更具人文关怀的公司治理和规制理念。⑤

孙萌、封婷婷（2020）认为《在国际人权法中规范跨国公司和其他工商企业活动的具有法律约束力的文书》今后的编纂工作应该进一步立足于现有的国内及国际法律制度与实践，在平衡发展中国家和发达国家的利益、兼顾公平对待跨国公司及人权保障目标的前提下，来推进跨国公司人权责任的"硬法化"进程。⑥

庞林立（2020）通过对我国的跨国公司在越南等国遭遇的投资困境分析，认为我国企业对"工商业与人权"议题下跨国公司与非政府组织合作的认识并不充分。在"一带一路"倡议下，提高企业社会责任意识、重视与 NGO 的合作以及

---

① 毛俊响、盛喜：《跨国公司社会责任的确立：基于横向人权义务的补充分析》，载《中南大学学报（社会科学版）》2017 年第 4 期，第 27 页。

② 马忠法、赵思涵：《联合国视角下跨国公司经营行为的国际系统治理》，载《江汉学术》2021 年第 3 期，第 95 页。

③ 何易：《论跨国公司的国际人权责任》，载《武汉大学学报（哲学社会科学版）》2004 年第 3 期，第 403 页。

④ 迟德强：《论跨国公司的人权责任》，载《法学评论》2012 年第 1 期，第 105 页。

⑤ 张思思：《试论跨国公司之人权责任》，载《武汉大学学报（哲学社会科学版）》2012 年第 3 期，第 101 页。

⑥ 孙萌、封婷婷：《联合国规制跨国公司人权责任的新发展及挑战》，载《人权》2020 年第 6 期，第 78 页。

促进中国本土 NGO 走出去，成为提升中国企业海外生存状况的必然选择。① 戴瑞君（2018）以中蒙经贸合作为例进行了分析，认为面对国际合作中存在的人权困扰，我国政府应采取包括立法在内的更有力的措施，规制、引导"走出去"的企业主动承担社会责任；应加强同沿线国家的对话与磋商，为保护投资、保障人权创建更加完善的多双边制度框架。②

（三）跨国公司与人权关系的域外经验

韩国学者徐昌禄和南承宪（2018）用案例研究的方法对韩国企业遵守 2011 年联合国工商业与人权指导原则情况进行总结和分析，提出韩国政府应当加强其法律体系和能力的建议，以解决严重的企业侵犯人权问题。③ 程骞（2015）在《工商业与人权指导原则》下审视了我国香港特别行政区实践，梳理了香港为消除残障就业歧视的官方举措，总结出香港从立法、行政和司法三个方面一齐下手，形成了独到的实践经验。④

美国学者约翰·杰勒德·鲁格（2017）认为随着全球化经济的不断发展，跨国企业侵犯人权的现象不断增多。以约束性国际规范来管理跨国公司的行为成为联合国在工商业领域的重要议程。工商业与人权国际法保护机制的发展，离不开国家体制性规范来裁判企业有害行为，也离不开企业的自我管制。⑤ 荷兰学者尼古拉·杰格斯（2020）对《2030 年可持续发展议程》基础文件、可持续发展目标、具体目标和各项指标的分析显示，其对工商业与人权语言的理解非常有限。他认为可持续发展目标提供了一个强大的、与工商业和人权相竞争的制度，将人

---

① 庞林立：《"工商业与人权"议题下的跨国公司和非政府组织合作机制》，载《人权》2020 年第 1 期，第 88 页。

② 戴瑞君：《"一带一路"建设中的人权因素——以中蒙经贸合作为例的分析》，载《人权》2018 年第 5 期，第 119 页。

③ ［韩］徐昌禄、［韩］南承宪：《韩国海外经营企业的工商业与人权案例研究：挑战和一个新的国家行动计划》，张伟、吴华兵译，载《人权》2018 年第 6 期，第 81 页。

④ 程骞：《消除残障就业歧视的官方举措：香港的实践及〈工商业与人权指导原则〉的启示》，载《残障权利研究》2015 年第 2 期，第 169 页。

⑤ ［美］约翰·杰勒德·鲁格：《工商业与人权：演进中的国际议程》，张伟、尹龄颖译，载《国际法研究》2017 年第 3 期，第 17 页。

权责任和问责制从公司身上转移出去。①

四、有关企业家精神的研究

（一）企业家精神的内涵及外延

熊彼特（1911）认为企业家精神是一种经济首创精神，是一个不断推出新生产组合的过程。新的组合包括：引进新产品；引用新技术，即新的生产方法；开辟新市场；控制原材料的新来源；实现企业新的组织方式。② 德鲁克（1985）认为企业家从事创新，而创新是展现企业家精神的特殊手段。③ 叶勤（2000）认为对成就和个人财富的高度欲望，对自己的前途和命运的高度自信，富于创新、追求卓越的雄心和敢于冒险并承担风险和失败的精神，构成了企业家精神。④

经济学家汪丁丁（2009）从三个方面定义企业家精神的内容："一是熊彼特所说的创新精神，即'创造性破坏'；二是敬业精神，如衍生于加尔文主义的宗教精神；三是诺斯从新制度经济学中提炼出来的合作精神，以及由此延伸出的在环境演变中的适应性演化合作。"⑤

（二）企业家精神与企业社会责任

鞠龙克（2012）从企业家精神的视角研究企业的社会责任，并且对从企业家

---

① ［荷兰］尼古拉·杰格斯：《可持续发展目标和工商业与人权议题：是夜行之舟吗？》，张伟、刘林语译，载《中国政法大学学报》2021 年第 1 期，第 286 页。

② ［美］约瑟夫·熊彼特：《财富增长论》，李默译，陕西师范大学出版社 2007 年版，第 88 页；转引自鞠龙克：《从企业家精神看企业的社会责任》，载《社会科学家》2012 年第 6 期，第 60~61 页。

③ ［美］彼得·德鲁克：《创新与企业家精神》，蔡文燕译，机械工业出版社 2007 年版，第 27 页；转引自鞠龙克：《从企业家精神看企业的社会责任》，载《社会科学家》2012 年第 6 期，第 61 页。

④ 叶勤：《企业家精神的兴起对美国经济增长的促进作用及其启示》，载《外国经济与管理》2000 年第 10 期，第 16~20 页；转引自鞠龙克：《从企业家精神看企业的社会责任》，载《社会科学家》2012 年第 6 期，第 61 页。

⑤ 转引自李兰：《企业家精神：2009·中国企业家成长与发展报告》，中国人民大学出版社 2009 年版，第 163 页；转引自鞠龙克：《从企业家精神看企业的社会责任》，载《社会科学家》2012 年第 6 期，第 61 页。

精神里包含由他们的担当而发展出来的企业家的社会责任与企业社会责任进行比较，认为企业作为社会的一个经济实体，作为人造组织的一种形式，它本身并没有意志自由，更谈不上企业自身履行社会责任了。而企业家作为企业所有活动的规划者和管理者，其意志和决策会对企业的发展有着重要的作用。因此，企业家的社会责任是企业社会责任的人格化体现，并且企业家的社会责任就是其在企业发展的不同阶段践行和带领企业全体员工去实现企业社会责任。①

邓子纲（2018）则认为大数据拓宽了企业社会责任的内涵和外延，提升了企业的生存能力，也提高了企业的道德成本，创新了企业履行社会责任的形式与方法。在大数据时代，企业承担适合信息化发展规律的"经济责任""信息责任"。应当构建大数据时代良好的企业生态和社会生态；培育大数据时代的企业家精神，强化大数据时代自律与伦理规制；探讨大数据时代的德法善治格局，构建企业承担社会责任的长效机制。②

田奋飞（2007）认为在不同的市场经济形态中，企业具有不同的责任观念；随着企业的成长和发展，企业会逐步改变其责任观念；企业家个人的价值观及道德水准在企业责任观选择中具有关键性影响。③ David Grayson 和 Jane Nelson（2014）总结出企业主导型企业责任联盟存在三大推动力量，其中商业等领域的个体领袖在大多数企业主导型企业责任联盟的建立方面发挥了至关重要的作用，他们为联盟的建立提供了政治支持或经济支持。④ 方建国（2019）认为在不同的组织结构中，利益主体和责任主体也不相同，它们承担企业责任和社会责任的态度和结果也就不相同。公司制企业是利益相关者组成利益集团，以企业家为责任核心而形成"同心圆"结构，强化了企业家（企业董事、经理人）的责任。鉴于组织结构对于企业责任的决定性作用，可以在企业组织上设计更加倾向于能够履行社会责任的结构，保障他们在企业中各司其职、各尽其责，从而促进社会价

---

① 鞠龙克：《从企业家精神看企业的社会责任》，载《社会科学家》2012 年第 6 期，第 60~64 页。

② 邓子纲：《大数据时代企业的社会责任》，载《社会科学战线》2018 年第 10 期，第 91 页。

③ 田奋飞：《论企业责任观选择的逻辑》，载《社会科学家》2007 年第 4 期，第 42 页。

④ David Grayson、Jane Nelson：《企业主导型企业责任联盟的三大推动力量》，殷格非、于志宏译，载《可持续发展经济导刊》2014 年第 6 期，第 61 页。

值最大化。①

张雯（2012）在微观层面通过理论分析及实证研究表明高管胜任力与企业社会责任的履行存在正相关关系，这一结论不仅为企业社会责任研究开辟了新的视角，而且给企业社会责任履行的提升提供了新的途径，即通过完善高管胜任力，可以有效提升企业社会责任的履行。高管胜任力在各维度对企业社会责任的相关维度能够产生一定的影响，即高管的管理知识、管理技能和管理素质分别对企业的市场责任、用工责任、环境责任和公益责任产生积极的作用，且管理素质对企业社会责任的影响作用最强；责任管理是高管胜任力与企业社会责任履行之间的中介变量，并且起到部分中介作用，即高管胜任力的提升有助于完善企业责任管理体系，并从根本上加强企业履行社会责任的自觉性和能力。②

还有学者从企业责任伦理角度进行研究。龙静云（2008）认为企业社会责任的承担应当建构企业责任伦理，首先要求企业家必须具有高度的责任心和恰如其分的判断力；其次，企业家应自觉提高抵御非理性效应影响的能力，增加理性决策的水平；还要加强制度建设，优化宏观环境，为企业家责任伦理的形成与内化提供健康良好的外部机制；最后要通过社会伦理理性提升企业家的道德理性。③薛妙勤（2012）指出国有企业责任伦理承载着社会主义性质与本质以及中华民族优秀道德文化给予它的价值形象定位，其责任伦理的构建应高于一般企业责任伦理并对一般企业责任伦理起到引领、示范作用。因此，在低碳时代，环境责任、国家责任、社会责任应成为国有企业责任伦理的重要内容构成。④

五、研究评述

从以上的梳理可以看出，国内外对工商业与人权议题的研究主要集中于企业

---

① 方建国：《什么样的企业会承担社会责任》，载《福州大学学报（哲学社会科学版）》2019 年第 5 期，第 5 页。

② 张雯：《企业社会责任与高管胜任力关系实证研究》，西北大学 2012 年博士学位论文，第 1~2 页。

③ 龙静云：《从行为经济学视角看企业责任伦理》，载《江海学刊》2008 年第 6 期，第 38 页。

④ 薛妙勤：《低碳时代国有企业的责任伦理》，载《郑州大学学报（哲学社会科学版）》2012 年第 2 期，第 43 页。

的社会责任和人权责任、跨国公司的人权责任等方面，这些研究比较深入，对于企业如何承担社会责任、人权责任有启发意义。

　　然而，诚如胡珀和李卓伦所言，要求企业承担人权责任已经成为国际社会的共识，但具体进路仍不得而知。目前国内学者的研究主要停留在探讨如何通过继续完善《联合国指导原则》以"自我管理"约束企业经营行为，对国际社会晚近发展起来的工商业人权条约进程关注不足，虽然中国驻联合国代表早在 2014年就代表我国表示支持针对企业人权责任开展国际立法，但我国学界对具有法律约束力的工商业与人权国际条约相关议题的研究尚未深入。以《联合国指导原则》为主的"软法"路径及以工商业人权条约为核心的"硬法"模式都只是国际社会解决工商业发展与人权保护间两难选择的实践之一。[1] 因此，需要从实际出发，探索符合我国国情的协调工商业与人权发展的道路。如何让企业主动承担起人权保障的义务是本课题研究的进路。

　　学界对何为企业家精神以及企业家精神的重要性有较为充分的研究，但对企业家、企业家精神和与企业社会责任之间的关系，企业家、企业家精神与保障人权的关系研究比较少。现有研究很少从人的行为与规则形成的视角来分析工商业与人权的关系，很少从贸易冲突的本质，也就是贸易保护主义的视角来分析工商业与人权的问题。这正是本书所要着重研究的问题。

第三节　研究思路与创新

　　虽然对人权保护而言，需要工商企业承担社会责任和人权责任，需要对工商企业的行为进行某些规制。但是，一方面这些方式没有触及工商业与人权冲突的本质，另一方面忽略了工商业与人权的规则特征，以及企业家与公民所遵循的行为规则和这些行为规则的创造过程。本书将把企业家纳入工商业与人权关系的讨论范围，从行为规则形成过程的角度分析在贸易冲突中，也就是贸易保护主义盛行的情况下，如何突破贸易保护，实现工商业与人权规则的共生。

---

　　① 胡珀、李卓伦：《企业人权责任的历史演进与未来展望》，载《北华大学学报（社会科学版）》2020 年第 3 期，第 93 页。

本书第一章绪论主要探讨了本书的研究背景与研究意义，对国内外相关研究进行了梳理和评析，总结本研究的创新之处。本章的核心内容是国内外研究的综述，这些已有的研究构成了本书的基础。

第二章研究了工商业与人权关系调适的基础理论。本书以宪法学、经济学、心理学的理论为基础，来构建工商业与人权关系调适的中国理论。这些理论包括企业家与企业家精神理论、行为规则学习理论、系统理论以及内卷化理论，以此为基础，构建了经济宪法的内生外促理论。这一理论结合了西方理论的因子和中国传统思想，符合中国的发展实际，与人民遵循的内在规则相融合，是具有中国特色的工商业与人权调适理论。

第三章探讨了工商业与人权议题的历史与重构。本章把第二章提出的内生外促理论应用到工商业与人权议题，力图从历史发展中发现工商业与人权协同共进的规律。本章首先回顾了工商业与人权议题的发展历史，然后对强化规制的方式来解决两者的冲突的可行性进行了分析，认为这种方式并非历史中展现的有效方式。本章以工商业与人权关系的内生外促理论重构了两者的关系，提出两者是共生的生态系统关系。工商业和人权在共同发展过程中，形成了两者共赢的行为规则，可以通过立法对这些已经证明较优的行为规则进行确认，加快共赢规则的扩展。

第四章分析了贸易冲突的根源。工商业与人权议题往往与贸易冲突联系在一起，因此本章主要分析工商业与人权关系的背景。通过分析可以得知，贸易冲突的根源在于贸易保护主义的盛行。贸易保护主义表面上是保护了本国的产业与人民的就业，实际上对公民的财产权、契约自由权、职业自由权等造成了不适当的限制，从长远来说既限制工商业的发展又侵害了公民的自由权。

第五章分析了企业家在工商业与人权调适中的功能。根据制度经济学的制度变迁理论，规则的变迁需要规则的创新，而工商业与人权规则创新的主要动力来源于企业家。企业家具有强烈的创新精神和冒险精神。企业家的范围极广泛，既包括工商企业中的领导者，也包括社会运动的领导者，更包括一些政治家。个体的规则创新、组织的规则创新和政府的规则创新是工商业与人权规则变迁的三种方式，在每一种方式中企业家都起到了关键作用。

第六章研究了工商业与人权需要调适的主要领域。工商业与人权均是某种人们遵循的行为规则，这些规则涉及不同的人权领域，因此就有着不同的协调规则。这些领域包括经济自由权、发展权、劳动权、环境权等，既有自由权范畴，又有社会权的范畴。本章主要关注当下工商业与人权冲突比较严重的领域，一方面探讨了企业社会责任、人权责任、行政规制等传统方案；另一方面也引入了创新规则来化解工商业与人权的冲突。本章主要从政府规则创新的角度进行分析，研究了政府通过制定法律等规范性文件的方式推动变迁的路径。

第七章主要探讨了我国工商业与人权关系调适的制度建构。本章以内生外延理论为基础，探讨了工商业与人权关系调适制度建构的背景和原则，从培育企业家精神、保护经济自由权、完善创新制度和减少规制的角度出发，构建了适合中国发展状况的工商业与人权调适的规则和制度。总体而言，我国依然是发展中国家，人均可支配收入处于较低水平，经济发展依然是解决一切问题的前提，工商业与人权冲突的调适也必须建立在经济发展的基础之上。本章所构建的规则和制度，形成了工商业与人权的制度生态系统，实现了工商业与人权规则的共生，体现了经济发展与人权保障的共赢。

本书的创新之处体现在以下几个方面：

第一，在理论上的创新。本研究在认知理论、制度变迁理论、系统理论、中国传统的和谐思想基础上，形成了内生外延的调适工商业与人权关系的经济宪法理论。这个理论实现了中西思想的结合，体现了宪法理论的中国化，是理论上的重要创新。

第二，在观点上的创新。本书没有局限于传统的规制理论和企业社会责任、人权责任的观点，而是认为工商业和人权都是人的行为所遵循的规则，并且从规则形成的视角，认为具有创新精神的企业家在其中起到关键作用。工商业与人权规则如果发生冲突，需要创新规则来加以缓冲和协调。本书的另一个重要观点，是应减少以具有短期效果和结果的措施来解决工商业与人权的冲突，而尽量从规则演化的长远视角来看待问题。虽然长远的观点并不符合人的一般理性，正如一般人往往会满足于及时的需要而不顾其他，但这种制度安排是人类长期经验的总结和演进的结果，更能满足人类的高层次发展需要。

第三，在应用上的创新。本书首先厘清了工商业与人权的问题视域，强化发展中国家立场在这一问题上的体现，强化中国声音、中国方案的传播，实现中国传统人权理念与现代人权理念的有机融合，实现了中国人权理念与国际人权理念的融会贯通。其次，强化了发展权在这一体系中的地位与作用，破除以劳工权利、环境权利为核心的论证模式，破除西方话语体系对于这一问题的垄断与操控。最后，以贸易冲突为背景开展研究，对于中国在贸易冲突甚至贸易战过程中所可能面对的人权诘问进行研究，并提出相应可行的对策。

第二章　工商业与人权关系的理论建构

如果说单纯通过规制来促使工商企业尊重人权并不是较优的路径，那么就需要探索一条工商业与人权保障协同发展的新路径。要证明新路径是可行的，首先要提出理论的假设，然后再用证据证明此理论是成立的。本章的核心是提出内生外促的理论模式，此理论可以成为处理工商业与人权关系新路径的基础。内生外促理论是本书提出的新理论，其主要内容是以经济学、心理学、法学等学科已有理论为基础的细微创新和发展。

以内生外促为理论基础的工商业与人权规则发展的新路径并非是一个全新的路径，而是被到处蔓延的规制措施所遮蔽的路径。通过引入这一理论的支持，可以使工商业与人权议题回归到人类规则演进的一般路径上来。工商业与人权协同发展的内生外促理论的核心要义，是将具有创新精神和冒险精神的企业家作为化解冲突的核心主体，通过企业家的规则创新以及群体的学习使新规则得以创立和扩展，来解决旧规则下工商业只能以压制人权的方式维持其内卷化生存的问题。企业家对规则的创新，以认识到规则是一个类似生态系统为前提，他们不是破坏整个规则系统，而是尊重和遵守已有的传统规则，仅对个别规则进行创新。虽然以一般规则为基础适当监管也是必不可少的，而且是可欲的选择，但这些规则的演进变革可以实现经济发展与人权保障的共赢。因此内生外促理论涉及了企业家与企业家精神理论、行为规则学习理论、系统理论以及内卷化理论等。

第一节　企业家与行为规则学习理论

一、经济学理论的争议：对企业家的忽略与正视

工商业与人权的议题涉及企业与受到企业行为影响的其他个体和群体。所谓的企业行为是一种拟人化的处理，其实质是处于决策层的管理者做出的决策行为。企业的决策通常是由企业家做出，因此处理好工商业与人权保障这一议题就首先必须关注企业家及其行为。

对企业家的认识一直是新古典市场理论与奥地利学派市场理论争论的焦点。正如张维迎所言："新古典经济学范式是静态均衡范式、设计范式；奥地利学派和熊彼特经济学是动态非均衡范式、演化范式。两种不同范式最重要的区别是如何理解企业家在市场中的地位和作用。"①

新古典市场理论伴随着亚当·斯密的影子。正如《国富论》中提道："技术变迁以分工加速知识积累的形成，成为报酬递增永不枯竭的源泉。"古典经济学强调从一个均衡的市场出发，通过市场这只"看不见的手"来实现生产要素之间的相互联系和作用，从而形成具有自我制约、自我调节功能的高效市场系统。古典经济学理论忽略了人的价值，人的作用被抽象为劳动要素，这无疑限制了经济增长中人的创造性活动发挥的空间。自1871年经济学界"边际主义革命"开始，马歇尔、瓦尔拉斯、杰文斯等新古典经济学家将古典主义范式通过复杂的数学模型、完整的逻辑结构和严密的理论假设继续将此理论向前推进。他们认为经济运行过程中的各种问题都可以用数学来呈现和解决，经济决策就是通过选择最优的参数和方案，来实现目标函数最大化。他们推崇经济系统的内在均衡和稳定，市场可以根据外界因子的变化自动重新有效配置资源。他们借助线性规划分析法、投入产出分析等数理工具阐述市场的性质和经济发展变化的原因。市场可以在政

---

① 张维迎：《新古典市场理论与奥地利学派市场理论有什么不同?》，载中国经济50人论坛：http://www.50forum.org.cn/home/article/detail/id/7660.html，2021年4月8日最后访问。

府提前设定的一整套科学的、严密的框架规则下有序高效运行，跟电脑程序没有太大区别。在均衡体系中，经济决策主要依赖求解方程组和纯粹的数理分析，而并不看重人的价值，尤其是企业家的才能。新古典理论里并未提及企业家，也不需要企业家，因此也不存在企业家精神。

不同于新古典经济学家推崇均衡市场的解释，奥地利学派以人的主观精神为基础重新构建经济学体系，代表人物主要有门格尔、庞巴维克、米塞斯、哈耶克等。他们认为经济学应主要研究人的意识和人的选择行为。如门格尔所说，人是创造性的行为者及所有社会过程和事件的主角，所有经济事物都是由人的主观主义创造的。这是奥地利学派区别于新古典经济学最重要的标志。

奥地利学派认为新古典范式只适用于可充分控制实验要素的自然实验室，不适用于人类行为；适用于理想状态下的市场，并非现实中的真实市场。人们的行为具有高度复杂性，依赖于个体生命体验中历史的、现实的许多因素，每个人的选择都很随机且很难预测。效用是无法精确度量的，效用反映的是人们对商品的欲望，而欲望难以用具体的数学来表示。效用函数是模糊不定的，是因人因时而异的，每个人的效用函数都不一样。

奥地利学派认为企业家是经济创造的绝对主角，在经济发展中企业家是具有主体意义的决定性力量。经济学应研究企业家的主观活动本身，研究人与经济要素的关系。商品最终是因为满足了人们的主观需要而发展，人的主观感觉是决定人们行为的根源。经济增长本质是一个不断创新的过程，要把充分发挥企业家的作用放在中心地位。企业家通过发现或捕捉机会来实现某个目的，在经济结构内部进行技术创新和创新模式匹配演进，从而获得收益或利润，进而向外扩散，推动社会进程。经济增长、经济发展不能忽视企业家的才能。

奥地利学派对市场机制有独到的理解，价格体系是一种交流体系，是市场的生命线。市场中各类人员对信息的了解是有差异的，价格作为一种低成本的传播媒介，能够持续性地传递需求信息，提高信息和生产匹配效率。企业家是市场过程的主要驱动力，市场发现机制是企业家优胜劣汰的选择机制。市场的发现功能激励企业家争胜竞争，淘汰质量差的企业，这是市场规律性的表现。企业家是市场过程的基本力量，通过发现盈利机会使得市场从不均衡趋向均衡。没有企业家，市场就不可能趋向均衡。换言之，市场的优越性不在于它能随时随地实现资源的最优配置，而在于它提供了一种有效的激励，这种激励诱使企业家不断改进和优化资源配置。

信奉理性选择的新古典经济学认为，给定参数相同的决策环境，所有理性经济人都会在诸种可能的选择中做出最佳决策。然而在现实世界中，在现实生活中，人是具有复杂性的，即使所有客观条件都相同，不同的企业家做出的判断和选择也不同。新古典范式把市场理解为一种静态，而不是一个动态的竞争过程；它忽略企业家，没有指出经济增长的本质；为了自圆市场有效性假设，反而具有演变为反市场假说的倾向，为政府过度干预市场提供了理论上的铺垫。奥地利学派则用不断创新来理解与解释经济增长，预言政府无限制干预市场过程反而会事与愿违，造成不良后果。

二、企业家的核心精神：创新精神

企业家之所以具有如此大的作用，其关键是具有某种被称为企业家精神的素质。企业家精神从表面上看是一种所谓的精神，实际上是企业家做出行为时遵守的核心规则，在这些规则中最重要的就是创新规则或者创新精神。

对于企业家精神描述最经典的是熊彼特。在熊彼特看来，所谓的企业家，就是能够针对生产要素的重新组合方式进行创新的人。熊彼特在1911年发表的经济学著作《经济发展理论》中提出了"创造性破坏"理论对企业家精神进行了说明。熊彼特提出创新者才是企业家，他们通过破坏原有市场的常规和习惯，进而针对可能存在的全新组合进行创新，具体包括新产品的引入、新生产方法的引进、新市场领域的开拓、新半成品或者原料的获取以及新形式的产业组织。企业将前述五种创新方式按照新方式加以组合时，那么便可以将原本固有的产品供应体系予以打破，进而通过不平衡的市场获取利润，这也就是企业家的创新功能。企业家动机包括建设私人王国、对创造成功的喜悦和胜利的热情。有了这些动机，企业家便会为了追逐更多利润而针对更新的组合进行创造，进而打破原平衡市场，同时会诱使其他人进行模仿，出现"蜂聚现象"，导致获得利润的机会越来越少，逐渐形成新的市场均衡状态，之后又会进入下一轮的"创建破坏"。由熊彼特提出的企业家理论在很大程度上凸显了企业家在经营活动当中展现出来的创新能力在经济发展时发挥的作用，并且重点指出企业家的精神核心本质是不断地进行"创造性破坏"。

有了企业家精神,企业家就能及时发现市场的不均衡,运用企业家判断力,出于理性选择改革生产模式,试验不同产品,筛选出哪些企业和哪些产品是"适存"的,这就完成了对特定行业市场结构、生产技术及企业规模的选择,从而使整个市场获益。在熊彼特看来,市场经济的本质特征是变化,变化主要是内生的,是由企业家的创新导致的;企业家是打破均衡的力量,是创新者,没有企业家就没有进步,没有发展。市场竞争主要不是价格竞争,而是产品、技术、服务等方面的竞争,因而竞争与企业家精神是不可分割的。①

新古典学派的均衡体系理论,经济决策过程中更重要的是数理分析,并不看重企业家的价值,而在奥地利学派和熊彼特看来,企业家对经济增长和发展来说是主导力量,他们通过"创造性破坏"使市场向更有效率的方向进行。

以上关于企业家以及企业家精神的看法,专注于从事工商业活动的企业家通过遵循创新核心行为规则来发现市场的机会,从而获取利润的情形。虽然技术创新、商业模式创新、组织形式创新等也涉及规则创新,但这些创新仅涉及企业内部。我们应当关注的是企业家还会对企业外部的规则进行创新。如果企业家发现某些既有的规则阻碍其对利润的追求,他就还会试图创造新规则来取代旧规则。规则的创新有三种模式,分别是个体的创新、以企业为主体的各类组织的创新以

---

① 熊彼特经济学的基本出发点是承认人与人之间是有差别的:有的是领导者,有的是追随者;有的是行动人(man of action),有的是静态人(static person)。他认为,市场的基本功能是推动技术进步,创造出新的市场、新的产品、新的生产方式、新的资源;市场的基本特征是不均衡和变化,而不是均衡。对熊彼特而言,新古典的均衡模式(瓦尔拉斯循环流转经济)是理解资本主义现实的本质因素的有用的起点(starting point),因为它表明在没有创新的情况下,这个体系是如何运行的(均衡和稳定),但不是终点(terminus),因为市场经济的本质特征是变化("静态的资本主义"是一个矛盾的说法);并且,变化主要是内生的,是由企业家的创新导致的;企业家是打破均衡的力量,是创新者,没有企业家就没有进步,没有发展。在熊彼特看来,市场竞争主要不是价格竞争,而是产品、技术、服务等方面的竞争,因而竞争与企业家是不可分割的。详见张维迎:《新古典市场理论与奥地利学派市场理论有什么不同?》,载中国经济50人论坛:http://www.50forum.org.cn/home/article/detail/id/7660.html,2021年4月8日最后访问。

及国家通过立法或政策实现的创新。① 个体创新、组织创新中有很大一部分都是由企业家进行的规则创新。对于如何处理工商业与人权的关系，企业家可以通过内部和外部的规则创新来使两种关系处于和谐状态。

从表面上看，工商业的发展似乎与人权没有关系，甚至和某些人权有冲突，比如环境权、劳工权等。于是有人就大谈企业的社会责任，试图通过法律规制企业行为以保护人权，或者通过合作治理来保护人权。这些都没有问题，问题是企业为何要保护人权呢？如果不能说服企业去主动保护人权，只是用法律来压制，或者其他柔性的方式迫使其合作，企业真的会保障人权吗？当然不会。因为企业管理者追逐的企业利益可能会战胜环境权、劳工权的保护，特别是内卷化的情况下。只有弘扬企业家精神，把创新作为主要理念的情况下，才可能破除内卷化，从而有机会和条件来保护人权。所以从理念上讲，企业家精神特别重要。

我们赞同奥地利学派的观点，认为应当看到市场本身的力量和政府干预的弊端，以及在一个良性的市场运作中，企业家及其背后的企业家精神的重要性。② 通过限制政府的作用，减少政府对资源的控制能力，防止政府对经济和市场发展进行干预。③ 政府需要做的是保护个人自由以及私有产权，建立能够激励企业家精神的法制等社会制度。④ 通过激励和弘扬企业家精神来实现工商业与人权的协调发展。

创新是我国实现高质量发展、实现人民美好生活的必由之路。只有培育和激发企业家精神，使之与社会制度、经济增长，三者形成良性循环，将制度、技术创新、产业之间相互协调合作起来，才能够增进社会整体福利水平，推动经济高质量发展。对驱动经济增长、增进社会福利，企业家精神具有主体意义

---

① ［美］兰斯·戴维斯、道格拉斯·诺思：《制度变迁与美国经济增长》，张志华译，格致出版社、上海人民出版社 2019 年版，第 7 页。

② 李春利等：《聚焦张维迎：一个争议经济学家的复杂性与张力》，载 *ICCS Journal of Modern Chinese Studies*，2018（1），p. 1.

③ 张维迎：《理念决定未来》，载《读书》2002 年第 7 期，第 12 页。

④ 张维迎：《产业政策争论背后的经济学问题》，载《学术界》2017 年第 2 期，第 28 页。

的决定性。尼尔森和温特（Nelson & Winter）的经济演化理论认为企业家精神是推动组织变革的动力，在技术创新、制度创新和产业演化过程中扮演极其重要的角色，是优化社会资源配置、开拓新的生产方式和新的组织不可或缺的要素。

持续性的创新是企业获得长期稳定的竞争优势的基础和来源。通过企业家的不断创新，自我更新、超越，以新优势迭代旧优势，才能实现可持续增长。如果没有企业家，社会就没有新增的财富、就业和税收、保障能力、慈善事业。企业家区别于普通民众的重要特征，首先是他们勇于创新和冒险的胆魄，敏锐发现新的机会，充满英雄主义情怀和执着追求的精神理念，也就是企业家精神。在这种精神的驱动下，企业家不仅带领自己企业的创新发展，对核心资源进行最优化、可行地调度和配置，而且对产业和社会的制度发展同样起着引领作用，使社会不断进步以适应激烈的环境变化与技术变革，是推动社会改革进程的引擎。是否具有企业家精神，不仅决定了企业能否长期成长，拥有持久的竞争优势，而且在一定程度上影响了社会进步和长足发展的空间和速度。

任何权利的保护都有成本。权利保护的质量与程度依赖于公共成本，也依赖于私人支出。① 而这些成本通过企业创造价值来负担，要满足对人权保护的日益增长的要求，就必须要通过企业的创新来提升生产效率，增加社会财富总量。

习近平在 2020 年 7 月 21 日的企业家座谈会上指出："要依法保护企业家合法权益，加强产权和知识产权保护，形成长期稳定发展预期，鼓励创新、宽容失败，营造激励企业家干事创业的浓厚氛围。"创新是引领发展的第一动力。"富有之谓大业，日新之谓盛德。"② 企业家创新活动是推动企业创新发展的关键。国务院颁布的《优化营商环境条例》指出要"切实降低制度性交易成本，更大激发市场活力和社会创造力，增强发展动力"。可见我国领导人已经意识到以创新为核心的企业家精神、全社会创造力的重要性，并不断推动法制建设来实现这一

---

① ［美］史蒂芬·霍尔姆斯、凯斯·R. 桑斯坦：《权利的成本——为什么自由依赖于税》，毕竞悦译，北京大学出版社 2011 年版，第 7 页。

② 习近平：《在企业家座谈会上的讲话》，载新华网：http://www.xinhuanet.com/politics/leaders/2020-07/21/c_1126267575.htm，2021 年 4 月 8 日最后访问。

目标，但这一政策需得到更多人的认同和切实的执行。另外，对于企业家还有可以进行广泛的理解，不仅在工商企业中存在企业家，即商界企业家，其他领域具有创新和冒险精神的并对规则创新起到重要作用的人也可以被称为企业家，即制度企业家。"所谓制度企业家，就是改变游戏规则的人，他们做的是制度创新。"① 制度企业家的范围包括比较广泛，包括如孔子、亚里士多德等思想企业家，还包括如商鞅、华盛顿等政治企业家，以及商界企业家。这些企业家在制度变迁中起到决定性作用，因为他们可以创造新的工商业规则、人权保护规则以及工商业与人权关系规则。

三、行为规则学习和形成理论

企业家可以通过创新规则来处理工商业与人权的关系，但这毕竟是企业家的个体行为。被企业家创造出来的规则必须成为被多数人接受并遵循的行为规则，才能让工商业与人权保护共同发展。这就涉及学习理论。

学习理论的最大流派是行为主义学习理论，这一理论认为，学习是刺激与反应之间的联结。这种理论建立的基础在于：行为是学习者对环境刺激所做出的反应，所有的行为都是习得的。行为主义学习理论的两个著名代表人物，都是在对动物反应观察的基础上对这种理论进行解读。其中俄国的生理学家巴甫洛夫就通过用狗作为实验对象，提出了广为人知的条件反射，他在给狗喂食的同时鸣响铃铛，让动物建立起食物与铃声之间的连接，即便后期没有喂食，只鸣响铃铛，也会引发狗的条件反射行为；至于斯金纳，则为小白鼠设计了一个箱子，其中有一个操纵杆，当小白鼠最初无意中按到这个操纵杆时，便吃到了食丸，经过几次尝试之后，小白鼠"发现"了操纵杆与食丸之间的连接，便不断按动，直到吃饱为止。斯金纳进一步发现，虽然连续强化小白鼠的意识，能够使其很快形成行为反应，但也最容易消退，间隔的强化却更为持久。

认知学习理论则是另一种思路，它并不认为学习只是在外部环境的支配下被动地形成"刺激-反应"联结，而是主动地在头脑内部构造认知结构。在这个理

---

① 张维迎：《理念的力量》，西北大学出版社 2014 年版，第 242 页。

论模型当中，学习应当是一个在学习动机指引下的过程，因此学习者对学习过程的自发控制，是学习的关键所在，而绝不只是动物式的条件反射，它与实验室研究猫、狗、小白鼠受刺激后作出的行为反应是截然不同的两回事。在这种理论指引下，学习动机的形成、学科基本结构的掌握、有效学习方法的习得，便成为获取知识的基础。

班杜拉于 1977 年提出了自己的认知学习理论，又称之为"社会学习理论"，提出了"人在社会中学习"的基本观点。该理论的突出贡献，是观察理论的提出。他的测试对象由 36 名男孩和 36 名女孩组成，年龄在 3~6 岁，平均年龄为 4 岁零 4 个月。其中，24 名儿童被安排在控制组，不接触任何榜样；其余的 48 名儿童先分成两组：一组接触攻击性榜样，另一组接触非攻击性榜样。实验表明，成人榜样导致了儿童模仿攻击性行为。而班杜拉据此将儿童的观察学习的过程分成四个阶段，分别是注意阶段（通过观察，注意到那些可以为他所知觉的线索）、保持阶段（记住他在注意阶段已经观察到的榜样的行为）、复制阶段（使一项被模仿的行为通过复制过程而成为熟练的技能）、动机阶段（触发前述过程所形成的行为反应）。①

建构主义学习理论是一种新的理论，它强调学习者以自己的经验为基础来建构现实，或者至少说是在解释现实。学习者将原有的知识经验作为新知识的生长点，并在原有经验基础上生长出新的知识经验。在一个网络时代，学习者在学习之前，已经通过各种渠道获取了各种各样的知识，甚至凭借自己的头脑创建了丰富的经验。而在学习过程中，他们会基于这种经验对学习的问题形成不同的理解。正是在这个意义上，建构主义学习理论否定知识权威的存在，强调学习者自身对知识的建构。

这些学习理论为规则的学习提供了基础。我们还可以从问题解决的角度来分析规则的学习和形成过程。观察一个人的行为，从经验和心理学的角度来说，我们可以把每一个行为都归结为做问题解决活动，不论这个行为涉及的是简单的动

---

① 参见汪琼：《教育让心灵起飞——教育心理学的实践应用手记》，东北师范大学出版社 2019 年版，第 116~118 页。

作还是复杂的心智过程。比如我们日常最简单的行为走路、说话，以及非常复杂的证明一个定理、发现一种新能源的行为。这些问题有些似乎不需要思考，对我们来说不是一个问题，或者说是已经解决的旧问题，比如吃饭、走路这些婴幼儿时期学会的活动，但有些问题却是非常新的问题，比如如何写好一篇有关行政诉讼证据的学术性论文。这些问题表明一个人的当前状态和目标之间存在障碍，同时不清楚如何排除这个障碍。①

人是如何解决这些问题的呢？问题解决过程是一种搜索过程，就是在问题的提出和解决方案之间进行信息搜索，从而寻找解决方法。在解决每个问题时，并非都可以一次性予以解决，而是可以分为更小的步骤，或者说问题可以分为初始状态、中间状态、目标状态。② 于是问题可以通过从一种状态转化为另一种状态的一套算法，以及解决方案必须满足的约束来进行。这些算法或者约束我们都可以将其进一步简化为某一种规则。因此可以说，人的问题解决过程是依赖规则的信息加工过程或者通过选择一套规则来转化问题状态的过程。③

人解决问题依靠大脑进行思考，也就是我们所说的心智（mind），因此心智被概念化为一个基于规则的系统。根据学者霍兰的描述，心智解决问题的活动可以概括为三个步骤的循环：第一，将事实与规则进行比较，以发现哪些规则可以适用到这个问题；第二，选择一个将要被执行的规则集合；第三，实行已选出的

---

① ［美］E. Bruce Goldstein：《认知心理学：心智、研究与你的生活》（第三版），张明等译，中国轻工业出版社 2019 年版，第 431 页。

② 心理学的经典实验河内塔问题诠释了这三种状态。这个实验表明为了实现目标状态，从初始状态到中间状态时会带来新的问题，或者称之为问题空间，这些新问题从表面看起来对解决最终问题没有帮助或者背道而驰，但实际上是达到最终状态的必经之路。参见［美］E. Bruce Goldstein：《认知心理学：心智、研究与你的生活》（第三版），张明等译，中国轻工业出版社 2019 年版，第 438~443 页。

③ 哈耶克对有关行动框架和规则系统的论述中有着详细的分析，他认为，"人的社会生活，甚或社会动物的群体生活，之所以可能，乃是因为个体依照某些规则行事"，参见哈耶克：《自由秩序原理》，邓正来译，三联书店 1997 年版，第 184 页；"人不仅是一种追求目的（purpose-seeking）的动物，而且还是一种遵循规则（rule-following）的动物。" 参见［英］冯·哈耶克：《建构主义的谬误》，载《知识的僭妄——哈耶克哲学、社会科学论文集》，邓正来译，首都经济贸易大学出版社 2014 年版，第 36 页。

规则采取具体行动来解决问题。① 从规则的角度出发可以看出，首先，对于一个问题并非只有一个规则可以适用，而是有许多规则群相互竞争。② 其次，规则和规则群之间并非并列关系，这样会导致大脑负荷过重。这些规则之间通过某种方式形成层级关系，心智会首先运用一般性规则，然后运用特殊性规则。再次，由层级关系组成的大量的规则和规则群可以形成一个心智模型，这个心智模型就表现为具体每个人在处理问题时所具有的特征。心智模型不是一个具体的规则体系，而是利用规则处理信息而不断形成灵活知识的结构。

既然人解决问题依赖规则，那么有两个问题需要分析：第一，规则从何而来；第二，规则有哪些表现形式。从心理学的学习理论看来，规则是试错学习的结果。当一个人面对问题，没有任何规则时，他只能通过实验的方法来试探出解决方案。当一种规则的使用产生错误时，他就会修正规则来进行一次新的实验。如果新的实验成功，则这套规则就会被记忆强化，在下次遇到同样问题时采取同样的规则。如果同样的规则在过去经常带来满意的解决方案，这些规则便会不断强化然后成为常规而根植在心智中，人们在碰到相同问题时会无意识地使用这些规则，而不是有意识花力气去寻找规则处理。③ 当人处于一个群体之中时，他的规则来源又多了一个向他人学习的途径。他既可以通过对群体中其他人的模仿来进行学习，也可以通过学习书籍、语言等媒介中描述的他人成功规则来获得。当然这些从他人那里学习到的规则还只是等待自己实践验证的待选规则，只有经过自己实践并成功解决问题才会内化成为自己的规则群。

从规则从何而来可以看到，规则产生之后可以被存储在个体大脑之中，也可

---

① Holland, John H, Escaping Brittleness: The Possibilities of General Purpose Machine Learing Algorithms Applies to Parallel Rule-Based Systems, in R. S. Michalski, J. G. Carbonell, and T. M. Mitchell (eds.), Machine Learning: An Artificial Intelligence Approach, vol. 2, pp. 593-623. Los Altos, Calif.: Morgan Kaufmann, 1986, p. 14.

② Popper, Karl R., Objective Knowledge: An Evolutionary Approach. Oxford: Clarendon Press, 1972, p. 243.

③ 心理学家通过实验证明，动物也是这样解决问题的。如果一只动物已经解决了一个问题，比如从笼子中逃走，那么如果这个动物再次被置于相同的状态之中时，它会毫不犹豫地采用原来的解决问题的方案。对于这个动物来说，这个问题已经不再是问题，而变成了一种智力能力，或者说无意识的规则。参见 Polanyi, Michael, Personal Knowledge, London: Routledge, 1958, p. 122.

以被存储在以语言、书籍为代表的各种媒介之中。存储在大脑中的规则可以是成功的无意识的规则，这些规则如果足够成功和持久，可以被遗传给下一代；也可以是还没有获得足够强化的仅一次或几次成功的规则。这类规则可以被称为默会规则或者隐性规则，我们很难直接描述和言传。而以媒介承载的规则可以被称为显性规则，这些规则大多可以描述。这些显性规则种类非常之多，包括从价值、道德、文化、社会规则到社会组织规则、法律规则等。因此，对一个人而言，法律规则只是诸多相互竞争的待选规则中的一种，除非有强有力的动力或者效用，能够解决其面临的问题，否则人们不会选择法律规则。另外，一项法律规则不能同人们已经接受的规则相冲突，① 如果相互冲突，人们便更有可能去选择已经接受的规则，而不是法律规则。

人在面临一个问题时，会首先区分是旧问题还是新问题。也就是说当人们感知到现实事物时，他的心智会积极地将其进行分类。对于心智已经掌握其解决方法的问题，即 "如果——则规则是"，心智把其归类为旧问题。对于旧问题，恰当的解决规则会被自动运用。如果一个问题的状况不能被归类入任何已经有的旧问题，也就没有规则可以运用，这时心智就面临一个新问题。对于新问题，人类解决的方法首先是试探法，也就是尝试用已有类似的规则来处理问题。如果试探法失败，人们会重新选择规则进行新的尝试。这时规则的来源可以是其所处环境中现有的解决方案。一般来说，个体面临的新问题大多可以从周围环境中的其他人（古人和今人）的方案中得到解决。对于少数还不能解决的问题，个体会运用自己的创造力来设计新的备选规则，这使每个人都具有的创造力得到运用。②

概括来说，问题解决和规则发现的过程可如图 1-1 所示。③

---

① 参见哈耶克：《自由社会秩序的若干原则》，载《知识的僭妄——哈耶克哲学、社会科学论文集》，邓正来译，首都经济贸易大学出版社 2014 年版，第 219 页。

② Holland 提出了新规则产生三种方法："第一，稳定的规则和重要信息是组成新规则的更好材料；第二，同时活化的规则和信息最有可能重组；第三，新规则是通过现存规则的特定适应性转变而生成的。参见 Holland, John H, Escaping Brittleness：The Possibilities of General Purpose Machine Learing Algorithms Applies to Parallel Rule-Based Systems, in R. S. Michalski, J. G. Carbonell, and T. M. Mitchell（eds.），Machine Learning：An Artificial Intelligence Approach, vol. 2, pp. 593-623. Los Altos, Calif. ：Morgan Kaufmann, 1986, p. 82.

③ 美国学者莫特扎维诺斯对认知学习理论有较为完整的总结，参见 ［美］C. 莫特扎维诺斯：《个人、制度与市场》，梁海音、陈雄华、帅中明译，长春出版社 2009 年版，第 33 页。

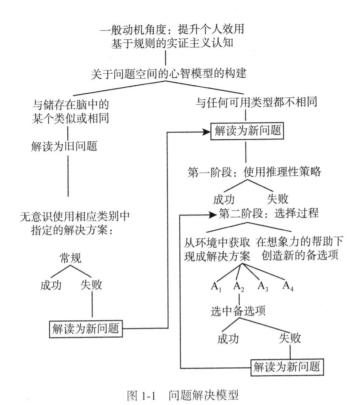

图 1-1　问题解决模型

　　在面对工商业与人权冲突的问题时，企业家和其他个体创造了新的规则，逐步化解两者的矛盾。

第二节　系统理论与内卷化理论

一、西方的系统论与生态系统理论

　　企业家可以创造规则，其创造的规则能否最终扩展成为被多数人遵守的行为规则，有一点极重要，就是这些新规则必须与规则系统相容，否则新规则难以成功。这是为什么呢？西方的系统论和中国整体思想给出了答案。

　　系统论最初为一般系统论，是由美籍奥地利生物学家贝塔朗菲（L. V.

Bertalanffy）在第二次世界大战前后酝酿并提出的。系统论是一门运用逻辑和数学的方法研究一般系统运动规律的理论，是与信息论、控制论几乎是同时兴起的一组综合性的横断科学，从系统的角度揭示了事物、对象之间相互联系、相互作用的共同本质、内在规律性。①

系统论认为，整体性、关联性、结构性、动态平衡性、时序性等是所有系统的共同特征。整体观是系统论的核心思想。② 系统论者指出，系统论具有系统整体性原理、系统层次性原理、系统开放性原理、系统目的性原理、系统突变性原理、系统稳定性原理、系统自组织原理和系统相似性原理。系统还有结构功能相关律、信息反馈律、竞争协同律、涨落有序和优化演化律等规律。③ 系统论的这些原理和规律是人类对事物认识的一次飞跃。科学研究在此之前往往只是研究部分问题，或者说把大问题化为小问题，认为把部分问题研究清楚了，整体问题自然解决。系统论认为部分不同于整体，整体的功能与部分的功能完全不同，整体演化具有规律性等使人类的科学研究水平大幅提升。生态系统就是系统论研究的一个重点。

生态系统是指在一定的空间和时间范围内，在各种生物之间以及生物群落与其无机环境之间，通过能量流动和物质循环而相互作用的一个统一整体。④ 这个定义是由《国家主体功能区规划》给出的，基本符合生态系统的含义。生态系统的概念是由英国学者坦斯利在 1936 年提出。生态系统理论认为，生态系统由生物群体和所栖息环境两部分组成，有一定的食物链，有物质循环和能量转化的功能，具有一定的自我调节和修复能力。生态系统的所有组成部分，如动物、植物、微生物以及光、热、水、土、气等都是相互依赖、相互联系的，它们共同形成一个统一的不可分割的整体。

生态系统具有一定的结构和功能。生态系统结构（Ecosystem Structure）是指

---

① ［美］冯·贝塔朗菲：《一般系统论：基础、发展和应用》，林康义、魏宏森译，清华大学出版社 1987 年版，第 4 页。
② 傅国华、许能锐：《生态经济学》，科学出版社 2014 年版，第 67 页。
③ 魏宏森、曾国屏：《系统论：系统科学哲学》，清华大学出版社 1995 年版，第 4 页。
④ 《国务院关于印发全国主体功能区规划的通知》（国发〔2010〕46 号）。

构成一个生态系统的动植物个体和群落、它们的年龄和空间分布以及非生物资源。① 一个生态系统具有数量庞大的结构要素。一个比较独立的要素被投入复杂的生态系统中，会产生一种自发的秩序。例如，把一个不属于某地区的物种引入，可能对原有生态系统造成灾难，这种灾难其实就是在形成一种不同的秩序。这种自发秩序的现象可以被称为生态系统的整体性。这种整体性的形成的功能是单独的结构要素无法达到的，也是无法从单一结构要素的理解来预测生态系统的秩序。

无论是企业家创造的新规则，还是学习其他群体施行的规则来解决工商业与人权问题，都必须以系统论的生态系统的方式进行，不能做到这一点，制度的整体功能就无法实现。

二、中国的整体思想

中国古代的传统思想虽然可以分为不同的流派，典型如道家、儒家、墨家等，但在看待世界的视角上，所有流派基本上秉持了一种"有机"的整体观念，这可以看作是另一种系统理论。有机整体观念集中表现在如"天人感应""道法自然"等方面，这也影响了中国的传统文化与艺术。比如在绘画艺术上，山水画是主流，山水画中人与山水融为一体，人并不是在自然中的突出存在；在诗歌艺术上，山水、自然变化等是永恒的主题，体现了人与自然的共情；在医疗文化上，中医强调人体是一个整体，对各种病症的诊治一般是基于人整体的失调，而不是某个器官出了问题。这种有机整体的观念来源于对人与自然界的看法。中国古人的基本观念是自然不是被征服的对象而是顺其自然，人与自然应该和谐相处，人的行为应该符合自然的规律。

人与自然是有机整体的观念是很多古代思想家的看法。道家代表人物老子的《道德经》把人的行为与自然现象相比拟，总体上体现了"道法自然"的思想。他在说明何为最有道德的人时，认为最有道德的人类似于水，"上善若水。水善利万物而不争。处众人之所恶，故几于道。居善地，心善渊，与善仁，言善信，

---

① ［美］戴利、法利：《生态经济学：原理和应用》，金志农等译，中国人民大学出版社2013年版，第89页。

正善治，事善能，动善时。夫唯不争，故无尤"。① 人如果能够像水一样就可以达到"上善"。老子的这个思想表明，人如果向自然学习，就可以达到至善的状态；整个国家的治理如果向自然学习，也可以达到善治。

儒家学派将人与自然关系说明得较为明确的是董仲舒。在"罢黜百家，独尊儒术"后，董仲舒的思想对后世影响巨大，成为古代中国人看待人与自然关系的基本思路。董仲舒把自然与社会、政治、人生放在一起进行解释说明，他创立了包容万千的体系，这个体系就是"天人感应"。这个体系由三个组成部分，分别是"天人相类"说和"人副天数"说、"阴阳五行"说、"祥瑞"说和"谴告"说。②

董仲舒认为，天和人是一样的，人的行为来源于天，天是人类的祖先。这就是"天人相类"的学说。董仲舒所谓的"天"实际就是大自然的代名词。既然"天人相类"，董仲舒进一步推导出"人副天数"，人体的构成与自然的形态是类似的。对于人与自然的类似之处，或者人是天的副本，董仲舒说："天以终岁之数成人之身，故小节三百六十六，副日数也。大节十二分，副月数也。内有五藏，副五行数也。外有四肢，副四时数也。乍视乍瞑，副昼夜也。"③ 董仲舒不仅认为人体与自然类似，更进一步认为人的行为也应该是天的副本。他指出："人之血气，化天志而仁。人之德行，化天理而义。人之好恶，化天之暖晴。人之喜怒，化天之寒暑。人之受命，化天之四时。人生有喜、怒、哀、乐之答，春秋冬夏之类也……天之副在乎人，人之性情，有由天者矣。"④ 董仲舒的"人副天数"的思想，比老子的思想更进一步，认为人的所有行为不过是自然规律的副本。

既然人的行为应该符合自然规律，如果人违反了这些规律将会怎样呢？董仲舒发明了"祥瑞"说和"谴告"说来说服人们遵守"天意"。这个学说基本原理是如果人的行为符合天意，上天就会降下祥瑞加以证明和表彰，用百姓的话讲就是"瑞雪兆丰年"；反之，如果人的行为违背了天意，天会降下灾祸加以警示，

① 老子:《道德经》。
② 俞荣根:《儒家思想通论》，商务印书馆 2018 年版，第 638 页。
③ 董仲舒:《春秋繁露》，"人副天数"。
④ 董仲舒:《春秋繁露》，"为人者天"。

用通俗的话讲就是如果人有恶行，则会"天打五雷轰"。这个学说用一句话概括就是"天人感应"。董仲舒指出："凡灾异之本，尽生于国家之失。国家之失乃始萌芽，而天出灾异以谴告之。谴告之而不知变，乃见怪异以惊骇之。惊骇之尚不知畏恐，其殃咎乃至。以此见天意之仁而不欲陷人也。"① 虽然董仲舒的"天人感应"的学说主要是针对国家和帝王的，但是这种学说经由后世发展，成为指导每一个中国人行为的重要思想渊源。

中国的整体思想特别是董仲舒的天人感应理论一方面体现了与西方类似的系统观念，即人与自然都是一个整体的系统；另一方面也展现了对自然规律的尊重和服从。在处理工商业与人权的关系时，总是不乏各种宏大设计的观点，但更重要的解决路径应当是尊重规则发展的规律和演化特征。没有什么人或者组织是无所不知的全能者，谁也无法预测宏大设计最终的后果如何，人们应该像尊重自然规律那样尊重规则的形成规律。

三、内卷化理论

如果说企业家理论、规则形成理论以及系统理论描述了工商业与人权可以协同发展的可能性，那么内卷化理论则说明了如果没有企业家的规则创新，则大概率会出现工商业发展停滞和人权无法得到保障的情况。目前很多国家出现的中等收入陷阱就是如此。

究其本源思想，"内卷化"一词，英文原文为 involution，是与进化（evolution）相对应的一个词语，实质指的是一种"无发展的增长"。理解"内卷化"的概念，首先要看的是这个概念产生的缘起。

第一，人类学中的"内卷化"。最早的"内卷化"，实际产生于对小农经济的观察。"内卷化"（involution）首先为康德提出，人类学家克利福德·吉尔茨在研究印度尼西亚爪哇岛农业、黄宗智在研究明清中国农村经济时均用到了这个词，但主要限于经济方面。②例如黄宗智教授就曾回顾中国从 1350—1950 年 6 个

---

① 董仲舒：《春秋繁露》，"必仁且智"。

② 徐佳贵：《两个"中心概念"的再检讨——重读杜赞奇〈文化、权力与国家：1900—1942 年的华北农村〉》，载《传统中国研究集刊》（第 15 辑），上海社会科学院出版社 2016 年版，第 260 页。

世纪的农业史，认为其中一个突出的演变，就是伴随棉花经济的兴起而来的农业进一步"内卷化"——在长江三角洲，一亩地棉花的种植、纺纱和织布总共需要180个工作日，18倍于一亩水稻所需的工作日，但其所带来的总收益仅是水稻的数倍，亦即意味着单位劳动投入报酬严重递减。黄宗智教授认为，这就是农业生产的"内卷化"的核心实际。①从这种经济学观点来看，内卷化实际是一种资源有限条件下的困局。在前述研究中，学者们所关注的，其实是小农经济的内卷化——小农经济的主要资源是土地，在土地有限、人口繁衍的背景下，人们不得不将大量劳动力集中于有限的土地当中，并通过农业生产的精细化分工，吸纳更多的人口。然而，土地的耕作能力归根结底是有限的，不可能因为投入的增多而无限增产。这就使因精耕细作而产生的努力缺乏与之相匹配的效果，从而产生了在小农经济条件下"内卷化"问题。

第二，财政经济领域的"内卷化"。较早将"内卷化"的理论运用于财政经济领域的学者，是美籍印度裔学者杜赞奇，他基于"满铁调查"（日本南满洲铁道株式会社调查部在1940—1942年对中国华北的一些农村所做的"中国农村惯行调查"）的资料，描述了1900—1942年中国华北农村国家政权向基层社会的渗透过程，认为在当时的中国，出现了国家政权的"内卷化"——政权在下乡的过程中，税收并无增加，却因为各种"经纪"（或者也可以称之为"包税人"）的增多，而徒增许多可供中饱私囊的环节，以至于增加了更多的税负成本。②在杜赞奇的理论当中，国家政权的"内卷化"意味着政府为了实现政治特别是财政上的目的，在难以开辟新的税源的背景下，便不得不精耕于既有经济基础，从而产生了内卷的困扰。杜赞奇的理论显然扩展了内卷化的运用领域，将一种原本不过是经济学、人口学领域的概念扩展到更加复杂的范围。

我们发现，"内卷化"最初的研究，都是在小农经济的基础上开展的研究。这可能是因为，小农经济的生产资料是有限的，而相应的产出同样是有上限的，但生产者却是不断繁衍的。在生产者过剩、生产资料有限的情况下，便必然会带

---

① 黄宗智：《小农经济理论与"内卷化"及"去内卷化"》，载《开放时代》2020年第4期，第127页。

② 参见［美］杜赞奇：《文化、权利与国家：1900—1942年的华北农村》，王福明译，江苏人民出版社2010年版，第53~54页。

来"内卷化"的问题。然而，这个理论模型并非单纯适用于小农经济，只要一个社会模型符合资源、产出有限，但生产者、需求者却不断增加的情形，内卷便无可避免。典型的陷入内卷的国家是日本，第二次世界大战之后，日本经过快速的战后经济重建，迅速成为一个工业化国家，一度成为全球第二大经济体。然而，在20世纪90年代之后，由于经济泡沫破灭，出现了经济发展迟缓、纠错机制失灵的问题，这个国家虽然已经进入了发达国家行列，但却始终缺乏革命性的成果，尽管工业体系和产业结构不断地精细化、复杂化和优化，虽然也出现了大量的改良性创新，但整个经济体系无法适应外部环境的改变，企业面临来自境外的激烈竞争而难以招架，政府则面对高债务、发展停滞的问题难以克服。经济发展停滞的同时，日本却又出现了低失业率、低通胀，人们虽然没有很多阶层跃升的希望，却也不至于失业，这种局面给民众带来了巨大的压力，自1998年以来，日本每年自杀人数都超过了3万人，这个比例之高，几乎冠绝全球，与民众在职场上面对的压力不无关系。

从我国社会实际情况来看，因为竞争而产生的"无处不可卷"，已经成为一种存在于各领域的广泛现象，特别是在2020年，"内卷化"作为人类学话语进入社会公众视野当中，人们开始运用这个词语，描述社会生活中的各种内卷现象——在工业企业，由于生产力并无实质的突破性提升，在现有的技术条件下提高劳动生产率，用各种方式为劳动生产率提升创造条件，便成为竞争的关键所在，但有很多提高的生产率却并非工业之必需；在教育领域，由于总体的教育资源有限，可供选择的优质岗位有限，为了取得以往的成就，学生必须进行更多的课业，学校必须进行更多的考核，从而在日趋激烈的竞争中取得优胜，而众所周知，其中很多课业和考核却非人力需求之必需；在行业领域，由于工作内容未能增多，但竞争者众，为了实现更好的效果，则努力集中于诸如幻灯片美化、文本规范等，但这也并非工作所应有之内容……

从历史经验来看，内卷化的现象是层出不穷的，解决内卷化的关键，在于工业技术的不断突破与创新。例如，在内卷化理论最先运用的农业经济领域，一些发达国家为了节约稀缺的劳动力资源，推动了农业机械的大规模运用，从而代替精耕细作。这种思路，显著降低了农业的内卷化程度，提高了单位劳动力的劳动收入。但要注意的是，不改变生产方式的小规模技术改进并不会对内卷化产生根本影响，而只会带来更大范围的内卷化。在典型的"内卷化"国家日本，尽管它在"二战"之后迅速发展成为一个现代工业化国家，并始终维持着一个重要经济体的地位，但由于改革的失灵，工业体系和产业结构不断精细化、复杂化，却始终没有革命性的创新。这就使得这些小规模的技术改进，反而会让竞争更激烈。可以说，只有突破性的变革，才可能让一个人从事更多的工作，从而提高这个个体的收入，将其从工作中解放出来。

第三节 经济宪法的内生外促理论

一、经济宪法的一般理论

经济宪法是规范宪法学理论之下的产物，这个名词本身就内蕴了复杂的部门宪法学和规范宪法学气质。将经济宪法理论运用于中国，是近些年的事情，但经济宪法的运行，却绝非近些年才出现的，要理解我国的经济宪法实践，必须建基于对经济宪法理论的比较研究。

经济宪法的概念，借鉴自德国学者关于德国基本法的论述。具体而言，德国公法上的经济宪法，包括联邦德国基本法所包含的涉及经济生活和经济秩序的宪法规范总和。经济宪法学可以看作宪法学属下的子学科，主要探讨如何实施宪法中的经济规范——易言之，即探讨如何确保国家和社会现实中的经济权力在宪法框架内运作。①由于德国基本法规定了复杂的宪法秩序，而在规范宪法学思想的影响之下，德国的公法学者形成了规范宪法学理论之下的部门宪法理论，意在增强宪法对社会生活的解释力，而经济宪法是其中的一个重要内容。

一般而言，经济宪法由基本经济制度、国家经济权力和公民经济权利三者组成，这三者的表现形式都是行为规则。基本经济制度和国家经济权力构成了人权保障的基础性制度。

---

① 参见黄卉：《法学通说与法学方法——基于法条主义的立场》，中国法制出版社2015年版，第111页。

首先，自由市场制度是人权产生的基础。自由市场制度的基础是契约自由。① 契约自由要求参加契约的主体地位平等，它是指缔约人有选择相对人的自由、缔约人有决定契约内容与形式的自由、缔约人有选择解决契约纠纷方式的自由。契约自由要求人人是平等而自由的。这种平等自由的要求就转化为对人权的要求。恩格斯在阐述资本主义人权与资本主义商品经济的关系时就曾指出："大规模的贸易，特别是国际贸易，尤其是世界贸易，要求有自己的、在行动上不受限制的商品所有者，他们作为商品所有者来说是有平等权利的，他们根据对他们来说全部是平等的（至少在该当地是平等的）权利进行交换。从手工业到工场手工业的转变，要有一定数量的自由工人……他们可以和厂主订立契约出租劳动力，因而作为契约的一方是和厂长权利平等的。最后，所有的人的劳动——因为它们都是人的劳动并且只就这一点而言——的平等和同等效用。""由于人们……生活在那些相互平等地交往并处于差不多相同的资产阶级的独立国家所组成的体系中"，因而，资产阶级反对封建等级和特权的要求"就很自然地获得了普遍的、超出国家范围的性质，而自由和平等就很自然地被宣布为人权"②。

其次，基本经济制度和国家经济权力的变化推动了人权的变迁。现代人权理论认为，人权的形式经历了三代人权的历程。第一代人权是在美、法大革命时期涌现出的人权，并被称为"传统人权"，包括自由、平等、安全与财产等权利，其目的在于保护公民的自由免遭国家专横行为的侵犯。一般认为它们是一种只要国家不予干预而无须国家积极行动以保障权利实现的消极权利，但实际上也需要国家的积极行动来加以维护。第二代人权是19世纪末20世纪初反抗压迫、争取民族解放运动中产生的，包括经济、社会及文化权利。它是一种更需要国家积极行为才能得到实现的积极权利。第三代人权则是对全球相互依存这一现象的一种回应，是民族解放运动不断发展的一个产物，因为当认识到各个国家各行其是已

---

① 在自由放任的时代，自由市场制度相当盛行，契约自由被早期的宪法和法律所确认。《拿破仑民法典》中虽然没有"契约自由"字样，但该法第1134条第1款规定："依法成立的契约，在缔约的当事人间相当于法律的效力。"这可谓对契约自由的经典解释。1919年德国的《魏玛宪法》最先将契约自由写入宪法，该法第152条规定："经济关系，应依照法律规定，为契约自由原则所支配。"

② 《马克思恩格斯选集》（第4卷），人民出版社1995年版，第174页。

不能再满足维护人权的需要时，便要通过国际合作来解决各国面临的共同问题，包括和平、环境和发展。①

三代人权的演变背后是经济宪法的变化。1941 年美国总统罗斯福提出了四大自由：言论自由、信仰自由、免于匮乏的自由和免于恐惧的自由，② 这展现了美国人权从传统政治权利向社会经济权利的转变。1944 年罗斯福的《第二部权利法案》则进一步阐明了这些社会经济权利。这部法案指出："人们有在国内工厂、商店、农场或矿山获得有益且有报酬的工作的权利；人们有挣得足以换取充足衣食和娱乐得收入的权利；每一个农民都有权种植和出售农作物，其收益足以使他和他的家庭过着体面的生活……每一个家庭都拥有体面住宅的权利；人们有获得充分医疗保障和有机会获得并享有健康身体的权利；人们有获得充分保护免于老龄、疾病、事故和失业的经济忧虑的权利；人们有接受良好教育的权利。"③罗斯福之所以提出这些社会经济权利，是因为当时美国乃至整个资本主义世界的经济制度发生了深刻的变革。主要表现在：

第一，产权制度的变革。在自由资本主义时期，私人产权制度是产权制度的主体。随着生产社会化的发展，西方国家对"古典私有制"进行了改造。这种改造体现在两个方面：一是大规模的股份制，二是部分国有制。特别是有些国家的国有化运动，使得国家直接经营一些产业，如邮政、铁路、石油、电力等大型公共品生产和基础设施。这些为国家保障公民的社会经济权利打下了雄厚的物质基础。

第二，国家权力对经济干预的加强，也就是国家调控制度不断完善。凯恩斯从经济的均衡角度出发，认为国家干预的根本性作用在于通过政府权力对资源的调节，可以影响社会总供给和总需求，尤其是政府财政支出（包括直接投资、转移支付和政府购买）可以增加社会需求，从而实现充分就业。在这种理念的指导下，国家权力大规模地进入了社会生活，公民对国家的依赖程度增强。公民对政

---

① 汪习根：《法治社会的基本人权——发展权法律制度研究》，中国人民公安大学出版社 2006 年版，第 94 页。

② ［美］埃里克·方纳：《美国自由故事》，王希译，商务印书馆 2003 年版，第 314 页。

③ ［美］史蒂芬·霍尔姆斯、凯斯·R. 桑斯坦：《权利的成本——为什么自由依赖于税》，毕竞悦译，北京大学出版社 2004 年版，第 85~86 页。

府的依赖如果仅仅靠国家的施舍式供给是靠不住的，在公民的争取下，施舍转化为权利，转化为公民对政府的要求。

第三代人权的出现也与经济全球化下的经济制度密切相连。1948 年签订生效的"关税和贸易总协定"（GATT）和 1995 年以多边贸易谈判为核心的世界贸易组织（WTO）是推动世界经济全球化的两个制度性框架。依靠着全球化下的经济制度所确立的世界市场和资源共享，西方发达国家获得了经济的大幅度发展，获得了较多的利益。但是，经济全球化也引发了一些问题：世界资源的争夺会引发战争问题；把污染企业转移到发展中国家引发了全球性的环境问题；发展中国家在全球化下如何摆脱贫困实现国家与其公民的发展问题。这些问题的凸显迫切要求把和平、环境和发展纳入人权的范围。

最后，在经济宪法支撑下的经济增长保障了人权的实现。权利是有成本的，实施权利意味着分配资源。[①] 这一理念日益被人们认识。在可利用的资源不变的情况下，一个人权利的实现往往意味着另一个人利益的损失。这种联系往往不是直接的而是间接的。比如，在政府财力一定的情况下，如果花费大量的资源用于保障公平的选举，那么政府用于补贴农民农产品的资源就有可能减少。只有在可利用资源保持增长的情况下，政府才可能同时增加对公平选举和补贴农产品的投入。

那么如何保障经济增长呢？波斯纳曾提出一个命题即宪法与经济增长的关系，但并没有详加论述。其实宪法中完善的经济制度恰恰是促进经济增长的关键因素。

新兴工业化国家和不发达国家的观察者注意到，传统的经济增长理论没有涉及经济发展问题中重要的、真正具有本质性的方面，特别是没有涉及实现自由、经济繁荣和安全的制度特别是经济制度的发展。然而，当分析为何东亚国家与非洲国家之间的经济增长经历是如此的不同时，制度的关键作用就凸显出来了。

所以，苏格兰社会哲学家大卫·休谟认为，至少有三种制度对人类进步和文明社会来讲是具有根本性的：保障产权、通过自愿的契约性协议自由转让产权、

---

① 参见 ［美］史蒂芬·霍尔姆斯、凯斯·R. 桑斯坦：《权利的成本——为什么自由依赖于税》，毕竞悦译，北京大学出版社 2004 年版。

信守承诺。① 这三种制度都可以被看作经济制度。

二、我国经济宪法的变迁与功能

我国宪法中运用大量篇幅规定经济制度，这是社会主义国家宪法的重要特色。1977 年《苏维埃社会主义共和国联盟宪法（根本法）》，便在其第 2 章 "经济制度" 运用了第 10~18 条共计 9 个条文对国家经济制度进行规定，而 1972 年《朝鲜民主主义人民共和国社会主义宪法》则在其第 2 章 "经济" 运用了第 19~38 条共计 20 个条文对国家经济制度进行规定。2019 年《古巴共和国宪法》则在第 1 章 "国家的政治、社会和经济基础" 运用了第 14~26 条共计 13 个条文对国家经济制度进行规定。

我国 1954 年《宪法》第 5 条规定，"中华人民共和国的生产资料所有制现在主要有下列各种：国家所有制，即全民所有制；合作社所有制，即劳动群众集体所有制；个体劳动者所有制；资本家所有制。" 从《宪法》第 1 章 "总纲" 第 6~15 条，分别对经济活动中的大量事项进行规定，具体包括：国营经济，全民所有，合作社经济（劳动群众部分集体所有制或部分集体所有制），农民的土地所有权和其他生产资料所有权，指导和帮助个体农民增加生产，限制和逐步消灭富农经济，手工业者和其他非农业的个体劳动者的生产资料所有权，资本家的生产资料所有权和其他资本所有权，逐步以全民所有制代替资本家所有制，公民的合法收入、储蓄、房屋和各种生产资料的所有权，公民私有财产的继承权，国家进行征收、征用或收归国有，禁止利用私有财产破坏公共利益；国家用经济计划指导国民经济的发展和改造……根据宪法第 3 章 "公民的基本权利和义务" 第 101 条之规定，中华人民共和国的公共财产神圣不可侵犯。爱护和保卫公共财产是每一个公民的义务。之后的第 102 条则规定了中华人民共和国公民有依照法律纳税的义务。1954 年《宪法》不过只有 106 个条文，与经济直接相关的规定至少有 13 条，占了 1/10 以上，经济宪法在我国宪法体系当中的地位，可谓举足轻重。需要注意的是，宪法 "总纲" 是对宪法最重要问题的规定，1954 年《宪法》

---

① 转引自［德］柯武刚、史漫飞：《制度经济学》，韩朝华译，商务印书馆 2000 年版，第 24 页。

的总纲有 20 条，事关经济的便有 11 条，更是彰显这一问题在立法者心目中的重要性。

我国 1975 年《宪法》中，规定经济制度的条文有 6 条，但这部宪法总计条文也不过是 30 条。在 1978 年《宪法》中，规定经济制度的条文有 8 个条文，这部宪法的总条文数为 60 条。1978 年《宪法》中特别值得一提的是，该法第 50 条规定："劳动者在年老、生病或者丧失劳动能力的时候，有获得物质帮助的权利。国家逐步发展社会保险、社会救济、公费医疗和合作医疗等事业，以保证劳动者享受这种权利。"这是对公民获得物质帮助权的重要条件。显然，关于经济制度的规定，在这三部宪法中，都没有少于 1/10，最多时达到了 1/5。

我国现行的 1982 年《宪法》，关于经济制度的条文更是在宪法"总纲"占据了大量篇幅。其中第 6 条规定了我国社会主义经济制度的基础是生产资料的社会主义公有制，第 7~18 条则规定了国营经济，集体所有制，自然资源的所有权，土地所有制，个体经济，公共财产神圣不可侵犯，公民的财产所有权，国家发展社会生产力、厉行节约反对浪费、改进人民生活的责任，国家经济体制，国营企业，集体经济组织，外资企业等相关事项。其中尤为重要的规定，是《宪法》第 11 条规定："在法律规定范围内的城乡劳动者个体经济，是社会主义公有制经济的补充。国家保护个体经济的合法的权利和利益。"第 15 条规定："国家在社会主义公有制基础上实行计划经济。国家通过经济计划的综合平衡和市场调节的辅助作用，保证国民经济按比例地协调发展。"在此后的宪法修改中，这两个条文被多次修改，其中第 11 条被修改了三次，是宪法修改次数最多的条文。

改革开放之后，随着经济体制的调整，私有财产权保护呈现出极端的重要性。相应地，经济宪法的修改呈现出一种更加强调个人权利保障的倾向。具体而言有三种形式，对个人的经济权利加以明确：

一是通过将社会主义计划经济修改为社会主义市场经济，并对私营经济的宪法地位加以明确。其中，1988 年《宪法修正案》新增规定"国家允许私营经济在法律规定的范围内存在和发展。私营经济是社会主义公有制经济的补充"；1993 年通过《宪法修正案》明确规定"国家实行社会主义市场经济"；1999 年《宪法修正案》则进一步明确规定，"在法律规定范围内的个体经济、私营经济等非公有制经济，是社会主义市场经济的重要组成部分"；2004 年《宪法修正案》则明确规定，"国家鼓励、支持和引导非公有制经济的发展"。这些规定，在为改革开放保驾护航的同时，也为形成平等的市场经济环境创造了条件。

二是强化了经济主体的经营自主权，促进了公民的经济自由。例如1993年的《宪法修正案》明确规定："国有企业在法律规定的范围内有权自主经营。""国有企业依照法律规定，通过职工代表大会和其他形式，实行民主管理。""集体经济组织在遵守有关法律的前提下，有独立进行经济活动的自主权。"这些规定为市场主体松绑，使其能够按照自身意愿，发挥主观能动性，自主地实施经济活动，从而为实现公民的经济自由创造了基础性条件。

三是强化公民的合法经济权利的保障。2004年《宪法修正案》明确规定"公民的合法的私有财产不受侵犯"，"国家依照法律规定保护公民的私有财产权和继承权"，"国家为了公共利益的需要，可以依照法律规定对公民的私有财产实行征收或者征用并给予补偿"，"国家建立健全同经济发展水平相适应的社会保障制度"。这些内容进入宪法，从多个角度保障了公民的合法经济权利，与同时进入宪法的"国家尊重和保障人权"的表述一道，强化了对公民私有财产权的保护力度。

显然，对个人经济权利的保障，在改革开放之前的我国宪法体系当中，并非主要内容。宪法所着重考察的，是这个国家的经济制度，而非个人的经济权利。但在改革开放以来，个人所应享有的经济权利保障，逐渐成为我国经济宪法的核心内容，这种变迁历程体现了我国宪法思想的变迁，以及人权思想的进步。经济宪法在这些领域所进行的变迁，有助于从许多方面实现公民的人权，并对工商业发展产生了促进作用。

第一，确认了工商业主体在市场经济条件下的平等性，保障了不同主体的平等权利。在现代市场经济中，经济活动参与者应该在不妨碍公众利益的前提下自由地参与经济活动，这些主体是没有高低之分的，其市场主体地位并不因其所有制结构而有任何变化。市场经济参与者的自主决策，只要不违背公共利益和国家法律，不应受到干预，这是现代市场经济所追求的一个重要目标。在宪法的规范之下，我国明确了社会主义市场经济体制，就要改变原先的经济体制当中各类主体并存、主体地位不一的状况，实现了不同市场主体的机会公平、规则公平、结果分配公平及其贯穿其中的权利公平，从根本上反映了市场经济作为权利经济的本质要求，以及市场主体作为平等主体的基本关系。这种转变，体现在我国宪法对私营经济地位的明确过程当中，这一点前文已有论述，此处不赘。

第二，为工商业主体的自由提供了有效保障，确保其能够充分享有自由而不至于滥用自由。自由是个人在市场中的行为方式，也是市场秩序的基本要素。在市场经济条件下，无论是何种民事权利的获得、行使和让渡，都是以意思自治为前提和基础的。在计划经济条件下，政府与工商业主体之间关系不清，可能要求各企业之间按照政府所确定的条件进行交易，因此不符合这种自由的要求，直接违反了平等自愿的原则。坚持在市场经济运行过程中尊重和保障人权，必须以权利为本位，强化对公民自由的保障。具体而言，就是要对侵犯公民自由的行为予以制裁，并严格约束权力，防止因国家权力的放任而使自由受到国家的威胁或侵犯。

第三，为工商业的发展提供了良好条件，创造了发展基础。市场经济发展，需要一种客观公正、规范普遍、稳定可预测的规则，从而为工商业主体提供良好的、可信赖的发展环境，进而引导人们沿着正确的轨道进行经济活动，维护良好的市场秩序，促进为经济要素自由流动优化组合，保障市场经济的竞争有序发展，减少交易成本和社会成本，调动市场主体的积极性，创造更多的社会财富。特别是通过对公民私有财产权的可靠保障，从制度上认可工商业主体的努力，使工商业主体的同等努力获得等值回报，从而运用市场经济的规律对其行为予以评价，引导其创造更多财富，实现工商业的进一步繁荣发展。

三、处理工商业与人权关系的经济宪法理论

行为规则的改变是摆脱内卷的唯一途径。然而人都有路径依赖，一个群体也大多遵循类似的行为规则。行为规则的改变意味着对规则系统和秩序的破坏，除非有强大的动机和利益驱动，否则一般人不会采用新的规则。对于规则改变而言，企业家作为最具有创新精神和冒险精神的人，可以在规则的创新中起到决定性作用。这需要在社会中有一定数量的企业家，以及企业家的创新代价必须控制在一定的范围之内。如果企业家经常被打压，其创新行为甚至可能让其陷于牢狱甚至付出死亡的代价，规则创新和内卷化破除将难以发生。

如何才能保障企业家的产生并且使其处于有利于创新的环境中呢？现代国家

发明了一种被称之为"宪法"的制度，这种制度是规则创新的核心保障。宪法中关于工商业与人权的规则，是人类通过发展经济的方式来实现每个人均享有人权，均享有有尊严的生活的权利的根本规则，这些规则的总和我们可以称之为"经济宪法"。宪法中关于国家机构的组织则可以被称为"政治宪法"，两种共同构成了一国的宪法制度。

经济宪法保障工商业与人权共同发展的规则，可以概括为内生外促，这是调整两者关系的关键特点，我们因此也称之为经济宪法的内生外促理论。首先，基于一国已有的制度基础，不论这个基础是集权还是分权，工商业与人权规则必须与已有规则系统相容，必须是逐步内生发展起来的。经济发展的核心是创新，创新引发技术进步，技术进步与其他因子结合形成经济增长。创新是内生的，需要经济宪法规则形成有利的创新制度环境。

其次，现代社会是全球化的知识社会，通过知识的比较优势，在全球范围内实现资本、服务、货物的流通，实现生产和服务的效率提高，才可能在既实现本国的经济发展和人权保障的同时，又促进全球其他国家的发展。因此，经济宪法还需要具有开放和自由的根本规则，不因各种利益集团的影响而设置各种贸易壁垒，保持本国贸易自由并推动全球贸易自由。这就是外促，即通过经济自由和贸易自由来实现经济的效率，并通过全球的规则竞争来优化本国的规则系统。

第三章　工商业与人权议题的历史与重构

社会科学与自然科学一样，都是通过寻找事物的规律，来为人类行为提供知识基础。然而社会科学很难像自然科学一样进行可控的实验，所以社会科学对历史的考察可以看作对实际制度运行实验的分析。本章在对 Business 的含义及其价值进行界定的基础上，重点分析工商业与人权议题的发展历史。通过对历史脉络的梳理，可以发现工商业与人权议题的有些进路偏离了行为规则的内在逻辑，因此需要进行溯本清源，对工商业与人权的关系进行解构与重构。

第一节　Business 的含义及其人权价值

一、Business 的内涵与外延

根据《牛津高阶英汉双解词典》的释义，business 有以下几重含义与通常意义上讲的工商业与人权相关：（1）Profession 职业；（2）Buying and Selling 买卖（尤指作为职业），Commerce 商业，Trade 贸易；（3）Commercial Establishment 商业机构，Firm 公司，Shop 商店。① 根据《剑桥高阶英汉双解词典》的释义，business 则有以下几重含义与工商业与人权相关：（1）The activity of buying and selling goods and services 买卖（货品或服务）；（2）A particular company that buys and sells goods and services 公司、商业机构；（3）Work that you do to earn money 商务活动；（4）The amount of work done or the number of goods or services sold by a

---

① 《牛津高阶英汉双解词典》，商务印书馆 1997 年版，第 184 页。

company or organization 生意。① 由上可见，工商业与人权 business and human rights 中 business 的含义很广，但其核心要义是围绕着"市场"而展开的，它不仅包括宏观的市场机制（商业、贸易），还包括微观市场主体（公司、商业机构）和市场行为（买卖）。因此，将以市场机制为基础的工商业的发展作为切入口来研究工商业与人权问题无疑是个更好的进路。

以市场机制为基础的工商业的发展是近代人权理念产生和发展的源泉。恩格斯曾指出，"大规模的贸易，特别是国际贸易，尤其是世界贸易，要求有自由的、在行动上不受限制的商品所有者，他们作为商品所有者是有平等权利的，他们根据对他们所有人来说都是平等的（至少在当地是平等的）权利进行交换。从手工业向工场手工业转变的前提是，要求有一定数量的自由工人……他们可以和厂主订立契约出租他们的劳动力，因而作为缔约的一方是和厂主权利平等的。""由于人们生活在那些相互平等地交往并处在差不多相同的资产阶级发展阶段的独立国家所组成的体系中"，因而，资产阶级反对封建等级和特权的要求，"就很自然地获得了普遍的、超出个别国家范围的性质，而自由和平等也很自然地被宣布为人权"。② 这说明"近代与现代意义上的人权，是同资本主义商品经济联系在一起的，资本主义商品经济是近代人权产生的经济基础"。③

二、工商业的人权价值

工商业的发展，无疑是人权发展的重要基础。具体而言，工商业的基本作用或者说首要作用，就是促进发展。工商业的繁荣，是一个国家、一个社会繁荣的重要基础。

具体而言，工商业的人权价值，应当包括如下内容：

第一，工商业的人权价值，是实现人的幸福生活。恩格斯在《共产主义信条草案》一文中指出："在每一个人的意识或感觉中都存在着这样的原理，它们是

---

① 参见 Translation of business from the Cambridge English-Chinese（Simplified）Dictionary，载 Cambridge Dictionary ，https：//dictionary. cambridge. org/dictionary/english-chinese-simplified/business。
② 《马克思恩格斯选集》（第3卷），人民出版社1995年版，第446~447页。
③ 李步云主编：《人权法学》，高等教育出版社2010年版，第34页。

颠扑不破的原则，是整个历史发展的结果，是无须加以论证的……例如，每个人都追求幸福。"①在一切价值追求当中，幸福永远是一种目的，而非手段——我们可以为了幸福去做某件事情，却不会为了某种事情去幸福。我们将人权视作一种崇高的信念，并念兹在兹地期盼人权、孜孜以求地争取人权、视若珍宝地捍卫人权，正是因为人权能够给大多数人带来福祉。工商业发展过程中的人权保护，归根结底就是要在工商业发展过程中实现人的幸福，确保人能够过上有尊严的生活。将工商业与人权的话题，局限在劳工保护、环境治理等有限领域，不仅小觑了人权作为人类共同价值的重要意义，也轻视了工商业对人权发展所能做出的突出贡献，更加损害了人权保障的水平。应当认识到，商业活动本身是可以促进人权发展的，无论是蓝色壁垒还是绿色壁垒，都是用人权保障不力为借口来阻碍正常的贸易活动。乍看之下，是推动发展中国家更好地保障人权，然而如果发展中国家的商业活动受阻，最终发展中国家会因经济的停滞导致国家人权保障能力和民众人权要求的下降。

第二，工商业的发展为人权保障提供了坚实的物质基础。人类的商业活动特别是自工业革命以来的商业活动是人权保障的基础。商业活动促进了自由权的兴起，也为社会权的发展提供了财政来源。由于权利和自由依赖于税，所以从本质上讲，人权保障的发展是商业活动发达的结果。对我国而言，工商业对人权保障水平的提升，主要体现在我国近年来开展的精准扶贫之上。在有些理论将贫困视作个人奋斗不足的后果，因此国家并未减少贫困的义务，自然也不会将消除贫困视作一种个人的人权；福利国家的理论，虽然强调国家有生存照顾的义务，个人也有经济、社会、文化等方面的诸多权利，但仍然局限于对社会弱势群体生存条件的保障而非进一步改善。但在我国的人权理念当中，发展才是个人权利的核心，减贫自然成为保障人权的一项核心任务。

2016 年 10 月国务院新闻办公室发布了《中国的减贫行动与人权进步》白皮书，开宗明义地指出："贫困的广泛存在严重妨碍人权的充分实现和享有。减缓

---

① 《马克思恩格斯全集》（第 42 卷），人民出版社 1979 年版，第 373~374 页。

和消除贫困，是人权保障的重要内容。"①出身贫困的个人，受困于所在阶层的局限，难以得到充分的发展，他们所面对的营养不良、教育匮乏等诸多问题，都可能引发严重的人权问题，这个道理是显而易见的。

我国高度重视减贫工作，特别是自党的十八大以来，更是将减贫工作的地位上升到事关全面建成小康社会、实现第一个百年奋斗目标的新高度，纳入"五位一体"总体布局和"四个全面"战略布局进行决策部署。在实践中，针对不同情况采取特色产业脱贫、易地搬迁脱贫、生态保护脱贫、教育脱贫、医疗保障脱贫、农村兜底脱贫、资产收益脱贫、就业创业服务等多种方式，实现了精准扶贫、精准脱贫，推动中国的贫困人口规模持续下降，中国目前已成为世界上减贫人口数量最大的国家。2020 年年底，随着贵州的 9 个县退出贫困县序列，贵州全省 66 个贫困县全部实现脱贫摘帽，也标志着全国的贫困县均已脱贫摘帽。这个经验充分表明，在推动减贫的过程中，通过工商业的进一步发展能够提升人民幸福感，提高中国人权保障的水平。

第三，工商业的发展也可能对人权发展产生一定的副作用，应当加以克服。任何企业都要获得利润，在压力或者内卷化不断增强的现实面前有一种唯利是图的倾向，这便可能对人权保障产生一定的负面影响。其中主要的问题在于劳工权利、环境权利等。为了解决这些问题，一方面需要强化国内法的建设，例如我国先后通过的《劳动法》《劳动合同法》等法律，都对劳动关系进行了调整；《环境保护法》等法律，也对环境权问题进行了规范。这些国内立法，无疑确保了工商业发展的正面作用，避免了可能产生的负面影响。

在海外投资方面，2013 年商务部和环境部制定的《对外投资合作环境保护指南》提出："倡导企业在积极履行环境保护责任的过程中，尊重东道国社区居民的宗教信仰、文化传统和民族风俗，保障劳工合法权益，为周边地区居民提供培训、就业和再就业机会，促进当地经济、环境和社区协调发展，在互利互惠基础上开展合作。"2017 年，国家发展改革委、商务部及外交部等五部委制定的《民营企业境外投资经营行为规范》，在"切实履行社会责任"部分专门提出了

---

① 中华人民共和国国务院新闻办公室：《中国的减贫行动与人权进步》，人民出版社2016 年版，第 2 页。

加强属地化经营为当地创造就业机会，尊重文化传统开展文化交流；加强社会沟通、加强社会交流以及热心公益事业造福当地民众等具体要求，同时还规定了企业要合规诚信经营，注重资源环境保护。

自 2018 年国家发展和改革委员会修订了《企业境外投资管理办法》，也明确规定"倡导投资主体创新境外投资方式、坚持诚信经营原则、避免不当竞争行为、保障员工合法权益、尊重当地公序良俗、履行必要社会责任、注重生态环境保护、树立中国投资者良好形象"。可见，无论是对内还是对外，我国都高度重视企业社会责任的实现，以消解工商业对人权发展所产生的副作用。工商业的发展同样也需要人权的不断扩展，不论是自由权还是社会权。我国市场机制不断扩展的原因正是我国人权，特别是社会权得到了保障的结果。

第二节　工商业与人权议题的历史演进

工商企业的人权责任，起因于工商企业自身的发展。这一议题成为国际社会普遍关注的议题，在很大程度上归因于国际经济秩序的变迁。特别是随着经济全球化的迅猛发展，跨国公司从单纯的工商业主体转变为人权的重要实施者，在全球范围内影响着人权保障的内容、程度、广度，从而最终形成工商业与人权议题的当代面貌。

一、工商企业人权责任的产生

就传统观念而言，企业是以营利为目的的组织，企业的关注焦点始终是成本收益。在传统的经济学观点看来，企业设立的目的就是营利，因此企业唯一的责任就是在法律范围之内最大限度地获取利润。特别是在一些自由主义经济学者看来，伦理道德从来都不是企业的事，而是强加给企业营利以外的责任，最终是为政府干预创造借口，弊大于利。弗里德曼就认为："企业具有一种而且只有一种社会责任——在法律和规章制度许可的范围内，利用它的资源从事旨在于增加它的利润的活动。"①这一观念实际上否定了工商企业的人权责任，可以算是传统自

---

① ［美］弗里德曼：《资本主义与自由》，张瑞玉译，商务印书馆 1986 年版，第 128 页。

由主义经济学理论的一种延伸思路。

伴随着工商企业发展壮大，工商企业的人权责任逐渐产生。在这一时期，企业的发展规模增大、技术水平提升，拥有了更多的社会资源和更强的社会影响力，其生产经营活动开始对社会产生更大影响，以至于其活动领域超出了商业活动的边界，从而产生了复杂的社会责任。这一时期的工商企业，不仅要对股东负责，还需要对全体社会承担责任，包括遵守商业道德、保护劳工权利、保护环境、发展慈善事业、捐赠公益事业、保护弱势群体等。①这些新的责任又可分为"伦理责任"（Ethical Responsibilities）和"自由决定的责任"（Discretionary Responsibilities）。前者要求企业必须做正确、正义、公平的事，避免或尽量减少对利益相关者的损害，后者则进一步主张企业自愿履行其慈善责任，提供财力或人力资源上的贡献，从而改善社会生活质量。②这种责任在一些国家很快演变为国内法上的责任，产生了包括环境保护、消费者权益保护、劳动权益保护等各领域的大量法律制度。

当企业得到进一步发展，特别是全球化背景下的企业逐渐发展成为跨国企业，工商企业的影响力扩展到国际领域，进一步加剧了这一领域人权问题的复杂程度。一些企业为了规避国内生产成本的增加，将生产基地迁移到人力资源成本、环境保护要求更低的国家和地区，进一步降低了自己的生产成本，对其他没有迁移生产基地的市场主体产生了竞争上的比较优势，进而影响到本国相关产业发展。在这一过程中，企业的影响开始遍及全球，与之相应的人权问题也在全球范围内引起人们日益重视，单纯依靠国内法已经无法有效约束企业的活动，必须依托国际法规范形成新的可靠秩序。这便引起了人权理念的变化，在国际范围内产生了工商业与人权的新议题。

总之，所谓"能力越大，责任越大"，工商企业人权责任的产生，与企业自身的能力密切相关。企业规模与经济背景有着密切关系，也对工商业与人权议题的演变产生了直接影响（详见表3-1）。

---

① 李立清、李燕凌等：《企业社会责任研究》，人民出版社 2005 年版，第 25 页。

② Carroll, A. B, A Three-Dimensional Conceptual Model of Corporate Social Performance, Academy of Management Review, 1979 (4), p. 500. 参见许英杰、石颖：《战略性企业社会责任》，中国言实出版社 2016 年版，第 3 页。

表 3-1

经济条件	企业规模	企业影响力	企业的人权责任
自由经济	较小	局限于经济领域，对股东和员工造成影响	无
垄断经济	较大	具有社会影响力，对国内环境、社会政策造成影响	企业社会责任（环境权、劳工权利）
全球化经济	跨国企业	具有国际影响力，对国际经济、社会政策造成影响	人权责任（环境权、经社文权利、发展权）

二、企业人权责任的国际化

尽管企业社会责任在 20 世纪逐渐成为一种重要的道德观念，但它始终未能成为一个有效的法律责任，这就很容易带来三个方面问题：（1）国家并非企业社会责任主体，无法确保这种责任的有效履行。在企业社会责任的理论中，企业如何实现其社会责任，归根结底不过是企业自决的事务，国家在这个过程中严重缺席，无法对企业社会责任进行有效的规制与约束，甚至在处理负面社会影响问题上，政府甚至可能把企业社会责任当作替罪羊来掩饰自己的失败。① （2）企业社会责任的内容仍然存在差异化认识，并导致实施过程中的偏差。一些企业可能用企业社会责任的某个方面成就，掩盖了另一方面的缺失。例如有些企业热衷于慈善，用各种慈善活动履行其社会责任，却不考虑企业员工的待遇福利；或者在国内坚守企业社会责任，却在国外的经营活动中胡作非为。无论哪种形式的厚此薄彼，都构成对人权要求的违背。（3）企业社会责任的违背，并不产生法律上的责任。关于企业社会责任的国际规则，多半具有指导性，对于企业而言，履行企业社会责任固然是规避许多风险的必要之举，但违背企业社会责任也不会导致法律

---

① 参见［英］安德鲁·克拉帕姆：《非国家行为人的人权义务》，陈辉萍、徐昕、季烨译，法律出版社 2013 年版，第 246 页。

上的后果，国家也没有足够的动力对这种违背加以有效救济。

为了应对这一问题，国际人权法领域中的工商业与人权议题顺势而生，实现了工商业领域人权问题从道德问题向法律问题、从企业责任向国家责任、从国内问题向国际问题的转变。特别是 2011 年 6 月联合国人权理事会全体一致通过的《工商业与人权指导原则：实施联合国"保护、尊重与救济"框架》（*Guiding Principles on Business and Human Rights*：*Implementing the United Nations "Protect, Respect and Remedy" Framework*，UNGPS）（以下简称《工商业与人权指导原则》），明确了"保护、尊重、救济"三个工商业与人权的基本原则，从而有效因应了前述三个方面的问题：

第一，国家负有保护人权的主要义务。《工商业与人权指导原则》强调国家应当尊重、保护、落实人权和基本自由，根据该原则第 1 条之规定，国家必须采取适当措施，通过有效的政策、立法、规制、裁判，对发生在本国领域和（或）管辖范围内的工商企业侵犯人权的行为，进行防止、调查、惩戒和救济。这在相当程度上形成了国家在国际法上的"软法"（Soft Law）义务。尽管《工商业与人权指导原则》申明，该原则的任何内容都没有创造新的国际法义务，也不能被理解为对一个国家已经承担或受国际法约束的任何人权法律义务的限制和破坏。但实际上，《工商业与人权指导原则》在强调国家保护人权的义务的同时，也强调国家必须促使企业更加尊重人权。这实际上把国家作为监管人、经济参与者、国际组织的成员，认为其能够也应该尽全力推动工商业对人权的尊重和维护。①在这个意义上，尽管《工商业与人权指导原则》没有强制效力，但由于它为国家和企业的各自角色和协调行动提供了可行的路线图，因此被许多国家和国际组织承认，并成为一种非正式性的国际规则，仍然可能产生"软法"的效力。

第二，企业在保护人权方面负有特殊职能，必须遵守法律、尊重人权。《工商业与人权指导原则》第 11 条规定："企业应当尊重人权。这意味着它们应避免侵犯他人的人权，并应处理它们所涉及的不利的人权影响。"而根据该原则第 13 条之规定，企业不仅要避免自身活动造成不利的人权影响，也要设法防止和减轻

---

① 参见 Radu Mares、张万洪：《工商业与人权的关键议题及其在新时代的意义——以联合国工商业与人权指导原则为中心》，载《西南政法大学学报》2018 年第 2 期，第 47 页。

与其有业务关系的人员产生不利人权影响。这一系列规定，显著扩充了企业人权责任的范围。国际标准化组织（International Standard Organization，ISO）于 2004年 6 月最终决定开发适用于包括政府在内的所有社会组织的"社会责任"国际标准化组织指南标准，编号为 ISO26000。ISO26000 标准的制定虽然早于《工商业与人权指导原则》，但受到当时理论讨论的影响，同样将人权纳入重要考虑。该标准认为，企业应当处理包括组织管理、人权、劳工实践、环境、公平运营、消费者议题、社区参与和发展这七个主要议题。其中人权问题则包括尽职调查、人权风险形势、避免同谋、投诉处理、歧视和弱势群体、公民权和政治权、经社文权利、劳工基本原则和权利这八个方面主要内容。①

第三，当人权遭到侵害之时，应有相应措施加以救济，国家和企业均应建立相应机制，确保受到不利影响的个人和社区得到有效、直接的救济。《工商业与人权指导原则》第 26 条规定："各国必须采取适当步骤，通过司法、行政、立法或其他适当手段，在其领土和（或）管辖范围内发生侵犯人权的行为时，受影响者能够得到有效的补救，这是它们保护不受与商业有关的侵犯人权行为的责任的一部分。"这就实现了人权在更广阔范围内的保护。跨国公司在世界范围内的各个领域，全面进行生产经营活动，其产生的主要人权问题，可能产生于其自身经营过程中，但也可能发生于企业的供应链中。根据《工商业与人权指导原则》第 18 条的明确要求，为了衡量人权风险，企业应查明和评估任何实际或潜在的不利人权影响，而这些影响可能通过其本身的活动或由于其业务关系而产生。这种业务关系非常广泛，不仅包括与企业的业务伙伴，也包括整个价值链中的实体，以及与其业务操作、产品或服务直接相关的任何其他国家或非国家实体之间的关系。

三、工商业与人权议题的扩展及其影响

作为一个国际人权法意义上的重要话题，工商业与人权议题的产生，肇因于经济的全球化。在经济全球化之前，关于工商企业人权责任问题的讨论，始终局

---

① 张继荣：《ISO26000——社会责任发展的里程碑和新起点（二）ISO26000 的形成过程及核心内容》，载《WTO 经济导刊》2010 年第 11 期，第 53 页。

限于国内法的研究。但随着资本、人力资源、物资在全球范围内广泛流动，工商企业的活动开始摆脱国境的限制，产生了非常复杂的全球性影响。

（一）国际贸易秩序中的人权议题

在全球化迅猛发展的阶段，各国在劳工政策、环保政策等方面的差异，对全球的贸易平衡产生了重大影响。发展中国家拥有相对较低的劳工待遇、环保标准，吸引了一些产业（特别是制造业）从发达国家向发展中国家的转移，从而非常艰辛地获得了国际贸易中的一定优势，形成了新的国际分工，同时也产生了不同国家在此问题上的不同立场。正因如此，在早期贸易冲突中，工商企业的人权问题始终是发达国家的重要武器，发达国家要求发展中国家在工商业领域的人权保障上承担更多义务，从而形成了工商业领域人权问题的分歧面貌。

例如，在1993年之前，美国对中国的贸易最惠国待遇虽是一年一审，却也只停留在例行公事的层面，但在克林顿上台之后，即宣布将中国的贸易最惠国待遇延长一年，但是下一年是否继续延长则要根据中国人权状况的改善情况而定。美国国会在1993年开始将中国的贸易最惠国待遇审查与人权挂钩，其理由主要是：从1980年第一次给予中国最惠国待遇至今，美国对华出口仅仅增长了2倍，而进口激增24倍，最惠国待遇并没有带来相互的贸易增长。"现在，总统可以通过将这项法案作为工具，纠正往届政府的错误。"[①]类似的情况也曾出现在《罗马条约》的签订过程中，1957年3月25日，法国、联邦德国、意大利、荷兰、比利时和卢森堡六国政府首脑和外长在罗马签署《欧洲经济共同体条约》和《欧洲原子能共同体条约》，后来人们合称这两条约为《罗马条约》。作为一项旨在削弱贸易壁垒、形成欧洲统一市场的条约，《罗马条约》本来与人权并无关联，但在条约签订过程中，法国坚持将男女同工同酬写入条约，其主要考虑便是因为本国已经将同工同酬写入法律，如果其他国家仍采用较低的劳工标准，将不可避免降低本国产品在欧洲市场上的竞争力。这在表面上看起来是一个人权问题，但在实质上体现了深刻的经济考虑。

---

① 张元：《美国国会中的中国人权提案研究（1993—2013）》，华东师范大学2013年硕士学位论文，第38页。

（二）工商业与人权议题的积极影响

在全球化的进程当中，企业对于人权的影响越来越大，只有将人权保护议题扩展到商业领域，才能真正有效地保护人权。工商业与人权的理念，在促进社会发展方面，至少能够产生如下三个方面影响：

第一，形成了国家在国际法上的"软法"（Soft Law）义务。尽管《工商业与人权指导原则》申明，该原则的任何内容都没有创造新的国际法义务，也不能被理解为对一个国家已经承担或受国际法约束的任何人权法律义务的限制和破坏。但实际上，《工商业与人权指导原则》在强调国家保护人权的义务的同时，也强调国家必须促使企业更加尊重人权。这实际上把国家作为监管人、经济参与者、国际组织的成员，认为其能够也应该尽全力推动工商业对人权的尊重和维护。①在这个意义上，尽管《工商业与人权指导原则》没有强制效力，但由于它为国家和企业的各自角色和协调行动提供了可行的路线图，因此为许多国家和国际组织所承认，并成为一种非正式性的国际规则，仍然可能产生"软法"的效力。应当认识到，在全球化的进程当中，企业对于人权的影响越来越大，只有将人权保护议题扩展到工商业领域，才能真正有效地保护人权。在这个过程中，各国为了更好融入世界经济秩序，不得不接受其他国家的各种限制和审查，想方设法提高自身的人权保障水平。特别是在环境权问题上，工商业与人权理念的全球发展，更是具有重大现实意义——当前，环境与生态破坏问题已经成为一个全球性问题，气候变化异常、有害物质废弃物扩散、水土流失和森林破坏严重等环境问题已经足以危及全人类的生存和发展，而最能危害环境的，恰恰就是以跨国公司为主的大企业。废弃有害物品跨境转移、对别国生态资源和能源物质的高消耗和不合理开采、污染产业的越境转移等，都是全球化推波助澜之下的必然结果。原本各人自扫门前雪的思路早已不能解决环境与生态保护这个世界性课题，如何有效限制跨国公司的大规模环境与生态破坏行为，理所当然成为我们所需要共同关注的课题。正是在这个意义上，一定的全球合作机制和绿色壁垒法律制度，对

---

① 参见 Radu Mares、张万洪：《工商业与人权的关键议题及其在新时代的意义——以联合国工商业与人权指导原则为中心》，载《西南政法大学学报》2018 年第 2 期，第 47 页。

人类的延绵存续具有非常重要的现实意义，是环境安全的必然结果。

第二，扩充了企业社会责任的范围。国际标准化组织（International Standard Organization, ISO）于2004年6月最终决定开发适用于包括政府在内的所有社会组织的"社会责任"国际标准化组织指南标准，编号为ISO26000。ISO26000标准的制定虽然早于《工商业与人权指导原则》，但受到当时理论讨论的影响，同样将人权纳入重要考虑。该标准认为，企业应当处理包括组织管理、人权、劳工实践、环境、公平运营、消费者议题、社区参与和发展这七个主要议题。其中人权问题则包括尽职调查、人权风险形势、避免同谋、投诉处理、歧视和弱势群体、公民权和政治权、经社文权利、劳工基本原则和权利这八个方面主要内容。①显然，这就将人权标准较全面地引入企业社会责任的相关内容。

第三，将人权保护的理念引入工商业领域，实现了人权在更广阔范围内的保护。跨国公司的活动是全球性的活动，其所可能产生的主要人权问题，不仅在于其自身行动过程中，但也可能发生于企业的供应链中。根据《工商业与人权指导原则》第18条的明确要求，为了衡量人权风险，企业应查明和评估任何实际或潜在的不利人权影响，而这些影响可能通过其本身的活动或由其业务关系而产生。这种业务关系非常广泛，不仅包括与企业的业务伙伴，也包括整个价值链中的实体，以及与其业务操作、产品或服务直接相关的任何其他国家或非国家实体之间的关系。

（三）工商业与人权议题的消极影响

但事物往往具有两面性，特别是在一个多元世界里更是如此。工商业与人权的理念，在产生许多积极影响的同时，同时也为全球化的推进制造了许多障碍与壁垒。工商业与人权的理念与制度，将人权保护视作企业应尽的义务，也对国家保护工商业领域的人权提出了新的复杂要求。但对于各个国家而言，工商业并不只限于对人权理念的影响，更涉及国家方方面面的问题。特别是在20世纪80年代，为了避免重要产业部门被国外产品挤垮、防止大量失业引发社会不安、避免

---

① 张继荣：《ISO26000——社会责任发展的里程碑和新起点（二）ISO26000的形成过程及核心内容》，载《WTO经济导刊》2010年第11期，第53页。

国家商品价格巨大波动，新贸易保护主义伴随经济全球化产生。①尽管在这一时期，"全球化"成为一种东西方共同坚持的"政治正确"——对西方发达国家而言，"全球化"意味着开放的市场和共享的资源（特别是廉价的劳工资源）；对东方国家而言，全球化则意味着开放与发展。但与此同时，身处发达国家的"全球化"的反对者认为，全球化会让贫富差距更加扩大、导致本国制造业萎缩、产生更严重的环境负担；身处发展中国家的"全球化"的反对者则认为，经济全球化是发达国家掠夺发展中国家的工具，是发展中国家的陷阱。②这种冲突直接导致工商业与人权议题的滥用，使人权成为干涉他国主权的重要借口，进而构成贸易壁垒的重要类型，阻碍了全球化的进一步发展。特别是一些西方国家，既希望继续维持其霸权地位，又不希望被其他国家排斥而影响本国发展，采取人权作为贸易保护措施，既能遏制发展中国家发展，又能掌握"道义"上的发言权，从而实现其政治图谋，但在本质上仍然构成了对经济全球化发展的重要阻碍。

这种工商业与人权的观念运用，产生了相当广泛的深层次冲突。特别是在贸易自由化的大背景下，发达国家和发展中国家在国际贸易中的不同地位，让人权成为贸易冲突的重要工具，甚至在相当程度上形成了新的贸易壁垒。习近平总书记在省部级主要领导干部学习贯彻党的十八届五中全会精神专题研讨班上的讲话中指出："西方国家等强化贸易保护主义，除反倾销、反补贴等传统手段之外，在市场准入环节对技术性贸易壁垒、劳工标准、绿色壁垒等方面的要求越来越苛刻，由征收出口税、设置出口配额等出口管制手段引发的贸易摩擦越来越多。"③其中大量涉及以人权为名产生的贸易壁垒，这至少有如下几个具体表现：

第一，劳工标准。劳工标准是基于劳动者权利而产生的人权壁垒。西方发达国家通过实施贸易制裁措施、跨国公司工厂审核、社会责任标准认证、社会责任产品标志计划等，从而达到保护本国就业市场，平衡、消解发展中国家的人力资源优势的目的。在发达国家看来，一些发展中国家不遵守国际劳工标准，工人劳

---

① 参见张涛：《绿色壁垒与贸易争端：以中日蔬菜贸易为例》，人民出版社 2012 年版，第 22 页。

② 参见张森林：《经济全球化与世界社会主义价值的思考》，人民出版社 2011 年版，第 39 页。

③ 《习近平谈治国理政》（第二卷），外文出版社 2017 年版，第 248 页。

动条件恶劣，工资被随意拉低，形成了不公平的出口竞争优势，构成了所谓的"社会倾销"（Social Dumping）；而在发展中国家看来，劳工标准虽然具有一定的合理性，但廉价劳动力是发展中国家社会生活发展过程中的一个必然阶段。发达国家用所谓社会条款进行制裁，归根结底是为了保护本国就业市场，但这可能给广大发展中国家的经济造成危害。① 这种冲突显然是由于各自国家在国际经济分工中的地位差异和立场不同造成的。

第二，绿色壁垒。绿色壁垒是基于环境权而产生的贸易壁垒。具体包括环境关税制度、环境配额制度、环境许可证制度、环境贸易制裁、环境成本内在化制度、环境技术标准、环境检验检疫制度、环境包装和标签制度、环境标志和认证制度等。这种环境制度在表面上同等适用于所有国家，但由于经济、技术发展水平的不同，发达国家和发展中国家在此问题上存在立场上的显著差异。具体而言，发达国家由于具有经济和技术上的绝对优势，其技术标准和检验检测体系顺理成章成为社会经济发展、环境保护的必然选择。然而，这些技术上的繁复复杂却成为发展中国家对外贸易难以逾越的障碍。②

第三节　工商业与人权关系的解构与重构

一、工商业发展与人权保障是否对立

在有关工商业与人权的讨论中，我们很容易看到把工商业发展与人权保障对立起来的观点。这些观点认为工商业发展造成了对环境权、劳工权利等人权的侵害，因此企业应当通过承担起社会责任来改善人权。例如许斌在其博士论文中对工商业对人权的侵害进行了总结，他认为工商业不仅对人权造成直接的伤害，侵害公民的人身、自由、健康等权利，还会对人权形成隐性的损害，对言论自由、隐私造成影响。他列举了大量的国外案例加以证明。③ 梁晓晖指出："血汗工厂、

① 陈德铭等：《经济危机与规则重构》，商务印书馆 2014 年版，第 563 页。
② 朱京安：《中国绿色贸易壁垒法律制度研究》，人民出版社 2018 年版，第 10 页。
③ 参见许斌：《论工商业人权责任的制度化》，山东大学 2020 年博士学位论文，第 2 页。

环境衰退和资源掠夺、对土著社区的破坏、腐败、甚至于武装冲突等诸多大规模或系统化践踏人权的事件背后都可能发现工商业的影子。"① 从实践上看，这似乎也是事实。自从 2017 年中国建立环境行政公益诉讼以来，检察机关办理了大量的环境公益诉讼案件，案件主要涉及行政机关的不作为，实际主要针对企业对环境的污染问题，也就是工商业对公民的环境权造成了损害。互联网企业的"996"工作制，中小企业广泛存在的劳动时间超过劳动法规定上限，这些问题往往成为新闻热点，从各个方面反映了工商业对公民健康权、劳动权甚至自由权的侵害。

　　既然工商业发展与人权保障存在一定的抵牾，那么如何解决这种对立局面来协调发展两者的关系呢？自 2011 年联合国人权理事会通过了《工商企业与人权：实施联合国"保护、尊重和补救"框架指导原则》②，学术界便开始注意到这个问题并展开了研究。③ 这些研究多数沿着一条基本路径展开，就是通过各种制度约束企业，强化企业的社会责任。④ 这里以梁晓晖先生的观点为例进行说明。梁晓晖对工商业与人权问题有着极为深入的研究，其观点也有诸多创新之处。他认识到工商业对人权不仅有消极影响，同时也承认其具有积极影响。他认为仅仅通过法律规制工商业的方式无法达到保障人权的目的，需要通过"私体公法化"方

---

① 梁晓晖虽然指出了工商业对人权的侵害，但他总体上认为工商业对人权既有积极影响，也可能产生消极影响。参见梁晓晖：《工商业与人权：从法律规制到合作治理》，北京大学出版社 2019 年版，第 4~5 页。

② 联合国人权理事会：《工商企业与人权：实施联合国"保护、尊重和补救"框架指导原则》，人权与跨国公司和其他工商业企业问题特别代表报告，John Ruggie, A/HRC/17/31, 2011 年 3 月 21 日。

③ 与这个主题相关的企业责任的研究要早一些，20 世纪 80 年代初就开始出现了。例如康树华：《环境保护中的企业责任——从日本的四大公害案件判决谈起》，载《社会科学》1982 年第 10 期。

④ 在中国知网搜索"工商业与人权"的主题，得到的论文基本都是强调企业社会的论文。代表性的论文有：杨松才：《论〈联合国工商业与人权指导原则〉下的公司人权责任》，载《广州大学学报（社会科学版）》2014 年第 11 期，第 19~25 页；程骞、徐亚文：《人权视角下的公司环境责任——兼论"工商业与人权"框架的指导意义》，载《中国地质大学学报（社会科学版）》2015 年第 5 期，第 1~9 页；张万洪、王晓彤：《工商业与人权视角下的企业环境责任——以碳达峰、碳中和为背景》，载《人权研究》2021 年第 3 期，第 41~52 页；许斌：《论工商业人权责任的制度化》，山东大学 2020 年博士学位论文。

式实现合作治理。合作治理的方式是落实联合国"保护、尊重和补救"框架指导原则。这个指导原则的核心是建立一套人权保护的制度来防止和补救工商业对人权的侵害，其基本含义是国家强化保护人权的能力，企业建立制度尊重人权，通过企业的申诉机制和国家的立法、行政、司法机制对人权侵害进行补救。① 概言之，就是国家和企业单方向通过建立各种制度来保护人权，以落实国家和企业保护人权的主体责任。

在有些学者眼里，工商业与人权的关系似乎是一个零和博弈，一方获益另一方就会受损。如果要保护公民的健康、环境等权利，就必须约束企业的行为，换句话说，要求企业承担社会责任，其实就是让企业负担更多的成本。他们认为通过把外部成本内化，即企业增加环保设备、增加用工人员减少工作时间等，即可解决上述冲突。从表面看，发达国家似乎也是这样做的，但事实真的如此吗？

这种单向度的通过建立制度约束工商企业的方式，在我国能否真正解决两者的冲突还存在疑问。随着保护人权制度的建立和强化，企业在人权方面的合规要求越来越多，企业需要内设机构进行合规审查和侵权申诉补救，提高企业的人权责任增加企业的制度成本，对大型企业来说尚可承担，但对中小微企业来说又会造成多大的影响呢？我国目前正在通过建立各种制度来优化营商环境，国务院还制定了《优化营商环境条例》。但是，已经存在的促进工商业发展的制度与保护人权的制度之间仍然可能会产生冲突，当冲突出现时又该如何处理？人权是包含了为数众多权利的权利束，如果单方面强化国家和企业的人权责任制度，保障了公民某一部分人权的同时，又极大可能会影响到公民其他人权的实现。因此，这些学者的看法忽略了制度的系统性，忽略了内在制度与外在制度的关系以及外在表现。通过单纯让企业承担更大社会责任，无法实现多数人的人权和每个人享受美好生活的权利。

笔者认为，目前很多学者从理论解读此问题时忽视了对工商业与人权关系的历史脉络的梳理，对我国的实践也未能充分认识和把握，超越了我国当前工

---

① 参见梁晓晖：《工商业与人权：从法律规制到合作治理》，北京大学出版社 2019 年版，第 200~203 页。

商业与人权关系的发展阶段。本书拟从博弈论和制度变迁的理论出发，在分析工商业与人权关系的历史脉络和中国实践的基础上，① 提出调适两者关系的新思路。

二、工商业发展与人权保障关系调适的理论逻辑

（一）工商业发展与人权保障涉及的基本关系

工商业发展与人权保障之间不仅是一种制度关系，而且还是工商业组织与公民之间的互动博弈关系。

工商业与人权的含义 Business and Human Rights 有两个关键词，分别是"Business"和"Human Rights"。"Business"在中文一般被翻译为商业，实际在英文中含义较为广泛。根据主要英文词典②的解释，"Business"与本书相关的含义主要有两种：第一种是制造、买卖或者提供服务的市场活动，这是指从生产到交易的各项经济活动，或者称之为商务。第二种是市场主体，包括组织制造、销售、服务的组织，可以称之为工商业组织。"Human Rights"的含义在词典中含义比较单一，指"是一种基本权利，这种权利被许多社会认为是每个人都有的，被公平而不残忍对待的权利"③ "被认为是属于所有人的基本权利，例如免于非法拘禁、酷刑、处决的自由"。④ 如果把两者并列起来进行分析，可以看到两个定义涉及两个因素，即制度和主体。"Business"作为生产、交易、服务的含义，其必须有一系列的规则集合体组成的制度的支持，否则作为主体的工商企业组织难以实现其目的；"Human Rights"也要借助由规则保障的权利体系，公民个体

---

① 自清末以来我国就开始了对两者关系的实践探索，但两者关系获得较好的契合，实现工商业组织与公民两者双赢的制度安排，主要是在改革开放之后，所以本书主要聚焦于这一时期。

② 英文词典对"business"的解释大多大同小异，如韦伯斯特大学词典、柯林斯词典、牛津词典、朗文当代英语辞典。例如朗文词典与本书相关的含义包括"buying or selling goods or services"和"company"，参见《朗文当代英语辞典》，外语教学与研究出版社 2004 年版，第 200 页。

③ 参见《朗文当代英语辞典》，外语教学与研究出版社 2004 年版，第 795 页。

④ 参见 Merriam-Webster's Collegiate Dictionary, Merriam-Webster, Inc., 第 11 版，第 605 页。

才能受到人权保护。因此，分析 Business and Human Rights 的关系时，必然会涉及两种制度之间的关系，以及工商业组织与公民之间的主体关系。

当我们把工商业与人权的关系定位于制度关系和人与人之间的互动关系时，便触及了问题的理论基础。何为制度？斯蒂芬·沃依格特认为制度是"众所周知的规则，借助于它不断重复的互动行为得以结构化，它带有实施机制，在违反规则的情况下可以实施制裁或威胁制裁"；① 青木昌彦指出制度是"一种均衡，指的是与人们之间关于博弈如何进行的共有信念，制度变迁即共有信念的不断瓦解"，② 诺思提出制度是"一个社会的博弈规则，或者更规范地说，它们是一些人为设计的、形塑人们互动关系的约束。从而，制度构造了人们在政治、社会或经济领域里交换的激励"。③ 从这些观点可以看到，制度由规则组成，它是人们互动博弈的约束和激励。制度是内生的，人为设计的，通过结构化过程④得以强化、复制和瓦解。因此，对工商业与人权首先应该理解为制度，工商业的运转和人权的实现都是通过制度来约束和激励的，没有了工商业和人权领域的制度，人们在经济领域如何交往和行为，如何抑制投机行为就变得无法预测⑤，经济发展和每个人的美好生活实现都会变成泡影。其次，工商业与人权涉及两个不同的制度领域，前者主要涉及经济领域，后者涉及个人的尊严与价值实现。两类制度如果是在一个社会中缓慢形成的，人与人之间的博弈就会较为充分，相关规则对人们博弈的约束和激励，对规则之间的关系以及变迁也会获得共识，规则之间比较相容，相互冲突的概率较小。相反，如果制度不是诱致性变迁，而是由国家强力推动的强制性变迁，工商业与人权制度的关系可能会变得紧张，需要一些中间规

---

① ［德］斯蒂芬·沃依格特：《制度经济学》，史世伟、黄莎莉、刘斌、钟诚译，中国社会科学出版社 2020 年版，第 8 页。

② ［日］青木昌彦：《制度经济学入门》，彭金辉、雷艳红译，中信出版集团 2017 年版，第 54 页。

③ ［美］道格拉斯·C. 诺思：《制度、制度变迁与经济绩效》，杭行译，格致出版社、上海三联书店、上海人民出版社 2014 年版，第 3 页。

④ 关于结构化问题，参见［英］安东尼·吉登斯：《社会的构成——结构化理论纲要》，李康、李猛译，中国人民大学出版社 2016 年版，第 16 页。

⑤ 柯武刚等人认为，制度有有效协调人与人的行为，增强彼此信任的功能。参见［澳］柯武刚、［德］史漫飞、［美］贝彼得：《制度经济学：财产、竞争、政策》，商务印书馆 2018 年版，第 155~157 页。

则进行调适。这些调适规则在诱致性变迁的社会中已经被探索出来，需要从历史发展过程中总结出来。

工商业与人权还涉及工商业组织与公民个人之间的互动博弈与制度冲突。这种互动博弈涉及人的行为选择与集体行动的逻辑，是极复杂的策略问题和实证问题，本书限于篇幅不予讨论，这里需要分析的是制度冲突。制度可以分为由习俗、文化、惯例组成的内在制度，以及由法规则组成的外在制度。内外制度之间有时会产生冲突，这种冲突的结果可能是外在制度全部或部分无法执行，不能约束人们行为。还有一种情况是内外制度的冲突外化为外在制度之间的冲突，导致相互冲突的外在制度中的某些规则失效。外在制度的冲突可以通过合法性或者合宪性控制得到缓解，但当法律之间或者宪法规则之间也存在矛盾时，就变得很难处理。这时就会有一种倾向，即用政策来缓解外在法规则的冲突。这种方法在短期内的确有效，比如用保护劳动者的劳动合同法约束工商企业时，可能导致中小微企业的成本上升到无法为继的程度，政府便出台各种鼓励中小微企业的政策，并且放松劳动合同法的执行。但这种做法有负面效果，因为其长期的隐形危害可能会被忽视，比如不利于法治信仰的形成，劳动者对政府产生不信任以及助长对工商企业的负面看法。①

（二）工商业发展与人权保障的博弈论逻辑

在制度及其相互关系的理论基础上，要分析工商业与人权的关系，还必须引入博弈理论和企业理论。人类的各种制度和规则的出现，最终目的是保障每个人都能过上美好幸福的生活，或者如《世界人权宣言》所说的"促成较大自由中的社会进步和生活水平的改善"。② 这个出发点是人权制度和工商业制度形成的共同目的，博弈理论和企业理论很好地解释了两种制度的形成和相互关系。制度

---

① 在中国的历史上，"士、农、工、商"的排序表明了"商"的地位最低，各种负面的词汇都会加到"商"的头上，典型如"无商不奸"。这种情况源于以农业为根基的农业社强化农业重要性的需要。到了以"工商业"为根基的工业社会、知识社会的今天，"工商业"本应获得更多的尊重，然而长久历史形成的内在规则的很难改变，政策导向的问题强化了"贬商"内在规则的回流。

② 《世界人权宣言》，序言。

经济学家认为，制度是人与人之间博弈的均衡，是人与人之间互动的约束。人只能在现有的制度约束下进行活动，否则与他人的互动就会陷入困境，个人也会受到各种压力和激励来遵守这些制度。一个人虽然不可能不受周围所有制度的约束，却可以在某一个或某一些方面不遵守规则，以自己创造或者学习的不同规则行事。这是制度变迁的前提。当不遵守当前规则而采用其他规则的人足够多，人与人之间的博弈就会形成新的均衡，新制度就形成了。制度是人与人之间博弈的约束和均衡，人与人之间的博弈也会改变规则继而形成制度变迁。经由无数人的重复博弈，人权制度和现代工商业制度便在近代逐步形成。

我们可以通过博弈的视角来观察该形成过程。最简单的博弈模型是二人博弈。从博弈结果来看，还可以分为零和博弈和非零和博弈。在正常的交易情况下，两人的简单交易是非零和博弈中的正和博弈。举一个最简单的例子，一个人去另一个人开的饭馆吃饭，吃饭的人获得了食物，饭馆老板通过服务获得了盈利，这是典型的正和博弈。正是正和博弈的激励，工商业才在人类社会逐步发展起来。当博弈的范围扩展到多人博弈，并考虑制度约束时，情况就发生了变化。在这种情况下，饭馆老板必须面对其他食物提供者的竞争，同时还需要考虑制度成本。如果食物价格太高，吃饭的人就会变少，饭馆可能会亏损；如果食物价格太低，包括制度成本在内的各种成本却较高的情况下，饭馆也可能会亏损。因此，在充分竞争情况下，饭馆老板最简单的策略是降低成本。最有效的降低成本的方法是组织创新和技术创新。因为通过组织创新可以有效降低制度成本，通过技术创新则可以有效规避同质化竞争从而获得更多的利润。

（三）工商业发展与人权保障的企业理论逻辑

近现代工商企业的形成是组织创新的产物。要回答近现代为何建立企业这个问题就必须分析企业的性质。作为产权理论奠基人以及新制度经济学的首位提出者，科斯提出并发表的交易费用观和产权理论丰富了企业理论。科斯的理论简而言之，就是对于自由的市场经济环境而言，价格机制是调节和配置资源的主要因素，但是对于企业内部而言，则主要借助权威企业家或者某个个体组织来针对资源进行支配和指挥，那么便可以在价格机制引导作用下的经营运行节约交易成本。① 也就是说，企业这种形式可以有效降低制度成本（交易成本）。

关于工商业的制度化过程，制度变迁理论提供了解释。诺思在他提出制度变迁理论中明确指出，当条件存在限制情况下，因为竞争压力以及欲望的驱动，企业家或者组织往往会不断地进行学习，进而在激烈的市场环境当中谋求生存，同时通过学习挖掘潜在利润，在权衡成本和收益之后，做出能够为其个人或组织带来最大净收益的行动决策。在制度变迁理论当中，制度变迁主体便是广义层面的企业家，② 经济变迁的长期结果是经济的企业家短期决定不断累计演变而来的。制度变迁会受到企业家的巨大影响，如若结合当前制度安排获取的利润十分有限，甚至无法获取利润情况下，企业家往往会针对当前框架制度予以打破，并寻求突破以推动制度创新。③

工商企业制度的形成无疑可以节约企业运行内部制度成本，但外部制度成本如果过高也会阻碍企业盈利。改变的制度必须能使一方或者双方的处境得到改善，否则就没有制度变迁的动力。与工商业制度变迁同时进行的是人权制度的形成和发展，因为一方面，原有的制度施加给企业过高的成本；另一方面，制度的变迁不可能总是让一方处境获得改善，多数情况下需要寻求双赢的博弈。事实上，近代自由权、财产权、选举权制度的出现，现代劳动权、环境权的发展，均体现了这种博弈均衡。

---

① 科斯指出："在企业之外，价格变动决定生产，这是通过一系列市场交易来协调的。在企业之内，市场交易被取消，伴随着交易的复杂的市场结构被企业家所替代，企业家指挥生产。"参见科斯：《企业的性质》，载［美］罗纳德·H.科斯：《企业、市场与法律》，盛洪、陈郁译，格致出版社、上海三联书店、上海人民出版社 2014 年版，第 28～42 页。

② 在制度变迁理论中，企业家并不是单纯指工商企业的领导者，而是各种具有创造精神的人，这种精神被称为企业家精神，实际就是创造、冒险精神。由于企业家和企业家精神可能被误解，本书以创造精神代替企业家精神的称谓。

③ 诺思指出，"制度变迁的直接工具是政治或经济的企业家，他们试图在那些看起来最能盈利的机会上实现最大化。""当现存规则不允许这样做时，则通过间接的方式——投入资源去改变规则或其实施的成本与收益。"参见［美］道格拉斯·C.诺思：《制度、制度变迁与经济绩效》，杭行译，格致出版社、上海三联书店、上海人民出版社 2014 年版，第 117、103 页。

三、工商业与人权关系调适规则创新的历史

历史是最好的教科书，中西历史经验实际上已经展现了规则创新是工商业与人权关系调适的最好方式。我国学者对人权历史发展的研究一般从古希腊、古罗马的权利思想出发，然后到启蒙时代的人权思想，最后人权开始被写入宪章。[①]此外也注意到了资本主义的发展与人权发展的关联，认为应该结合权利的构成要素来领会马克思关于商品经济与普遍权利之关系的思想。[②] 因此，我们有必要从博弈的角度，或者说个体的角度来分析历史上的人权与工商业发展的互动与冲突调适，找寻工商业与人权关系调试的路径。由于人权包括大量的公民权利，篇幅所限，本书仅以迁徙自由和财产权为例分析两者的互动。

（一）工商业发展与迁徙自由互动的进程

迁徙自由在古代西方社会受到了极大的限制，随着近代工商业的发展才逐步得到保障。马克思认为，"流通中发展起来的交换价值过程，不但尊重自由和平等，而且自由和平等是它的产物；它是自由和平等的现实基础"。[③] 从这里可以看出，马克思认为商业的发展不仅产生了自由平等，并且是自由平等的基础。从博弈的角度看，工商业企业家为了营利，创造了企业的形式来降低制度成本。但是外部制度成本依然很高，突出的表现就是西方封建社会农奴被束缚在土地上，手工业者被束缚在行业工会，工商企业家的自由也受到限制，企业获得劳动者的成本巨大。"市民阶级最不可少的需要就是个人自由。没有自由那就是说没有行动、营业与销售货物的权利，没有自由贸易就无法进行。"[④] 农奴、手工业者为了改善自己的生活需要到企业中，改变限制迁徙自由的制度博弈可以达成工商企

[①] 参见徐显明：《人权法原理》，中国政法大学出版社 2008 年版，第 2~13 页；夏勇《人权概念起源——权利的历史哲学》，中国政法大学出版社 2001 年版，第 51~108 页。

[②] 参见金俭：《略论人权理论与实践的历史发展》，载《南京社会科学》2004 年第 5 期，第 41~46 页；夏勇《人权概念起源——权利的历史哲学》，中国政法大学出版社 2001 年版，第 100~104 页。

[③] 《马克思恩格斯全集》第 46 卷下册，人民出版社 1980 年版，第 477 页。

[④] ［比］亨利·皮朗：《中世纪欧洲经济社会史》，乐文译，上海人民出版社 2014 年版，第 46 页。

业界和农奴、手工业者的双赢。通过博弈，迁徙自由逐步从思想到制度层面都完成了有效改变，工商业制度和人权制度得到了共同发展。

中国古代社会情况也类似。在古代，普通人是没有迁徙自由的，一个人如果不做官、不行商，基本就生活在自己出生的地方。普通人要到外地旅行，必须有路引。例如明代法律规定，"农业者不出一里之间，朝出暮入，作息之道相互知"，"若军民出百里之外不给引者，军以逃军论，民以私渡关津论"。① 路引需要向里长申请，由州县审核才可以获得，并且路引为一次性，不能重复使用。②中华人民共和国成立后，建立户籍制度和计划经济的票证制度，出行需要介绍信和全国通用粮票。1954 年宪法虽然规定了公民有迁徙自由，计划经济使其基本形同虚设。改革开放后的 1982 年宪法虽然取消了迁徙自由的规定，但商品经济和市场经济的发展却使迁徙自由获得了民众认同，不断的博弈导致限制迁徙自由的制度逐步瓦解。2003 年的孙志刚案件导致收容遣送制度的废除，③ 标志着迁徙自由基本得到实现。古代社会和改革开放前，工商业不发达，没有迁徙自由的基础，市场经济和工商业的蓬勃发展使迁徙自由成为必需的人权，工商业也因此降低了制度成本。

(二) 工商业发展与财产权互动的历史进程

我们再来看看财产权。西方在近代以前并未形成完整的私有产权制度。随着西方近代工商业的发展，工商业者积累的财产不愿意被外人随便剥夺，以便获取更多的财富，对财产权要求就变得极为迫切。洛克在《政府论》中说，"人们既然都是平等和独立的，任何人就不得侵犯他人的生命、健康、自由或财产"④，休谟在《人性论》中认为，"没有人能够怀疑，划定财产、稳定财物占有的协议，是确立人类社会的一切条件中最必要的条件"⑤。启蒙思想家对财产权大声

---

① 《明会典》卷一百六十七。

② 陈学文：《明代信牌、信票和路引的考释》，载《中国典籍与文化》2014 年第 2 期，第 106~109 页。

③ 收容遣送制度的依据是 1982 年 5 月 12 日国务院发布的《城市流浪乞讨人员收容遣送办法》，这一制度把进入城市生活无着的人遣送到原籍，实际上限制了人员的流动。

④ ［英］洛克：《政府论》，叶启芳、翟菊农译，商务印书馆 2004 年版，第 18 页。

⑤ ［英］休谟：《人性论》，关文运译，商务印书馆 2006 年版，第 532 页。

疾呼,正是建立在近代工商业发展的要求的基础之上。在近代工商业发展过程中,通过博弈逐步建立了保障受尊重的、可靠的产权和自主运用财产的自由权的制度。通过清晰而普适的产权制度,在市场机制的导引下,财产所有者就可以相互交往,利用他们可获得的资源和开发出的新资源,尽最大努力去满足人们的需要。①

财产权不仅被认为是一种自然权利,而且通过博弈被纳入宪法文件,成为公民的基本权利。在英国,国王与贵族因为征税问题产生了分歧,贵族为争取财产权利与国王进行了战争,在 1215 年签署了《自由大宪章》,确立了无代表不纳税的原则。在美国,民众为了抵抗英国人转嫁给北美殖民地的税收展开了独立战争,发表了《独立宣言》,提出了"人人生而平等,造物者赋予他们若干不可剥夺的权利,其中包括生命权、自由权和追求幸福的权利"。虽然没有明确财产权,但财产权却隐含其中。法国第三等级为了反抗国王的增税企图,发动了法国大革命,制定了《人权宣言》,其第 17 条对财产权的规定极为完整,它指出:"财产是不可侵犯与神圣的权利,除非合法认定的公共需要对它明白地提出要求,同时基于公正和预先补偿的条件,任何人的财产皆不可受到剥夺。"②

判定财产归属的所有权制度在中国古代社会也早已存在。孟子说"民之为道也,有恒产者有恒心,无恒产者无恒心"③,这既说明了财产的重要性,也说明私有财产制度很早就出现了。但是中国古代社会财产权也是不完整的,在传统农业社会,土地所有权体现了国有的性质,④ 土地使用权和所有权相分离,商人的财产得不到保障,会被政府侵夺,商人在经营方面受到诸多的限制。⑤ 在所有权方面,更多体现的是财产的家庭所有或者家族所有,而不是现代的个人所有。因

---

① [澳] 柯武刚、[德] 史漫飞、[美] 贝彼得:《制度经济学:财产、竞争、政策》,商务印书馆 2018 年版,第 229 页。

② 参见张扩振:《经济宪法初论:经济宪法的理念、制度与权利》,中国政法大学出版社 2017 年版,第 26~28 页。

③ 《孟子·滕文公上》。

④ 王家范:《中国传统社会农业产权"国有"性质辩证》,载《华东师范大学学报(哲学社会科学版)》1999 年第 3 期,第 21~29 页。

⑤ 高玮:《中国古代社会私有财产权利分析》,载《湖北经济学院学报》2010 年第 1 期,第 24~28 页。

此，"在中国传统社会，由于缺乏健全发育和体制保障的社会环境，私有产权的发展是不充分、不独立、不完全的"。① 清末以后，随着工商业的发展，对财产权的要求也越来越高。特别是清末四川爆发的"保路运动"，不仅是工商业者保护其财产权的运动，也间接导致了清政府的下台。② 改革开放之后，我国的工商业快速发展，促进了财产权保障制度的发展完善，对财产权的保护同时对工商业的发展也提供了信心。在改革开放初期，著名的"傻子瓜子"案，在邓小平的直接干预下，保护了年广九的财产权。③ 邓小平在南方讲话中说："农村改革初期，安徽出了个'傻子瓜子'问题。当时许多人不舒服，说他赚了一百万，主张动他。我说不能动，一动人们就会说政策变了，得不偿失。"④ 2004 年修改宪法，私有财产保护与尊重和保障人权共同成为宪法条款，这正是工商业与财产权良性互动的明证。

在西方的历史上，工商业的发展也会与人权产生冲突。当冲突产生时，西方的做法一般是先保护工商业的发展，然后由企业通过组织创新和技术创新提升效率、降低成本，当企业可以承受更高人权标准时，再把人权保障制度化。以工商业与劳动权为例，美国在对待工作时长问题上，从 1905 年的"洛克纳案"到 1937 年"西海岸旅馆案"，再到 1941 年"美国诉达比案"，历经 30 多年，随着工商业的发展，美国最高法院从一开始以保护契约自由的理由否定了州法限制工作时长的规定，到后来改变了态度，认为限制工作时长的法律符合宪法的规定。⑤ 随着创新规则在西方的日趋完善，包括鼓励创新的教育制度、提倡创新的企业组织形态、宽容创新的制度环境，使工商企业能够不断降低工作时长，洛克纳时代每周工作 60 小时的法律被宣布违宪，现在西方发达国家普遍为 40

①　王家范：《中国传统社会农业产权辨析》，载《史林》1999 年第 4 期，第 1~9 页。

②　刘正祥、徐精鹏：《四川保路运动时期四川地方政府与中央政府的对峙——兼论清朝覆灭的原因》，载《社会科学研究》1998 年第 4 期，第 110~115 页。

③　具体过程参见徐正元：《中国当代私营经济初创时期的发展轨迹和阶段特征——"傻子瓜子"经济剖析》，载《中国经济史研究》2003 年第 3 期，第 53~61 页。

④　《邓小平文选》（第 3 卷），人民出版社 1993 年版，第 371 页。

⑤　参见张家宇：《论劳动力市场中的管制与自治——美国洛克纳案变迁的启示》，载《湖湘论坛》2016 年第 5 期，第 81~87 页。

小时以下，有些国家甚至为每周 30 多小时。① 没有创新规则的支持，这是无法达到的。

四、工商业与人权关系调适的现实困境

以强调企业社会责任为手段调适工商业发展与人权保障关系存在诸多现实困境。从企业社会责任和法律责任的角度来看中国的情况，我国宪法自 1954 年开始就列举了公民享有的广泛权利，1982 年宪法继续加以完善。虽然宪法基本权利是人权的主要内容，但是在 1991 年国务院发表《中国人权状况》白皮书之前的一段时期内，人权被认为是资产阶级的口号，人权的讨论被列为禁忌，② 对工商业与人权关系的讨论更是无从谈起。2004 年宪法修正案提出"国家尊重和保护人权"为人权保护制度的发展奠定了基础。2015 年中国在 ISO 26000〈社会责任指南〉国际标准的基础上，制定了 GB/T 36000—2015《社会责任指南》，这个标准把人权作为社会责任原则和社会责任的核心主题。虽然这个标准是一个推荐性国家标准，并且把人权主题从 8 个缩减为 3 个，③ 但依然体现了国家用社会责任的方式来推动企业尊重人权。

我国还签署了包括《世界人权宣言》《公民权利和政治权利国际公约》《经济、社会、文化权利国际公约》等一系列的国际人权公约，基于国际法的义务和我国宪法的要求，我国制定了很多的法律加以制度化保护，以实现国家对人权的

---

① 参见徐海东、周皓：《过度劳动、健康损耗与收入补偿》，载《劳动经济研究》2021年第 3 期，第 3～26 页；《西方国家一周工作时间》，载知识分享站，2022 年 2 月 8 日，http：//www. pkn596. com/xq/ujwhqtuyiyqiuhiqqduhwuqyuzqjjmuhixwjuhqfwhuzqdiauyifqyuiifqz/。

② 参见陈佑武、李步云：《改革开放以来法治与人权关系的历史发展》，载《现代法学》2015 年第 2 期。

③ 缩减后的人权议题包括公民和政治权利，经济、社会和文化权利，工作中的基本原则和权利，加上劳工实践、环境议题上涵盖的公民权利，基本覆盖了我国宪法所确认的公民基本权利。参见于帆、陈元桥：《GB/T36000—2015〈社会责任指南〉国家标准解读》，载《标准科学》2015 年第 10 期，第 6～10 页。与国际标准相比，该标准取消了尽职调查、人权风险形势、避免同谋、投诉处理和歧视和弱势群体五个议题，这实际上是减轻了企业在人权方面的社会责任。参见孙继荣：《ISO26000——社会责任发展的里程碑和新起点（二）ISO26000 的形成过程及核心内容》，载《WTO 经济导刊》2010 年第 11 期，第 43～54 页。

保护义务。① 法律对人权的制度化保护，针对的是人权不受第三方，包括私人和工商业的侵犯，这些法律包括民法、刑法、行政法和诉讼法等主要的法律。我国的劳动法、劳动合同法、环境保护法、诉讼法等法律构建了国家保护人权不受工商业侵害的基石。另外通过行政机关制定的包括行政法规在内的各种规范性文件，形成了防止工商业侵害人权的规制体系。

可以看到，目前我国调整工商业与人权的关系，或者说促使企业尊重人权、不侵害人权的方式，主要是类似道德的社会责任和法律责任两个方面。然而对比现实我们不难发现这两个方面都还有很大的改善空间。首先，企业尊重人权的理念并没有成为工商企业的共识。例如在 2018 年《财富》500 强中的 110 家中国企业没有一家制定并发布人权政策或行为标准，而榜单中已经有 200 家其他国家的企业发布了人权政策和标准。② 一项调查显示，抽样调查的 25 家中国领先企业除了对发展权，对人权的了解水平也普遍较低。③ 如果没有尊重人权的企业理念，通过道德式说教让企业践行尊重人权的社会责任，其收效必定不佳。其次，工商企业侵害公民的环境权、劳动权等方面的情况依然是屡见不鲜。例如 2020 年全国检察机关共起诉破坏生态环境资源犯罪 5.1 万人，办理相关公益诉讼案件 8.4 万件，④ 其中相当比例都涉及工商企业。2019 年 "996" 成为 "年度十大网络用语"，"996" 指工作时间从早上 9 点到晚上 9 点，一周工作 6 天，代表着中国互联网企业盛行的加班文化，这种严重违反劳动法、侵害劳工权益的工作时间

---

① 人权的国家义务保护了尊重、保护和兑现。尊重义务是指国家必须避免干预或限制人们享有人权。保护义务是指国家必须保护个人和群体的人权不受侵犯。兑现义务是指国家必须采取积极行动以便于人们享受基本人权。参见联合国人权高专办：《国际人权法》，https：//www. ohchr. org/CH/PROFESSIONALINTEREST/Pages/InternationalLaw. aspx，2022 年 2 月 5 日最后访问。

② 梁晓晖：《工商业与人权：从法律规制到合作治理》，北京大学出版社 2019 年版，第 180 页。

③ 梁晓晖：《工商业与人权：从法律规制到合作治理》，北京大学出版社 2019 年版，第 180 页。

④ 参见《最高人民检察院工作报告——2021 年 3 月 8 日在第十三届全国人民代表大会第四次会议上》，https：//www. spp. gov. cn/spp/gzbg/202103/t20210315_512731. shtml，2022 年 2 月 5 日最后访问。

在互联网企业广泛存在。① 研究表明，近 20 年来，我国劳动者的平均工作时长居高不下，其平均工作时长高于部分典型发达国家以及其他发展中国家，② 这对劳动者的健康形成了损耗，侵害了劳动者的健康权。这些状况表明，赋予工商企业社会责任和法律责任，并不能从根本上解决工商业与人权的冲突。实际上，这不应该是我国处理工商业与人权关系的全部方式，甚至不应该是主要的方式。

五、以创新规则为中心的构建进路

（一）以创新规则构建为中心调适我国工业发展与人权保障关系的实践基础

我国非常注重工商业与人权的共同发展，并且一直试图通过促进创新规则的形成来从根本上解决两者的冲突。

《联合国人类环境会议宣言》指出，"在发展中的国家中，环境问题大半是由于发展不足造成的"，"由于不发达和自然灾害的原因而导致环境破坏造成了严重的问题。克服这些问题的最好办法，是移用大量的财政和技术援助以支持发展中国家本国的努力"。③ 因此，首先要发展工商业，才能为解决包括环境权在内的人权问题提供物质条件。改革开放后我国逐步形成了以宪法为核心的推动工商业发展的制度环境。宪法规定了社会主义市场经济体制，党的文件解释为"市场在资源配置中起决定性作用"；宪法规定"公民的合法的私有财产不受侵犯"，为工商业良好运作奠定产权制度基础；宪法规定"国家保护个体经济、私营经济等非公有制经济的合法的权利和利益"，推动了民营工商业发展，使其成为解决就业和技术创新的主力。④ 在法律方面，知识产权法、公司法、破产法、证券法等为工商企业的组织、产权、投资、融资、破产等提供了标准流程和界定规范，

---

① 根据我国《劳动法》，每周工作时间不能超过 44 小时，"996"则达到了每周工作 60 小时左右。

② 参见徐海东、周皓：《过度劳动、健康损耗与收入补偿》，载《劳动经济研究》2021 年第 3 期，第 3～26 页。

③ 参见《联合国人类环境会议宣言》（1972 年《斯德哥尔摩人类环境会议宣言》）。

④ 《［"数"说两会］"56789"，民营经济有"分量"》，载新华社新媒体，2019 年 3 月 10 日，https：//baijiahao. baidu. com/s？id＝1627584762519150633&wfr＝spider&for＝pc。

有利于工商企业健康发展。为了营造工商业发展的良好制度环境，国务院和地方制定了大量的规范性文件促进企业发展。国务院推动"放管服"改革，打造市场化法治化国际化营商环境，培育壮大市场主体，更大激发了市场活力和社会创造力，制定了《优化营商环境条例》。① 地方则以各种优惠政策、招商引资办法为典型的规范性文件。

另外习近平总书记的论述及党和政府的文件也很好地阐释了这两方面的制度之间的协调过程。在人权方面，习近平总书记指出，"中国坚持把人权的普遍性原则和当代实际相结合，走符合国情的人权发展道路，奉行以人民为中心的人权理念，把生存权、发展权作为首要的基本人权"。② 我国历年的人权白皮书、国家人权行动计划都把"生存权和发展权"作为首要的人权，2019 年的《为人民谋幸福：新中国人权事业发展 70 年》白皮书把生存权和发展权统一概括为人民幸福生活权，认为人民幸福生活是最大的人权。③ 无论是把生存权和发展权作为首要人权，还是把人民幸福生活权作为最大人权，都体现了人权与工商业之间的关联，这个关联就是发展，其原因在于发展权的含义。根据联合国《发展权利宣言》，发展权"是一项不可剥夺的人权，由于这种权利，每个人和所有各国人民均有权参与、促进并享受经济、社会、文化和政治发展，在这种发展中，所有人权和基本自由都能获得充分实现"。其实这个逻辑很清晰，即通过每个人的参与、促进发展，才能实现所有人权。在这个方面，国家促进发展权的义务是制定适当的国家发展政策。目前我国的发展政策已经在 2018 年修改宪法时写入宪法，即"贯彻新发展理念"。新发展理念是指创新、协调、绿色、开放、共享的发展理念。④ 新发展理念主要是国家在制定有关经济发展的法律、政策时应该遵循的理

---

① "放管服"是指简政放权、放管结合、优化服务，这项改革自 2015 年提出，是用政府减权限权和监管改革，换来市场活力和社会创造力释放。参见《国务院办公厅关于印发全国深化"放管服"改革着力培育和激发市场主体活力电视电话会议重点任务分工方案的通知》，http：//www.mof.gov.cn/zhengwuxinxi/caizhengxinwen/202107/t20210721_3739511.htm。

② 习近平：《致纪念〈世界人权宣言〉发表七十周年座谈会的贺信》，载《人民日报》2018 年 12 月 11 日。

③ 国务院新闻办公室：《〈为人民谋幸福：新中国人权事业发展 70 年〉白皮书》，http：//www.scio.gov.cn/zfbps/ndhf/39911/Document/1665100/1665100.htm。

④ 这里新发展理念主要是指经济发展的理念，本书讨论工商业与人权的关系，主要涉及工商业的经济功能，对社会、文化、政治发展问题不做深入讨论。

念，是指导规则形成的基本原则。每个人通过遵循经济发展的法律规则，通过个体的努力参与到经济发展之中，获得了发展的基础和能力，也促进了个体人权的改善和实现。可见发展权可以成为人权与商业活动相互协调、避免和缓解冲突的中介。① 发展权需要各种制度和规则的配合方可实现，由新发展理念指导形成的制度可以推动发展权的实现。这些制度的基础或根基就是创新规则。创新规则是指鼓励、支持创造性行为的发生，对创造性行为更容忍，对压制创造性行为的制度形成制约的规则。新发展理念构成新时代发展的指导原则，创新则构成发展的动力和根基，没有创新制度和创新行为的支持，从原有的发展模式转变为新发展模式便无法实现。

创新理念之所以能够成为新发展理念的首位理念，"是因为创新是引领发展的第一动力""抓住了创新，就抓住了牵动经济社会发展全局的'牛鼻子'"②。重视创新是总结近代历史特别是我国改革开放以来的历史经验得出的结论。因此，习近平总书记指出，"回顾近代以来世界发展历程，可以清楚看到，一个国家和民族的创新能力，从根本上影响甚至决定国家和民族前途和命运"。③ 党总结历史经验时，也把"坚持开拓创新"作为十条经验中的一条。④ 我国的《国民经济和社会发展第十四个五年规划和 2035 年远景目标纲要》（下文简称《纲要》）把创新放在更高的位置，提出"坚持创新在我国现代化建设全局中的核心地位"，在全文第二篇"坚持创新驱动发展，全面塑造发展新优势"说明了如何实现创新，为创新构建了制度环境。⑤《纲要》把企业创新放在重要位置，在第五章专门说明了如何提升企业技术创新能力。《纲要》提出要"强化企业创新主体地位，促进各类创新要素向企业集聚，形成以企业为主体、市场为导向、产

---

① 参见王堃：《发展权的另类功能：缓和商业活动与人权的冲突》，载《学术界》2020年第 1 期，第 127~135 页。

② 习近平：《习近平谈治国理政》（第二卷），外文出版社 2017 年版，第 201 页。

③ 习近平：《习近平谈治国理政》（第二卷），外文出版社 2017 年版，第 202 页。

④ 《中共中央关于党的百年奋斗重大成就和历史经验的决议》，载《人民日报》2021年11 月 17 日，第 1 版。

⑤ 参见《中华人民共和国国民经济和社会发展第十四个五年规划和 2035 年远景目标纲要》，载《人民日报》2021 年 3 月 13 日，第 1 版。

学研用深度融合的技术创新体系"①。

从创新驱动的新发展理念到纲要,明确表明了工商业与人权关系调适的根基规则是创新规则。国家通过法律和政策来形成推动和促进创新的规则,工商企业则利用这些规则营造的良好创新环境进行创造,创造活动的实施主体包括企业家和企业员工,企业家在企业组织和资源配置方面进行创新,企业员工则在技术层面进行创造。通过这个创新过程,工商企业的成本下降,盈利提升,企业获得了增长,员工个人也参与并获得发展,其人权状况也得到改善,形成了工商业与人权主体和制度的共同良性发展。

(二) 以创新规则构建为中心调适我国工商业发展与人权保障关系的关键举措

从理论、历史和实践的逻辑可以看到,工商业与人权的关系基于人与人之间博弈形成的制度加以调适,最终目的是保障每个人可以有尊严的生活,以实现其对美好生活的追求。整体而言,就是人类社会得到更好的发展。正如赫拉利所指出的,因为人类"有创造虚构故事的能力,就能创造出更多、更复杂的游戏,代代相传研究不断发展精进"。② 公司、财产权、自由权、发展权、环境权等虚拟的制度故事,正是人类有别于动物之根本所在。工商业与人权一方面相互支持,共同发展,工商业的发展需要保障人权,人权得不到保障的地方,工商企业面临的制度成本极高,无法获得长期持续的发展;人权的保障也离不开工商业的繁荣和进步,工商业不发达的地方,社会不会产生保护人权的理念,也无法承担保护人权的成本。另一方面,工商业与人权之间也存在冲突的可能。由于竞争的压力和内卷加剧,工商企业为了降低成本,在内部会让员工长时间工作从而损害其健康权,也可能把成本外化,对环境造成污染,损害公民的环境权。保障人权的法律制度也可能超越发展阶段,对公民权利的保护相对严苛,导致工商业的成本大幅上升,企业由于无力承担而经营受损甚至破产。面对工商业与人权的冲突,核心方案是创新,通过营造良好环境激发培养更多有创造能力的人,让其在创新规

---

① 《中华人民共和国国民经济和社会发展第十四个五年规划和 2035 年远景目标纲要》,载《人民日报》2021 年 3 月 13 日,第 1 版。

② [以] 尤瓦尔·赫拉利:《人类简史:从动物到上帝》,林俊宏译,中信出版集团2017 年版,第 36 页。

则的激励下进行组织创新、制度创新、技术创新，使工商企业能够在不侵犯人权的情况下健康发展，工商业与人权良性互动。因此，我国需要从以下方面入手进行制度建设：

第一，改革教育制度，培养更多有创造能力的公民。创新从来不是凭空出现的，它是大量具有创造能力的人不断探索积累创新实践的结果。我国的基础教育基本上还停留在灌输式的教育模式，重于传授各种知识，对如何获取知识、如何创造知识重视程度不够。2021 年，我国开始了基础教育的"双减"政策，提出有效减轻义务教育阶段学生过重作业负担和校外培训负担。① 这样的政策有利于构建培养创造型人才的基础，如果孩子们过度关注成绩和作业，竞争分数，长期的学习目标和创造意识反而会模糊化。在"双减"政策的基础上，应该进一步改革基础教育制度，把学生的创造力作为评价义务教育成效的主要指标。在高等教育阶段，创新能力培养已经获得了重视，分数并不是评价学校和学生的主要指标，但高校的行政化趋势并没有减轻，还有较大的改善空间。只有大量激发、选拔、任用有创造能力的人才，作为创新主力的企业才有可能通过组织和技术创新来降低成本，为人权保障建立基础。

第二，让创新原则成为宪法法律的指导原则之一，为创新提供良好的制度氛围。有创造能力的公民和政治、经济的领导者，在创新被鼓励的制度环境中才能发挥其能力。在新时代新发展阶段，创新发展已经被宪法所肯定，但具体的法律制度还需要进一步完善。国务院制定了《优化营商环境条例》，并出台了鼓励"大众创新，万众创业"的政策，② 目前来看这些政策的效力等级较低，难以提供强有力的指引作用。全国人大常委会可以考虑制定《优化营商环境法》和《创新创业支持法》。《创新创业支持法》不同于《国家科学技术奖励条例》，其应更注重对创新创业环境的营造，提高对创新行为的容忍度。创新制度环境的营

---

① 习近平总书记指出，"教育，无论是学校教育还是家庭教育，都不能过于注重分数"。《关于"双减"，习近平这样说》，载中国日报网，2021 年 9 月 9 日，http://cn.chinadaily.com.cn/a/202109/09/WS61395b99a3101e7ce9762a77.html? ivk_sa = 1023197a。

② 2016 年 5 月国务院办公厅印发了《关于建设大众创业万众创新示范基地的实施意见》，2018 年 9 月国务院下发了《关于推动创新创业高质量发展打造"双创"升级版的意见》，构成了双创的政策框架。

造，不仅为工商企业发展提供条件，也保障了公民的自由权、职业选择权、发展权，是工商业与人权共同发展的保障。

第三，强化人权教育，让保障人权的理念深入人心，成为每个人的行为规则。创新规则是工商企业和人权保障共同发展的必要条件，却不是充分条件。工商企业可以保持创新但未必同时也尊重人权。这其中的根本原因是人权理念在我国尚不普及。虽然在2004年尊重和保障人权成为我国宪法的条款，但人权理念并没有成为多数人行为的默认规则。我国自2009年以来制定了四个国家人权行动计划，① 每个人权行动计划都有关于人权教育的内容，并且已经建立了14家国家人权教育与培训基地。② 这些措施虽然在人权教育方面起到了积极推动作用，但距现实要求还远远不够。首先需要建立更多层级的人权教育与培训机构。国家的人权教育与培训基地每个省应至少设立一个，作为国家人权教育和研究的中心机构。各省、市、县也要有自身相关机构，民营机构也可以开展人权的教育培训。其次，把人权课程作为中小学的专门课程，而不是仅仅融入其他课程之中；在高校中普遍设立人权通识课程，把人权法作为法学的核心课程，人权法作为法学一级学科进行研究生培养。

---

① 这四个人权行动计划分别是《国家人权行动计划》（2019—2020）、《国家人权行动计划》（2012—2015）、《国家人权行动计划》（2016—2020）、《国家人权行动计划》（2021—2025）。

② 我国分三批建立了14家国家人权教育与培训基地，根据《国家人权行动计划》（2021—2025），要再建立3家基地。

第四章　贸易冲突的根源：经济自由权的争议

虽然"工商业与人权"这一议题在 20 世纪末期才受到国际社会的广泛关注，但工商业与人权二者之前的联系可以追溯到 17 世纪末 18 世纪初。文艺复兴开启了欧洲文明新的大门，艺术、神学和哲学领域的思想解放也开启了人们对政治和经济的新探讨。渴望从君权神授和贵族特权的压迫中解放出来的商人、手工业者和农民在洛克的天赋人权、社会契约论和亚当·斯密的自由市场理论中看到了自己渴望的自由社会。可以说，现代经济学诞生于文艺复兴时期。

各国对经济自由权的解读并不完全一致，但总体来说经济自由权包括财产权和经济自由两个方面。无论是财产权还是作为一项自由权利的经济自由，都属于第一代人权，是资本主义发展的基础和最重要的价值所在。然而随着经济发展，尤其是工业革命之后，自由市场的弊端逐渐显现，资本的逐利性以及经济危机的周期性爆发使得政府不得不对市场加以规制。那么全球经济一体化的 21 世纪，经济自由权的定义发生了怎样的演变？它的边界在何处？国家规制的合法性和有限性有哪些？生而自由的资本主义市场和其发展过程中产生的政府规制如何共存？通过解释经济自由权的含义、发展历史和现状，本章从经济自由权的角度解释了贸易冲突的根源所在，最终阐释了经济发展过程中保护经济自由权的必要性。

第一节　经济自由权的历史考察：发源于工商业的扩展

一、经济自由的含义

经济自由是每个人控制自己的劳动和财产的基本权利。经济学家认为，自由经济的三个核心元素为：个人选择、个人财产保护和自由交换。①当一个人用合法的途径获得的财产受到保护不被他人侵犯，且在不侵犯他人相同权利的情况下一个人可以自由地使用、交换财产或将自己的财产转移给他人时，我们可以说这个人享有经济自由。②在经济自由的社会中，个人可以自己喜欢的任何方式自由地工作、生产、消费和投资，政府允许商品、劳动力和资本自由流通，避免强迫或限制自由。作为市场经济的根本要素，经济自由还意味着经济主体和资本自愿进入市场、自由进行交易、自由竞争以及私有财产受到法律保护，③经济主体自由进入某一行业，自主从事生产经营活动或提供服务，不受非法干涉，④ 这就意味着政府不得对市场行为肆意干涉。一方面，经济主体必须在法律的规范下从事生产经营活动；另一方面，政府的干涉必须以法律为基准，并且处于保护经济自由本身所必需的范围内。

从经济学角度，经济自由的衡量至少包括五个领域⑤：第一，政府规模，包括政府开支、税收、政府控制企业规模。当政府决策取代个人选择时，经济自由自然受到了限制。第二，法律结构与财产安全。保护人员及其应有的财产是经济自由的核心要素，也是政府最重要的职能。第三，稳健的货币。通货膨胀无形中削减了应得的工资和储蓄的价值，而且高水平和大幅度波动的通货膨胀率会限制市场主体的投资能力，从而很难有效利用经济自由。第四，国际贸易自由，包括与外国企业进行购买、出售、订立合同等市场行为的自由。第五，法规。各国政

---

①　James, G., Robert, L., Walter, B., Economic Freedom of the World：1975-1995, The Fraser Institute, 1996, p. 12.

②　James, G., Robert, L., Walter, B., Economic Freedom of the World：1975-1995, The Fraser Institute, 1996, p. 12.

③　Berggren, N., The Benefits of Economic Freedom：A Survey, The Independent Review, 8（2）, pp. 193-211, 2003. Retrieved December 5, 2020, from http：//www. jstor. org/stable/24562685；Gwartney, J., Lawson, R., Holcombe, R., Economic Freedom and the Environment for Economic Growth, Journal of Institutional and Theoretical Economics（JITE）/ Zeitschrift Für Die Gesamte Staatswissenschaft, 155（4）, pp. 643-663, 1999. Retrieved December 5, 2020, from http：//www. jstor. org/stable/40752161.

④　汤春来：《试论我国反垄断法价值目标的定位》，载《中国法学》2001 年第 2 期。

⑤　Gwartney, J., Lawson, R., Norton, S., Economic Freedom of the World：2008 Annual Report, The Fraser Institute, 2008.

府不仅使用多种工具来限制国际交易权，而且还可能制定严格的法规在本国内限制交易、信贷、雇佣、工作、自由经营业务等权利。

从狭义上讲，经济自由是指个人可以根据自己意愿选择工作以维持生计，可以自由从事生产活动并在市场上进行交易，可以自由地建立企业或提供服务；无论规模大小和行业领域，企业可以自由地在市场中根据市场规则参与竞争，不受政府的非法干涉、限制或强迫。而从广义上看，政府在经济自由中扮演了重要的角色，廉政简政、法治以及合理、必要并符合市场规律的政策，对私有财产和经济体的保护，也是自由经济的重要组成部分。因此，经济自由这一概念下有三个级别的行为主体：个人、法人和由个人建立的企业、政府。这三者之间的关系，即其权利和义务的平衡，不仅是经济学研究的议题，也是经济宪法的重要研究内容。

联合国《公民权利和政治权利国际公约》第 1 条阐述了经济自由的重要性。基于民族自决权，各民族有自由决定其经济发展的权利，经济自由和维持民族生计的天然财富和资源是任何国家在任何情况下都不可剥夺的绝对权利。从个人权利角度出发，经济自由以"工作权"和"自由选择或接受之工作谋生之权利"承载于《经济、社会、文化权利国际公约》第 6 条中。它隶属于自由权的范畴，与公民的政治权利、人身自由等同为第一代人权。经济自由与人身自由、精神自由被称为近代资本主义宪法所确认的"三大自由"。[1]作为一项自由权利，经济自由是指市场主体做法律许可的一切事情的权利。[2]然而，经济自由权也涉及诸多第二代人权，经济自由中的自由并不仅仅是消极意义上的自由（liberty），它涵盖更广泛的积极意义上的自由（freedom）的含义，换言之，免于他人或政府干涉、限制或强迫仅仅是经济自由权的一部分，经济体主动选择（从事经济活动）的自由是自由经济的另一个不可或缺的重要组成部分。

---

① 陈蓉：《论经济自由的含义及其价值——以公用事业的市场准入为视角》，载《长沙理工大学学报（社会科学版）》2010 年第 4 期，第 113 页。

② ［法］孟德斯鸠：《论法的精神（上册）》，张雁深译，商务印书馆 1963 年版，第 154 页。

虽然各国对经济自由权的理解不尽相同，①但一般而言，经济自由权可以分为"财产权"和"经济活动的自由"两个基本部分解读。②如在德国，经济自由权可分为三个方面：个人在法律和经济生活中的自决权（包括合同自由、竞争自由、消费自由、生产自由、决定是否承担不必要的公共经济协会成员义务的自由等）；经济联合与经济协作自由；以及职业自由、迁徙自由与工作区域保护。③有"欧盟宪法"之称的《欧洲联盟基本权利宪章》（以下简称《欧盟基本权利宪章》）中规定的经济自由也由三个独立的法条规定，分别为第 17 条财产权，第 15 条职业自由与工作权，以及第 16 条企业的活动自由。④在日本，宪法学者也将经济自由权分为财产权自由、居住和迁徙自由、选择职业自由、营业自由等方面。

财产权是指个人有权使用、处分、让他人继承其合法取得的财产的权利，个人合法财产应受到法律保护。财产权是在世界各国和地区被普遍承认的宪法基本权利。如我国《宪法》第 13 条明确规定，公民的合法私有财产不容侵犯，国家对公民的私有财产和继承权依法予以保护。《欧盟基本权利宪章》第 17 条对财产权作出解释和保护。并且，大多数宪法都对剥夺私人财产作出严格的限制，除非为了公共利益且依据法律，否则不得征收、剥夺任何人的合法财产，且应对被征收的财产给予相应补偿。

工作权是经济自由权中另一个重要的基本权利，即"凭本人自由选择或接受工作谋生之权利"⑤。工作权既包含从事劳动和工作的权利，也包括选择和接受职业的自由。不被强迫劳动是最基本的人权，而在实现真正的经济自由的社会中，个人的工作权还应得到适当的保障，包括享有休息的权利、合理的报酬、安

---

① 参见冉富强：《国家举债权与宪法基本权利之关系——以经济自由权为中心》，载《河北法学》2010 年第 3 期，第 56~61 页；王克稳：《论市场主体的基本经济权利及其行政法安排》，载《中国法学》2001 年第 3 期，第 3~17 页。

② 韩大元：《宪法学》，高等教育出版社 2006 年版，第 263 页。

③ 参见［德］罗尔夫·斯特博：《德国经济行政法》，苏颖霞等译，中国政法大学出版社 1999 年版，第 157~176 页。

④ FRA, Freedom to Conduct A Business: Exploring the Dimensions of A Fundamental Right, European Union Agency for Fundamental Rights, pp. 9-10, 2015.

⑤ 《经济、社会、文化权利国际公约》第 6 条。

全的工作条件、公平的竞争环境等。因此，工作权的真正实现需要有劳动者和雇佣者结社自由权予以保障。

除此之外，定居和迁徙自由也与工作权息息相关。只有在享有定居和迁徙自由后，劳动者和雇佣者才能真正实现进入或退出某一市场的自由，这一权利在全球或区域经济一体化的大环境中格外重要。例如欧盟法院对《〈欧盟基本权利宪章〉的解释》中指出，《欧盟基本权利宪章》第 15 条工作权第 2 款包括三项自由：工人的迁徙自由、建立服务的自由和提供服务的自由。①该条款承认欧盟公民有在其他成员国求职、工作、长久居住和提供服务的自由。

此外，经济自由还包括从事经营活动、进行投资的自由。如《欧盟基本权利宪章》第 16 条将基本权利的主体从个人扩展到企业，从欧盟最高法律层面保护了企业在欧盟法与成员国法律的限制内，拥有开展业务的自由。

在国际人权理论中，经济自由首先是一项基本自由权利，与"不被歧视权""在法律面前平等""人身权利""隐私和家庭权""政治权利"等同属于第一代人权，收录于《公民权利和政治权利国际公约》。②第一代人权主要被视为"消极权利"或"消极自由"，即免于他人干涉的自由。③国家作为义务主体，应"尊重"和"保护"这些权利，避免对这些领域进行干涉。如国家应尊重公民对私有财产的所有权和自由支配权，尊重公民从事劳动、选择职业和参加工会的自由，不妄加剥夺或肆意干涉。任何对"消极自由"的干涉都应具有充分合理的理由，如"公共利益"，并通过合法的方式实施。

然而真正的经济自由不是单纯的"免于干涉"的自由，还包括"积极自由"，即"去做某事的自由"。相应的国家义务则更多是"积极义务"，国家应采取积极行动，通过立法或其他措施，使得或努力促进这些权利和自由得以实现。

---

① European Union (2007), Explanations relating to the Charter of Fundamental Rights, OJ 2007 C 303/17 (2007/C 303/02), December 2007.

② 有关人权世代（Human Rights Generation）的探讨，可参见 Marks, S. P., Emerging Human Rights: A New Generation for the 1980s, Stoffer Lectures, Rutgers Law Review, 33 (2), pp. 435-453, 1980; Wellman, C., Solidarity, The Individual and Human Rights, Human Rights Quarterly, 22 (3), pp. 639-657, 2000 等。

③ 有关"消极自由"和"积极自由"的论述，可参见［英］以赛亚·伯林：《自由论》，胡传胜译，译林出版社 2003 年版。

与"消极自由"不同，当保障"积极权利"时，国家的义务不应停留在"尊重"和"保护"的阶段，还需要"实现"和"促进"。大部分收录在《经济、社会、文化权利国际公约》中的权利是需要国家采取积极措施才能得以实现的权利，属于第二代人权。工作权就是典型的"积极自由"人权，虽然工作权包含参与劳动、选择职业的自由，但如《经济、社会、文化权利国际公约》第6条所载，工作权保障的是通过工作谋生的权利。如此一来，工作权还应保障劳动者获得公允并足以维持生活的报酬，享有安全卫生的工作环境，有权休息、休假，以及同工同酬。①这些权利的实现不仅需要政府通过立法得以承认和保护，比如制定专门的法律禁止某些可能造成侵害劳动者权利的行为；还需要通过政策、立法、行政等积极措施促使一些权利的落实，比如制定最低薪资标准以保证工资公允，又如通过微观经济政策增加就业岗位，以切实落实个人工作的权利和选择职业的自由，再如采取措施使女性与男性拥有同等的工作机会以及同等工作下获得同等的报酬等。

二、经济自由权的起源与发展

现代人权理论中没有对经济自由权的明确定义，其起源可追溯到古罗马社会时期私有财产的产生。然而随着资本主义萌芽，君权神授、重商主义阻碍了经济发展，受到资产阶级的诟病。17世纪末，自由主义诞生，其三大核心价值是生命、自由和财产。经济自由权从最初的财产权、所有权逐步扩展到从事经济活动的自由，包括经营自由、职业自由、居住和迁徙自由等多项权利。经济自由权是自由市场的基础，也是促进资本主义经济快速发展的关键。

（一）从财产权到经济自由权

早在古罗马社会时期，个人所有权和私有财产已经出现。②但在资本主义萌芽时期，君权神授、重商主义、贵族和宗教特权将大量财富聚集于少数的特权阶

---

① 《经济、社会、文化权利国际公约》第7条。
② 任强：《罗马私法中的占有制度》，载《比较法研究》1994年第Z1期，第372~377页。

层之中。封建时期的欧洲，贵族几乎掌控着所有的社会资源，包括土地、金钱、劳动力。享受和消费是贵族身份的象征，他们拥有大量财产，但他们的财产并非通过自身劳动积累而来，并且鲜有贵族通过自身劳动获得收入，因为劳动是被认为与贵族身份不符的。"游手好闲"的贵族，通过奴役、殖民、剥削、对外贸易积累大量黄金、白银，并将这些贵重金属的看作是财富的唯一形式。因此，起初的财产权指的就是个人拥有且可以自由支配的财物。

随着资本主义和市场经济的发展，财产权的含义逐渐变广。被称为自由主义之父的洛克在其著于 17 世纪末期的《政府论》中解释，"财产"一词的拉丁文词根为"proprius"，是"自己的、特别的"之意，代表了一个人所拥有的东西。洛克主张生命、自由、财产是人类不可被剥夺的天赋人权。在自然状态下，每个人都平等地享有自然资源，当个人在自然赋予的资源上混合了自己的劳动后便产生了私有财产。因此，私有财产并不仅仅是对物品的所有权，还包含对自身的所有权以及劳动。私有财产是先于政府存在的，公民社会是为了保护个人的财产权利才产生的，财产与生命、自由同为人类不可被剥夺的人权，政府只有在取得被统治者的同意并且保障自然权利时，其统治才有正当性。

18 世纪 70 年代后期，现代经济学之父亚当·斯密提出了市场经济由一个"无形的手"自行调节的理论，为自由贸易、现代资本主义、古典自由主义提供了理论基础。在《国富论》中亚当·斯密提出："交易的能力是提高生产力的前提，劳动是衡量商品价值的普遍和正确尺度，资本是一种积蓄，在自由的市场中，市场机制可以自动调节供需关系。"因此，经济自由权逐渐延伸到工作的权利、交易的自由、契约自由、进出市场的自由等。

某些欧盟成员国授予经营业务自由的国内立法可以追溯到 18 世纪后期。1791 年《阿拉尔德法令》（Décretd'Allarde）和《查佩利埃法》（Loi Le Chapelier）在法国废除行会制度的框架内，颁布了从事"贸易职业，手工艺品生意"的自由。在丹麦，行会制度也被更现代的经济模式所取代，于 1849 年颁布第一部丹麦宪法（Grundloven），明确废除了对自由和平等贸易机会的一切非基于公共利益的限制。1864 年关于扩大贸易自由的皇家法令赋予每个人在瑞典从事任何商业、制造或手工业的权利。在奥地利，1867 年的《基本自由法》（Staatsgrundgesetz）第 6 条规定，每个国民都有权根据法律规定的条件从事各种有偿活动。奥匈帝国解体后，该原则被其中欧和东南欧一些继承国的法律秩序所采用至"二战"之后。

古典自由主义奠定在洛克的天赋人权、社会契约论和亚当·斯密的自由市场的基础之上，强调个人权利和私有财产，主张自由放任的经济政策，认为政府存在的正当性建立在对个人权利和自由的承认之上，而其职能就是保护个人自由。① 自由主义的思想对美国的《独立宣言》和法国启蒙运动领袖伏尔泰以及法国大革命思想先驱卢梭产生了极大影响。美国《独立宣言》和法国《人权和公民权利宣言》对当代人权理论和国际人权法体系的意义深远。生命权、自由权、财产权、反抗压迫的权利（政治权），这些承载于 20 世纪末人权宣言中的权利被认为是第一代人权，它们也构成了现代法治国家人权体系的基本内核。②

对私有财产的保护正是当时美国和欧洲资产阶级革命的要求。宪法和法律中保护的权利从静态的对物品和土地所有权的"财产权"扩展为动态的经济自由权，包括初始的对物品和资源的拥有权、对自身劳动力的自由支配权、自由进入市场通过劳动获得财产的权利、积累资本和投资的自由，等等。而且，自由主义主张的经济自由权几乎是绝对的自由，经济权利是自然权利、人与生俱来的权利，和生命一样是不可剥夺的权利，政府的职能是保护这些权利不被侵犯。

（二）传统意义上的经济自由权到当代的经济自由权

如上文所述，经济自由权包括财产权和经济活动自由两大方面。随着时代的变迁和市场的演化，这两个领域的具体内容也在日益演变。起源于奴隶社会的罗马法，财产权起初主要指对动产和不动产的所有权或者"用益权"。③英文中财产（property）一词源自盎格鲁－诺曼语的法语变体（proprieté），来源于拉丁文"proprietas"，其词根为"proprius"，意为"自己的，特别的"。④而在德文中，财

---

① Sturgis, A. H, The Rise, Decline and Reemergence of Classical Liberalism, The Locke Smith Institute, 1994.

② 江国华：《论"四项基本权利"及其刑罚向度》，载《武汉大学学报（哲学社会科学版）》2013 年第 6 期，第 27~33 页。

③ 郑成思：《知识产权、财产权与物权》，载《中国软科学》1998 年第 6 期，第 3~5 页。

④ 见 Oxford Languages.

产是指"对物享有充分的支配权和收益权"。①奴隶时代的财产不仅包含物品，还包含对他人的所有权。自由主义将人身自由和财产权并列为自然赋予的不可剥夺的权利，至此，财产可以分为动产和不动产。随着资本主义的发展，财产不仅局限于对有有形的物的所有权和支配权，无形财产的地位也在法律中逐步得到肯定，包括资本、债权、货币、专利等。英国将财产分为土地、商品、无形动产、货币和基金五大类，其中的无形动产又可分为知识产权、商誉、债权、合同权、商业票据和股票、股份等。②《欧盟基本权利宪章》第 17 条对财产权的阐述中，专门列出"智慧财产亦受保护"。

随着互联网科技的发展，财产的定义进一步扩大，数据逐渐成为越来越重要的新型财产。③自 21 世纪第一个 10 年起，互联网信息数据爆炸性增长，"大数据"的概念应运而生。起初，数据主要指个人数据，属于个人隐私范畴，受到法律保护。相应的，企业对个人数据并无所有权，只有保护的责任。随着云储存云计算技术的发展，各大互联网巨头企业得以通过服务平台收集海量的用户信息，数据经济应运而生。企业通过大数据创造新的价值，改善自身服务从而提高竞争力，因而，企业因商业行为合法收集到的大数据演化为一种新型的可以创造价值的资产，同时大数据也被市场赋予了一定的价值。在保护个人信息和隐私权的基础上，企业对大数据的所有和支配权也逐步在法律层面得到保护。如 2012 年我国《关于审理利用信息网络侵害人身权益民事纠纷案件适用法律若干问题的规定》的司法解释打破了个人信息保护的绝对格局，将是否"欠缺公开性"作为衡量是否侵权的标准。近年来，欧盟法院也通过判例明确了经济自由胜过企业负担的不恰当的保护数据的义务。④

---

① 刘丕峰：《中国古代私有财产权的法律文化研究》，山东人民出版社 2011 年版，第 26 页。

② 郑成思：《知识产权、财产权与物权》，载《中国软科学》1998 年第 6 期，第 3~5 页。

③ 龙卫球：《数据新型财产权构建及其体系研究》，载《政法论坛》2017 年第 4 期，第 63~77 页。

④ In recent years, the CJEU has for instance ruled that freedom to conduct a business trumps dis-proportionate obligations for businesses to retain data. 参照案例：CJEU, C-70/10, Scarlet Extended SA, 24 November 2011；CJEU, C-360/10, Belgische Vereniging van Auteurs, Componisten en Uitgevers CVBA (SABAM) v. Netlog NV, 16 February 2012. 参见 https：//eur-lex. europa. eu/legal-content/EN/TXT/？ uri＝CELEX%3A62010CJ0360，2021 年 4 月 16 日最后访问。

另外，经济自由权还经历了从个人自由到市场主体自由的转变。从奴隶社会和封建社会中解放出来的商人和手工业主虽然早已实现了个人的自由，当手工业者将自己的劳动力生产为商品时，当商人携带着自己的商品在市场上进行交易时，当资本家雇佣他人为自己的企业进行生产时，这些在市场中进行市场行为的个人就成为市场主体。市场是由市场主体构成、塑造和决定的。①市场主体拥有的不仅仅是财产权，更重要的是生产商品、提供服务，并将自己拥有的商品和服务在市场中进行交易与竞争的自由。市场主体可以是个体劳动者，也可以是由多人组成的企业。在社会主义市场经济理论中，市场主体还包括具有经济职能的政府。

另外，经济自由权经历了从绝对自由到相对自由的转变。在古典自由主义的理论中，经济自由权是与生命权同样重要的不可被剥夺的权利。自由主义经济理论认为只有不受规制的自由市场才能实现资源的最优配置，政府应保障经济自由而不是干预或限制市场经济中的市场活动。自由主义无疑促进了当时资本主义经济发展，然而经济发展和工业革命又造成了诸多社会问题，如环境污染、劳动剥削等社会危机和周期性出现的经济危机，市场调节的局限性逐渐显露，国家规制应运而生。

第二节　经济自由权的现状分析：在严规制与低规制之间

从起初对特权阶级对资源的控制和封建统治对贸易的限制，到资本主义和自由主义兴起，政府放任经济活动只受市场规律的调控，经济自由权的法律地位得到广泛的肯定。但随着资本主义经济的发展，市场调节的局限性逐渐显露，政府对市场加以规制成为广大劳动者的呼声，也成为促进经济进一步发展的必然要求。无论是德国的《魏玛宪法》，还是在凯恩斯主义推动下的美国，都强化了宪法中政府调控经济的权力，社会主义国家更是建立起了国家全面统制的计划经

---

① 邱本：《论市场监管法的基本问题》，载《社会科学研究》2012年第3期，第70~76页。

济。① 在不同的时期，一个国家政府对经济自由的规制程度不尽相同；在同一时期，国家或政府对经济自由的规制具有地域差异。

经济学文献中使用的"管制"或"规制"来源于英文"regulation"②。狭义的管制可以定义为政府对资源配置的直接或间接参与或者干预。③广义的管制是指"管制者基于公共利益或者其他目的依据既有的规则对被管制者的活动进行的限制"。④ 虽然学术界对政府管制和政府经济职能的区分有所争议，⑤ 但笔者认为，从经济自由权的起源理论角度看，政府的经济职能也属于管制，如日本经济学家金泽良雄的定义，政府管制是指在市场经济体制下，政府以矫正和改善市场机制内在的问题而干预经济主体活动的行为。管制的主体一般指政府，但也包括其他机构，如非政府组织和企业本身。从目的看，政府或者其他主体的管制可分为经济管制、政治管制和社会管制，⑥ 虽然这些管制的手段和目的有明显的差别，但它们往往互相联系和重叠。从市场范围和被管制主体看，管制可以分为对国内市场和企业的管制，以及对国外市场和外国企业的管制。管制可通过立法（如制定反垄断法、商法等经济法）、行政（如制定行业标准、调整关税等）、执法（依据刑法、合同法、劳动者保护法等法律对违法行为作出处罚）等手段实现。

一、限制经济自由权的原因

政府对经济活动实施管制的首要原因是为了维持其管理的组织内部的基本运

---

① 张扩振、汪进元、王堃：《经济宪法学理论框架建构新探》，载《北京化工大学学报（社会科学版）》2011年第1期，第5~13页。

② 为沿袭经济学研究的范式和习惯，更好地阐释观点，本书行文时将"管制"和"规制"进行了混用，但两个词对应的英文都是"regulation"。

③ 参见王克稳：《论市场主体的基本经济权利及其行政法安排》，载《中国法学》2001年第3期，第3~17页；斯蒂芬·布雷耶尔、保罗·W.麦卡沃伊：《管制与放松管制》，载约翰·伊特韦尔、默里·米尔盖特、彼得·纽曼编：《新帕尔格雷夫经济学大词典》，中文版第4卷，经济科学出版社1996年版，第137页；［美］丹尼尔·F.史普博：《管制与市场》，余晖等译，格致出版社、上海三联书店、上海人民出版社1999年版，第45页。

④ 曾国安：《管制、政府管制与经济管制》，载《经济评论》2004年第1期，第93页。

⑤ 曾国安：《管制、政府管制与经济管制》，载《经济评论》2004年第1期，第97页。

⑥ 曾国安：《管制、政府管制与经济管制》，载《经济评论》2004年第1期，第98页。

营秩序。自由主义主张的经济权利是个人权利，也就是属于每个个体的权利和自由。在现代社会中，经济自由权不是绝对的。提出"经济宪法"的弗莱堡学派认为，个体拥有的经济自由是法律秩序之下的自由。① 在自然状态下，一个人的自由是无限的，当一个人的自由遇到另一个的自由时，自由的界限就产生了，矛盾和冲突也就出现了。虽然在社会契约论中个人放弃自然状态下的自由，将一部分权利让渡给政府，以获得契约自由，但是与其同根同源的自由主义经济理论却主张让市场的自然法则调节经济，政府只能保护个人的自由和避免介入和干预市场经济。这一主张忽略了市场绝对自由的弊端。绝对自由的市场规律虽然可以调节商品价格，调动劳动力和资本，但是无法解决不同权利个体之间的冲突问题。如同在自然状态下弱肉强食，自由市场中的弱势群体只有形式上的自由，事实上并无竞争和保护自身权利的能力。也就是说，形式上保护个人自由的结果必然是只有少数强者的自由和权利得到了实质性的实现。最初的规制措施就是为了结束经济市场的自然状态，约束人们的行为，防止市场主体的自由无限扩张。

其次，政府规制是为了维持市场和社会的持续稳定发展。由于资本的趋利性和"市场失灵"的弊端，自由市场无法阻止贫富分化加剧、雇佣童工、环境污染等问题，也无法阻止经济危机的周期性爆发。随着选举权的普及，政府干预的政策受到新选民的支持。19 世纪末，从古典自由主义中分裂出的社会自由主义（也称新自由主义）逐渐成为主要流派，主张政府介入经济，以保护所有公民（而非仅限资产阶级）的自由和同等机会，如立法禁止雇佣童工、规定劳工的最低工资、限制工作时间、自由组织工会、设立失业与健康保险等。由政府提供社会保障的福利国家应运而生，从 19 世纪的德国俾斯麦政府，到 20 世纪大萧条之后的大部分欧洲国家，政府通过立法和税收等政策对市场自由进行一定的限制，在养老、失业、医疗保健、育儿、教育等方面为人民提供由政府主导的社会福利体系。"二战"后诞生的社会主义和共产主义国家更是对经济权做了几乎绝对性的限制。

---

① 陈蓉：《论经济自由的含义及其价值——以公用事业的市场准入为视角》，载《长沙理工大学学报（社会科学版）》2010 年第 4 期，第 113 页；［美］丹尼尔·F. 史普博：《管制与市场》，余晖等译，格致出版社、上海三联书店、上海人民出版社 1999 年版，第 45 页。

自 20 世纪 70 年代以来，经济自由主义复苏，新自由主义在国际经济政策中扮演了越来越重要的角色。即便如此，政府对经济自由权的限制也从未缺席，尤其是当经济自由权与其他基本人权、公共利益等重要原则相冲突时，经济自由权往往是受到限制的一方。20 世纪末的亚洲金融危机、21 世纪初的次贷危机和与之相伴的欧债危机，这些周期性爆发的金融危机，以及日益加剧的贫富差距和逐渐激化的社会矛盾让西方学者再次意识到，完全依靠市场竞争机制的调节无法实现资源的最优配置，① 政府对市场的规制是必不可少的。

最后，政府规制是为了实现其政治目标和国际义务。经济自由从来都不是支撑一个政府的唯一目的，即便在古典自由主义中，经济自由权也不是唯一的人权，与自由和财产同等重要价值的还有生命、平等、民主和尊严。当经济自由权与其他基本人权发生冲突时，政府则必将通过立法等途径介入。在"二战"之后构建的国际人权体系中，资本主义和共产主义两大阵营的对立使得人权被人为地分割成两个部分——政治、公民权利和社会、经济、文化权利，无论各项权利在各国法律中的优先顺序如何，社会、经济、文化权利都是人权体系中不可分割的一部分，而这些权利的实现都需要政府在经济领域采取一些积极措施，而非仅仅保障自由。这也从国际人权法的角度肯定了，为了保障每个人的人权，政府对经济进行适当干预不仅是有必要的，也是为了履行政府在国际法中所承担的义务。

二、规制经济自由权的模式

每个国家的经济规制模式受其经济发展水平、政治体制和所处的国际环境影响。在不同的历史阶段，各个国家对经济规制的措施不尽相同。从整体来看，各国对经济规制模式的摸索是一个寻找平衡的过程，一端是市场主体的自由，另一端是平等、公平、尊严等人权核心原则和市场稳定、公共健康等集体利益。在自由主义和资本主义诞生的西方国家，政府对经济的规制较宽松，是在充分肯定和保障经济自由的同时逐步增加必要的限制。相反的，在我国大陆地区，国家对经

---

① 程恩富、谭劲松：《社会主义比资本主义能更好地运用市场经济》，载《当代经济研究》2015 年第 3 期，第 5~12 页。

济的规制较严格，也是一个逐步放松的过程。

（一）西方经济立宪框架下的规制——低规制模式

在自由主义发源的欧美国家，国家规制是相对宽松的。这些国家经历了从政治立宪到经济立宪的转变。早期资本主义的制度创新主要靠诱致性变迁，其推动的主体力量正是当时正在形成中的市民社会。为了满足个人对财产的不断增长的欲望（这种欲望又通过资本主义体制被促进和激发，主要的制度就是竞争机制和需求制造机制），人民制定宪法，形成一定的宪政体制，来达到保障财产权的目的。虽然从建立资本主义国家的角度看，这一时期的立宪可以认为是政治立宪，但是从其最终目的来说，其实是另一种形式的经济立宪，① 如果考虑到法国、美国、英国等国家立宪时的财政税收等经济背景，② 更可以得出这样的结论。从这种意义上讲的经济立宪，我们可以称之为实质的经济立宪或者隐性的经济立宪。

在经历了 20 世纪 20 年代的大萧条之后，受马克思主义和凯恩斯理论的影响，西方国家逐步向社会自由主义转变。其代表人物霍布豪斯认为，"国家的职责是为正常健康的公民创造自食其力的条件。履行这个职责可以从两方面着手。一方面是提供获得生产资料的机会，另一方面是保证个人在共同库存中享有一份"。③ 霍布豪斯眼里的国家不再是"守夜人"式的警察国家，而是担负起平衡社会财富、提供公民生活最低保障的国家。自由主义的转变，社会主义的兴起，在这些背景下，宪法开始了第二种意义上的经济立宪，也就是形式的或者显性的经济立宪。这时的经济立宪，除了一些社会主义国家外，第一个特征依然以保障私人财产权为最终目的。为了经济的稳定、社会的团结、防止革命的发生，资产阶级缴纳更多的税收给国家，让国家承担更多的责任，例如调节经济运行，建立

---

① 关于政治、经济立宪，参见李龙：《宪法基础理论》，武汉大学出版社 1999 年版，第 280～285 页。

② 参见桂宇石：《中国宪法经济制度》，武汉大学出版社 2005 年版，第 15～17 页。另外朱孔武、周刚志做了更精细的研究。参见朱孔武：《财政立宪主义研究》，法律出版社 2006 年版；周刚志：《论公共财政与宪政国家——作为财政宪法学的一种理论前言》，北京大学出版社 2005 年版。

③ ［英］霍布豪斯：《自由主义》，朱曾汶译，商务印书馆 1996 年版，第 89 页。

社会保障制度。①②经济立宪的第二个特征，就是"制定或修改宪法，以确认、引导、促进和保障本国的经济发展为中心内容，或者说，其侧重点在经济建设上"。③与此同时，各国开始通过经济法限制经济活动，其主要目的是应对以垄断为主的经济困局。

20世纪70年代以来，福利使西方各国不堪重负，古典自由主义复兴，西方掀起了私有化浪潮。在新自由主义的倡导下，西方国家再次放宽政府管制，在全球范围推行贸易经济自由化、私有化、市场化和全球一体化。④20世纪80年代之后，为应对拉美国家债务危机而诞生的"华盛顿共识"，要求拉美国家减少政府干预，促进贸易和金融自由化。随着社会主义国家解体，"华盛顿共识"在20世纪90年代在东欧国家得到广泛传播。可以说20世纪末21世纪初，在全球范围内各国政府对经济活动的规制都在逐步放宽。在国际贸易、金融等领域，国际经济组织（及其主导国家）在一定程度上取代了政府，成为规则的制定者和规制的实施机构。虽然新自由主义是对古典自由主义市场经济理论的继承与发展，但一些属于社会规制范围⑤的政策被保留下来，如诸多欧洲国家在医疗、教育、就业等领域的保障政策在私有化的大潮中得到了很大程度的保留。2009年12月1日正式生效的欧盟《里斯本条约》是一个全球一体化在特定区域实现的例证，具有欧盟宪法效力。《里斯本条约》中的《欧盟基本权利宪章》罗列出作为欧盟公民所具有的政治、社会和经济等权利，经济自由权集中体现在第15条（职业自由与工作权）、第16条（营业自由）和第17条（财产权）中。同时，《欧盟基本权利宪章》要求各国保障在雇佣、劳动和报酬等所有领域做到男女平等（第

---

①　参见［英］安东尼·吉登斯：《第三条道路：社会民主主义的复兴第三条道路及其批评》，郑戈译，北京大学出版社2000年版。

②　到1976年，统计表明，有118部宪法规定了私有财产权，有78部宪法规定了劳动权，84部宪法规定了工人组织或参加工会的自由或权利，95部宪法规定了社会救济和社会保险，73部宪法规定了受教育权。参见［荷］亨克·范·马尔赛文、格尔·范·德·唐：《成文宪法——通过计算机进行的比较研究》，陈云生译，北京大学出版社2007年版，第132~137页。

③　李龙：《宪法基础理论》，武汉大学出版社1999年版，第283页。

④　［美］诺姆·乔姆斯基：《新自由主义与全球秩序》，徐海铭等译，江苏人民出版社2000年版，第3页。

⑤　曾国安：《管制、政府管制与经济管制》，载《经济评论》2004年第1期，第99页。

23 条)，并在以团结（solidarity）为主题的第四章（第 27~38 条）规定了一些需要政府对自由经济做出规制的权利，如获得免费职业介绍的权利、不受不当解雇的权利、享有公平合理的劳动条件的权利、禁止雇佣童工、享有社会福利与社会救助的权利等。

全球一体化在经历了 20 多年的蓬勃发展后，进程逐渐放缓。21 世纪初的美国次贷危机和相伴而生的欧债危机，以及这些国家居高不下的失业率，这些都导致了对现有经济政策的不满。随着民粹主义登上欧美主要国家的政治舞台，新自由主义所倡导的自由贸易、全球一体化和国际贸易秩序受到挑战。无论是中美之间的贸易战，还是英国脱欧，贸易壁垒在越来越多的边境重新产生，全球公共卫生危机又为政府规制增加了合理借口。虽然仍处于初始阶段，但不难预见，在未来一段时间内许多国家将逐步加强出于政治目的经济规制。

（二）经济自由在我国宪法中的考察——高规制模式

如果说西方国家的经济规制总体上在逐步加强，那我国的经济规制无疑是在逐渐放宽。虽然在辛亥革命后中国的第一部宪制性文件《中华民国临时约法》和第一部宪法中，人民的经济自由均得到承认，[1] 但资本主义在中国的萌芽很快被长期的战乱扼杀在摇篮里。

新中国成立初期并没有立刻进行社会主义革命，而是实行了新民主主义的政治和经济政策，[2] 在很大程度上承认了个人的经济自由，如《中国人民政治协商会议共同纲领》第 5 条承认了人民的居住、迁徙自由权，第 26 条制定了公私兼顾、劳资两利、城乡互助、内外交流的经济建设根本方针，并确定国营经济、合作社经济、农民和手工业者的个体经济、私人资本主义经济和国家资本主义经济相调剂的经济体制，第 30 条鼓励发展有利于国计民生的私营经济事业。

短暂的新民主主义阶段在五年后提前结束，在 1954 年第一届全国人民代表

---

[1] 如 1912 年的《中华民国临时约法》第 6 条第 3 款规定"人民有保有财产及营业之自由"；第 6 条第 6 款规定"人民有居住迁徙之自由"。1914 年的《中华民国约法》第 5 条承认了"人民于法律范围内"有财产权和营业自由、居住迁徙自由。

[2] 1949 年《中国人民政治协商会议共同纲领》规定中华人民共和国为"新民主主义"的国家。

大会第一次会议上通过的《中华人民共和国宪法》宣告国家进入社会主义过渡期，"中华人民共和国依靠国家机关和社会力量，通过社会主义工业化和社会主义改造，保证逐步消灭剥削制度，建立社会主义社会"。在传统社会主义国家，公民的经济自由并不是一项自然权利，作为一项法定权利其空间也极其有限。中华人民共和国第一部宪法在总体上否定了公民的经济自由，人民代表大会制订经济计划，仅有的部分保留，如第 8 条和第 9 条中对个体农民和手工业者的保护，以及第 10 条对资本家的生产资料所有权的保护，也随着 1956 年中国宣告基本完成社会主义改造而终结。①

1975 年宪法是"文化大革命"极左思想的产物，确认了生产资料公有制、计划经济和按劳分配等社会主义经济制度。仅在保证集体经济的前提下，以"引导他们逐步走上社会主义道路"为目标，保留了小部分的"小生产"、自留地和家庭副业。②

1978 年党的十一届三中全会上确定了实行改革开放的政策，提出建设中国特色的社会主义，政府对经济的管控逐渐发生转变。虽然生产资料社会主义公有制仍然是当时的经济基础，但公民的所有权已经不仅仅局限于收入、储蓄、房屋和生活资料，③ 1982 年宪法在第 13 条恢复了公民"合法财产"的所有权和私有财产的继承权。④ "合法财产"这一比较宽泛的措辞一方面为了符合当时生产资料社会主义公有制的基本经济体制，另一方面为私有财产所有权提供了合法存在的空间。另外，个体经济以"社会主义公有制经济的补充"，在一定的法律规定范围内得到允许和保护，⑤ 并允许外国企业和其他经济组织或个人依照中国法律来华投资，开展经济合作。⑥ 国家保护个体经济以及外国企业的合法权利和利

---

① 邓肆：《公民经济自由在中国宪法中的重新确立》，载《北方法学》2017 年第 4 期，第 46～58 页。

② 邓肆：《公民经济自由在中国宪法中的重新确立》，载《北方法学》2017 年第 4 期，第 46～58 页。

③ 见 1954 年宪法第 11 条和 1975 年宪法第 9 条。

④ 1975 年宪法删除了有关私有财产的继承权的规定。

⑤ 1982 年《中华人民共和国宪法》第 11 条规定："在法律规定范围内的城乡劳动者个体经济，是社会主义公有制经济的补充。国家保护个体经济的合法的权利和利益。国家通过行政管理，指导、帮助和监督个体经济。"

⑥ 见 1982 年《中华人民共和国宪法》第 18 条。

益。在农业领域，1982 年宪法第 8 条承认了"经营自留地、自留山、家庭副业和饲养自养畜"是农民的一项宪法权利。"市场调节"虽然只是起到辅助作用，但也终于首次在宪法中得到承认。① 虽然雇佣自由、竞争自由、贸易自由等重要现代经济自由仍被否定，但可以说 1982 宪法在一定程度上肯定了个体经济的地位，保护个体经济的合法权利和利益，从公民的财产权和从事经济活动的自由两个方面开始重新认可"经济自由权"。

随着改革开放的深入发展，公民现代意义上的经济自由在 20 世纪 80 年代末 90 年代初得到进一步肯定，并于 21 世纪初在宪法中牢固确立。1984 年 10 月中共十二届三中全会通过的《中共中央关于经济体制改革的决定》突破了传统的计划经济观念，指出社会主义计划经济"是在公有制基础上的有计划的商品经济"，允许部分生产资料纳入商品流通，打破了之前国家对生产资料的分配制度，使私营企业获得了生产和扩大再生产的基本条件。

1988 年通过的宪法修正案修改了 1982 年宪法中两项有关经济自由的条款。首先，私营经济取代个体经济得到宪法的肯定，成为社会主义公有制经济的补充，其合法权益受到国家法律的保护，虽然仍受到国家的引导、监督和管理。② 这一修订不仅承认了私营经济对经济建设的重要作用，更从最高法层面承认其法律地位，从本质上看，它肯定了现代经济自由最为核心的权利——公民雇佣工人从事企业家活动以追求财富的自由，是公民经济自由在现行宪法中的飞跃。同时，1988 年宪法修正案允许土地出租和土地使用权的合法转让，为私营企业投资办厂等大型经营活动的用地需求提供了法律保障。至此，宪法初步肯定了生产资料经营权、土地转让权和从事企业家活动等经济自由的重要方面。然而，为了维持宪法的稳定性，1989 年宪法修正案只对 1982 年宪法作出了两个必要修改，忽略了当时经济体制改革中新生的生产资料市场、金融市场、技术市场和劳务市场等新经济发展机制。

1992 中共中央在十四大确立了邓小平"建设中国特色社会主义理论"的

---

① 见 1982 年《中华人民共和国宪法》第 15 条。
② 《中华人民共和国宪法修正案》（1988 年）第 1 条《宪法》第 11 条增加规定："国家允许私营经济在法律规定的范围内存在和发展。私营经济是社会主义公有制经济的补充。国家保护私营经济的合法的权利和利益，对私营经济实行引导、监督和管理。"

指导地位，明确提出"我国经济体制改革的目标是建立社会主义市场经济体制，以利于进一步解放和发展生产力"。邓小平打破了以公有制、计划经济和按劳分配定义社会主义的传统理念，没有将市场经济与资本主义画等号，将社会主义的本质定义为"解放生产力，发展生产力，消灭剥削，消除两极分化，最终达到共同富裕"，为中国的经济体制改革和社会主义市场经济建设做好了理论建设。

1993 年第八届全国人大第一次会议通过了宪法修正案，确立了社会主义市场经济的经济体制。① 另外，修正案把"国营经济"和"国营企业"分别修改为"国有经济"和"国有企业"，保证了国企改革的合宪性，并且废除了"农村人民公社"，使农民获得了离开居住地选择职业的自由。在一定程度上，自由市场和经济自由权在我国宪法中得到承认，但一些核心权利仍未得到宪法的承认，如契约自由、经营自由等。

20 世纪末 21 世纪初，公民经济自由权的部分内容在宪法中得到进一步确立。1999 年宪法修正案将"公有制为主体、多种所有制经济共同发展的基本经济制度"写入宪法。② 个体经济、私营经济等非公有制经济不再是公有制的补充，而成为我社会主义市场经济的一个组成部分。③ 这意味着，非公有制经济的重要性已经得到宪法的肯定。该修正案还首次承认了按劳分配之外的分配制度，④ 将按资本、技术、土地等生产要素分配合宪化，再次扩大了经济自由的空间。这些都

---

① 《中华人民共和国宪法修正案》（1993 年）第 7 条，即《宪法》第 15 条规定："国家在社会主义公有制基础上实行计划经济。国家通过经济计划的综合平衡和市场调节的辅助作用，保证国民经济按比例地协调发展。""禁止任何组织或者个人扰乱社会经济秩序，破坏国家经济计划。"修改为："国家实行社会主义市场经济。""国家加强经济立法，完善宏观调控。""国家依法禁止任何组织或者个人扰乱社会经济秩序。"

② 《中华人民共和国宪法修正案》（1999 年）第 14 条，即《宪法》第 6 条规定："中华人民共和国的社会主义经济制度的基础是生产资料的社会主义公有制，即全民所有制和劳动群众集体所有制。""社会主义公有制消灭人剥削人的制度，实行各尽所能，按劳分配的原则。"修改为："中华人民共和国的社会主义经济制度的基础是生产资料的社会主义公有制，即全民所有制和劳动群众集体所有制。社会主义公有制消灭人剥削人的制度，实行各尽所能、按劳分配的原则。""国家在社会主义初级阶段，坚持公有制为主体、多种所有制经济共同发展的基本经济制度，坚持按劳分配为主体、多种分配方式并存的分配制度。"

③ 见《中华人民共和国宪法修正案》（1999 年）第 16 条。

④ 见《中华人民共和国宪法修正案》（1999 年）第 14 条。

为中国 2001 年加入世界贸易组织做了必要准备。

在江泽民"三个代表"重要思想的指导下，2004 年的宪法修正案从多个方面拓展了宪法中的经济自由权。首先，宪法序言将"社会主义事业的建设者"加入广泛的爱国统一战线，① 将私营企业主的政治地位从原先的"资本家""剥削者"正当化。其次，公民的所有权在宪法中得到了更好的保护，具体体现在土地的所有权和财产权两个方面。修正案明确规定了在国家为了公共利益而征收或征用土地时需给予补偿，② 首次将公民的"财产权"明确写入宪法，并且明确规定"公民的合法的私有财产不受侵犯"，国家对私有财产实行征收或者征用时应给予补偿。③ 新加入的"补偿"规定为所有权提供了具体保障，使得任何没有补偿的强制征收或征用都可被认定为违宪的行为，更大程度地保护了公民的土地使用权和财产权。

在 1999 年承认了非公有制经济是我国社会主义市场经济的一个组成部分之后，2004 年《宪法修正案》明确规定了国家对非公有制经济的保护并不仅限于个体经济、私营经济，相当于肯定了国家对外资经济的承认和保护，并且增加了"国家鼓励、支持个体经济、私营经济等非公有制经济发展"的政策④，这些都是中国加入世界贸易组织后在经济自由方面不可忽视的进步。另外，该修正案将"国家建立健全同经济发展水平相适应的社会保障制度"纳入宪法，如前文所述，适当的社会保障制度可以更好地保障公民尤其是被雇佣的劳动者行使自己的经济自由权。最后，《宪法》第 33 条增加了"国家尊重和保障人权"这一重要条款，而经济自由权正是一项基本人权，因此，可以说个人的经济自由权在宪法中间接得到肯定。

综上所述，中华人民共和国自成立以来，中国对经济自由的规制是在逐步放宽的，然而与自由思想诞生的西方国家相比，我国对经济自由的规制程度无疑是更严苛的，而且规制的目的也与西方国家相去甚远。西方国家的经济规制（或不

---

① 见《中华人民共和国宪法修正案》（2004 年）第 19 条。
② 见《中华人民共和国宪法修正案》（2004 年）第 20 条。
③ 见《中华人民共和国宪法修正案》（2004 年）第 22 条。
④ 见《中华人民共和国宪法修正案》（2004 年）第 21 条。

规制）始于经济目的，为了应对经济危机之后的一系列社会问题，规制的程度随着当时的政治、经济理论而变化的，但从根本上看，都是出于社会和政治目的的规制。我国的经济严规制始于政治目的，逐步地放宽了更多是出于经济发展的目的，是在总结了西方和中国不同经验教训之后自己摸索出来的规制模式，结合了资本主义经济发展的要素和社会主义国家的管理模式，同时是一个随着国内外经济环境变化而不断发展的模式。

三、我国的规制模式对经济自由权的影响

见证了拉美国家经济危机和随后的东欧剧变的中国，在内外压力下，并没有放弃社会主义制度，没有机械地将资本主义和市场经济画等号，在市场经济和社会主义之间二选一，而是灵活地改变了经济发展路线，继而创造出中国特色的社会主义理论。然而即便我国宪法赋予公民的经济自由空间越来越大，但是现有的管控模式仍对经济自由权有较大的限制，有时甚至成为我国经济发展、我国企业在国际市场上参与竞争的制约。

我国1982年宪法虽然在第二章规定了公民的基本权利，并且通过2004年《宪法修正案》增加了"国家尊重和保障人权"的条款，但从这些权利中可引申出的属于公民的经济自由权极为有限。宪法第二章"公民的基本权利和义务"中，只有第42条规定了与经济权有关的劳动权，但这一条款中的劳动不仅仅是一项权利，还是一项义务，公民或劳动者并没有劳动或者不劳动的自由，选择职业的自由等与劳动有关的自由权利也没有得到任何体现。另外一项与经济自由权紧密相关的规定是宪法第13条有关财产权的规定。然而，财产权并不是作为公民的基本权利而受到承认和保护的，而是在总纲中作为有关国家经济体制的部分被写入宪法。除此之外，我国宪法并没有赋予或者承认其他与经济自由权密切相关的权利，如职业选择的自由、迁徙的自由、竞争自由、营业自由、投资自由、加入协会的自由等。

由于我国改革开放只有几十年，经济法的概念在我国出现也较晚。1979年全国人民代表大会五届二次会议首次提出中国需要制定各种经济法。第九届全国

人民代表大会将经济法确立为我国法律体系中的七大法律部门之一，与宪法及宪法相关法、民商法、行政法、社会法、刑法和诉讼与非诉讼法（程序法）并列。[①] 作为国家干预经济的必然结果和法律依据，我国的经济法尚不成熟，尤其是在国际贸易、金融领域和新兴产业领域，仍需与国际标准接轨。

在 20 世纪 90 年代，我国进行了一次广泛的国有企业改革，大批国有企业私有化，民间资金注入，民营和外资公司参与竞争，遵循市场竞争规律。2015 年 8 月，中共中央、国务院发布关于深化国有企业改革的指导意见，目标为到 2020 年 "形成更加符合我国基本经济制度和社会主义市场经济发展要求的国有资产管理体制、现代企业制度、市场化经营机制"。对于商业类国有企业，我国仍坚持 "放大国有资本功能、实现国有资产保值增值"，对于公益类国有企业，则需 "引入市场机制，以提高公共服务效率和能力"。国有企业往往享有许多国家给予的政策性优惠和特权，如某些行业经营的垄断性、财政扶助、信贷优惠以及在资源利用、原材料供应、外汇外贸等方面的优惠等。虽然国有企业不是我国特有的经济主体形式，但我国的国有大型垄断型企业数量多、体量大、涉及领域广，[②] 国际影响力越来越高，[③] 其中不乏可以进一步市场化的领域。国有资本参股或控股一方面不利于企业在国际市场中参与竞争，另一方面会影响我国经济的国际化进程。因此，如何平衡市场自由竞争和国家直接参与经济活动是我国需要长期面对的问题。

与此同时，我国对外国资本和企业进入国内市场的限制颇严格。高市场准入门槛以及繁琐漫长的审批过程成为中国市场国际化的一道道壁垒。对外资企业的严格限制营造了一个有失公平的市场环境。

---

① 周庭芳、汪炜：《经济法概论》，武汉理工大学出版社 2013 年版，第 3 页。

② Lin, K. J., Lu, X., Zhang, J., Zheng, Y., State-owned Enterprises in China: A Review of 40 Years of Research and Practice, China Journal of Accounting Research, 13 (1), pp. 31-55, 2020.

③ 见 Kwiatkowski, G., Augustynowicz, P., State-owned Enterprises in the Global Economy-Analysis Based on Fortune Global 500 List., In Material of Joint International Conference 2015 Technology, Innovation and Industrial Management, pp. 1739-1747, 2015; Kowalski, P., Büge, M., Sztajerowska, M., Egeland, M., State-owned Enterprises: Trade Effects and Policy Implications, p. 5, 2013; Hanemann, T., Huotari, M., A New Record Year for Chinese Outbound Investment in Europe, The Mercator Institute for China Studies, p. 5, 2016.

四、从严规制到低规制的可行路径

毫无疑问，无论在哪个国家，市场经济都受到一定程度的政府规制。政府规制主要服务于其三个领域的职能——经济职能、社会职能、政治职能，而规制可通过立法（如制定反垄断法等经济法）、行政（如制定行业标准、政府拨款补贴、调整关税等）、执法（依据刑法、合同法、劳动者保护法等法律对违法行为作出处罚）等手段实现。然而，对经济自由的规制不应是任意而为的。经济规制应以保障经济市场自由、稳定的运行为目标，在市场规则和国际及国内法律的框架内实施。

市场经济的发展和完善与一个国家或地区的法律制度的建立和完善密切相关。虽然市场经济已经在西方国家有几百年历史，欧美各国也都建立了较完善的市场经济法律制度，但我国无法直接复制资本主义国家的法律。从 1992 年我国正式宣告实行社会主义市场经济起，我国建设社会主义市场经济法律制度的探索便拉开了序幕。我国的市场经济法制并不是简单地从零开始的建设工作，而是要在废除执行多年的计划经济法律制度基础上建立社会主义市场经济法律制度，其核心在于如何在坚持以公有制经济为主，追求共同富裕的同时，建立一个反映市场经济规律、基本原则的法律制度。

首先，规制经济活动、制定市场经济法律制度的首要原则就是法治。依法治国是国家治理的重要依托，而宪法是法治的根基。依法治国强调法律至上、权力制约、保障人权、程序公正和良法善治等价值原则，正如习近平总书记指出的，"依法治理是最可靠、最稳定的治理"。自改革开放以来，我国快速推动了立法工作的开展，经历了五次修宪，形成中国特色社会主义法律体系。1999 年宪法修正案首次将"依法治国"和"建设社会主义法治国家"写入宪法。2018 年，宪法中的"健全社会主义法制"被修改为"健全社会主义法治"。法治适用于每一个领域，经济规制也不例外。对经济的管控措施，无论是法律手段还是政治或其他手段，都应建立在尊重保障人权、良法善治等原则的基础上，以宪法和法律为依托，由接受制约和监督的执行机构通过公正的程序实现。任何规制措施或机构都不能凌驾于现行法律和宪法之上，不可超越其职权范围，也不能以规制之名侵犯人权或触犯公序良俗的底线。

具体而言，对经济的规制要遵守违法行为法定原则。确保措施的稳定性和可预见性是规范管控的关键之一。只有当市场具备一个清晰、明朗、稳定的规则，市场主体的权益才能得到最基本保障。因此，法律法规中不得授予执法机关对法律未明示禁止的行为追究民事责任、行政责任和刑事责任的裁量权。当新的领域或者新的待规制范围产生，对法律未明示禁止的某种行为欲加禁止时，须由立法机关修改或由有立法权的机关发布补充性规定，此种修改或补充性规定不得有溯及力。

此外，市场经济规制还应遵守经济自由的基本原则，包括私有财产保护原则、合同自由原则、公平竞争原则、经济民主原则、自己责任原则等。这些区别于计划经济的原则是我国社会主义市场经济的重点和难点。在多种所有制并存的市场经济中，市场主体的法律地位是平等的，私有合法财产与国有财产应得到一体的保护，公平地参与竞争。市场主体在经济活动中享有合同自由，这是市场经济的基本原则。政府规制对合同自由的限制应限制在合理范围内，非不得已不予限制，并明确立法规定。与此同时，政府有义务保证经济民主，防止行业垄断和独占，并允许职工参与民主管理。

最后，政府规制需要体现保护弱者原则。经济自由权应是所有人或市场主体的权利，政府有义务保证所有人都能平等地享受经济自由，而非仅限于保障一部分人的最大自由。因此，政府应通过立法、司法、行政等手段平衡实力不同的各方力量，保护相对弱势的消费者和劳动者的权利不受侵犯，为处于市场边缘或市场之外的弱势群体提供必要的社会保障，使其重新享有参与市场活动的能力。

总而言之，必要的政府规制有利于经济自由权的保障和实现，但规制必须基于经济自由和法治的基本原则。当政府对经济的规制超过必要限度、缺乏法律依据、缺少稳定性和连贯性、独断专横、违反公序良俗和国际规则、侵犯基本人权时，规制必然成为阻碍经济发展和破坏经济自由权的因素。

第三节　贸易保护主义对经济自由权的侵蚀

与自由贸易相反，贸易保护主义主张政府通过进口关税和非关税措施对经济活动进行干预，从而达到保护本国市场和企业的目的。通常情况下，经济实力较弱的发展中国家更倾向于采取贸易保护主义，而发达国家更主张贸易自由化。然而，贸易保护长期与自由贸易并存、相互渗透，从传统的关税壁垒，到 20 世纪 70 年代后产生的技术壁垒、绿色壁垒等非关税壁垒，这些贸易保护政策是欧美发达国家经济政策中不可忽视的一部分。尤其在经济危机爆发后，贸易保护主义往往会在经济受挫的发达国家抬头。

2008 年美国次贷危机和欧洲债务危机再次掀起贸易保护主义的浪潮，全球化进程受到阻碍，甚至出现了逆全球化趋势。美国特朗普政府采取了极端的单边主义和保护主义，不仅与中国开展了史无前例的贸易战，还对欧盟国家、日本、韩国等盟友国家建起贸易壁垒。然而事实证明，贸易保护主义不仅会阻碍全球经济发展，也会损害包括本国在内的各国经济主体的权利。

由于我国特殊的经济体制，我国长期处于对经济采取高规制的状态。然而，政府干预措施在短期内振兴经济之后需要作出必要调整。过多的政府干预对市场主体的经济自由造成了负面影响，也可能导致贸易摩擦。尤其是在国际经贸环境政治化的今天，中国企业在国际竞争中受到排挤的现象不容忽视。如何将政府管控的负面影响降到最低，为中国企业摘掉"国有""受政府控制"的标签，是未来我国深化经济体制改革、完善社会主义市场经济体制过程中需要解决的问题。

一、贸易保护主义和自由贸易

贸易保护主义是一国或地区为了保护本国利益而对进出口产品或外国服务采取干预的经济政策，主要可以分为两大类——出口鼓励型和进口限制型。常见的出口鼓励型措施有出口补贴和货币贬值，政府通过现金补助、津贴、税收优惠等直接或间接的方式对本国企业或商品的出口予以鼓励，或者通过货币贬值的方式提高外国货币的购买力，从而促进商品和服务出口，抑制进口。进口限制型保护措施可分为关税壁垒和非关税壁垒两类。关税壁垒是最传统的贸易保护措施，政府通过制定高额的进口关税削弱进口商品在本国的竞争力，减少进口商品的数量和种类，从而为本国企业保留更大的市场，促进其发展。第二次世界大战以来，随着各国经济复苏，世界贸易组织、区域贸易组织的建立和多边贸易体系建立，贸易自由化和全球经济一体化一直都是世界经济的主旋律，因此全球的关税水平大幅下降。①受国际贸易条约限制，各国规避了任意提高关税的方法进行贸易保护，但为了保护本国利益，非关税壁垒渐渐建立，新型的贸易保护措施诞生。

新贸易保护主义主要形成于 20 世纪 70 年代以后的国际贸易领域，其建立在传统关税壁垒基础之上，但非关税壁垒为主要表现形式。其主要措施包括进口配额制、进出口许可证、当地成分要求、外汇数量使用、生产和出口信贷补贴、出口退税、保障措施、反倾销措施、反补贴、健康和安全规则、环境和产地标准、限制性政府采购政策等。②无论是相对传统的外汇限制、补贴、进口配额等措施，还是新兴的绿色壁垒、技术壁垒，新贸易保护主义的隐蔽性更高，更具强制性，受约束限度更广。③

贸易保护与自由贸易是两种截然相反的贸易政策模式，然而他们并不是完全相互排斥的，④ 相反，贸易保护和自由贸易始终是相互渗透、矛盾统一的存在。从全球经济角度出发，自由贸易是主导趋势，其从 18 世纪起就开始与保护主义较量并随着英国工业革命和资本主义经济的发展而逐渐成为主流政策，但贸易保护政策始终相伴存在。通常情况下，发达国家和地区更推崇自由贸易，而经济较落后的国家和地区倾向贸易保护主义。从政府职能角度出发，贸易保护和自由贸易两种政策的根本目的都是保护本国利益。纵向来看，二者是此消彼长的关系，当一国的经济强盛、发展呈上升趋势时，往往更倾向于更开放的自由贸易政策；反之，当一国的生产力水平较弱、经济疲软萎缩时，则更倾向于采取保护本国市场和企业的贸易保护措施。在同一时期同一个国家或地区，两种贸易政策可以并存。如 2008 年之前的美国，总体上采取的是倡导全球经济一体化的自由贸易政策，但不乏采取针对特定国家的贸易保护的例子，⑤ 或者对某些国家采取自由贸

---

① 余淼杰、蓝锦海：《国际贸易视角下逆全球化研究》，载《长安大学学报（社会科学版）》2020 年第 4 期，第 23~32 页。

② 邢仁雷、刘昕：《谈新贸易保护主义下的国家安全审查制度——从华为、中兴收购受阻谈起》，载《行政与法》2013 年第 7 期，第 111~116 页。

③ 杨雪利：《新贸易保护主义对中国进出口贸易的影响和分析》，载《中国储运》2020 年第 8 期，第 146~147 页。

④ 曹凯：《从欧盟一体化看自由贸易与保护主义》，载《北京理工大学学报（社会科学版）》2001 年第 2 期，第 54~57 页。

⑤ 如 1977 年，美国对鞋类产品进口实行配额限制；1981 年，美国对日本汽车实施限制，迫使日本政府实施"自愿出口限额"（voluntary export restraint）协议等。

易而对其他国家采取保护措施，如欧盟国家对内采取经济一体化，但对外经济政策却有很强的保护性。

全球化伴随资本主义的发展而形成，在商品和资本可以自由流动的大环境下，跨国企业将生产环节转移到劳动力成本更低、环境监管更宽松、生产原料更廉价的发展中国家，抑或将生产的不同环节分散到不同国家，以寻求实现利润最大化。因此，全球化在促进经济增长、传播新技术的同时，不可避免地造成了资本的集中、国内资本外流、发达国家低技术工人失业情况加剧、贫富差距加重等社会问题。在全球化过程中利益受损的群体便成为保护主义的支持者或潜在支持者。

当代的贸易保护主义通常伴随经济危机的爆发而盛行。如 20 世纪 30 年代初的资本主义国家经济危机掀起了贸易保护主义浪潮，欧美各国之间的关税大幅提高，国际贸易萎缩。2008 年的金融危机和欧债危机再次引发了保护主义思潮，欧美各国不仅面临财富不均、公平赤字、高失业率等政治经济问题，难民危机、生态环境恶化等非经济问题也加剧了民众、学者和政客对全球化的反对质疑态度，直接导致了"逆全球化"思潮的兴起。①

资本主义国家贸易保护主义盛行有不同的原因。在 18—19 世纪资本主义发展初期，经济学家提出幼稚工业保护理论，通过贸易保护措施对相对落后国家的某些工业采取暂时的保护性措施，从而达到提高国内经济水平和国际竞争力的目的。幼稚工业保护措施不是长期永久的，其最终目的是实现全球化的自由竞争。片面追求国家利益是"二战"之后贸易保护主义在欧美国家抬头的主要原因，较为典型的例子是 20 世纪 80 年代美国对日本汽车的限制以及欧洲国家长期对本国汽车产业的补贴。为保护本国利益，尤其是重要产业的发展和就业稳定，贸易保护不仅成为一些国家应对经济危机的手段，在某些领域还成为一种常态化存在的措施。然而，国家利益是一个宽泛的概念，包括政治利益、经济利益、安全利益、文化利益等多个方面。从政府角度看，无论是保护幼稚工业还是保护本国重要产业和就业岗位，都是有利于本国国家利益的，在一定程度上是无可厚非的。

---

① 黄一玲：《马克思主义视阈下经济全球化与贸易保护主义兴衰》，载《海南大学学报（人文社会科学版）》2020 年第 3 期，第 113~120 页。

但无论何时，保护国家利益都不能成为其违背国际义务、破坏国际秩序和损害国际社会利益的借口。

二、逆全球化现象和贸易冲突

第二次世界大战之后，世界各国普遍倾向于支持自由贸易，而全球经济一体化也确实促进了包括发展中国家在内的大部分国家的经济增长。虽然国家间的贸易争端和贸易保护措施从未在国际贸易的舞台上缺席，但全球化的进程稳步前进。2008 年，美国爆发次贷危机，随后引发了欧洲债务危机和欧元危机，欧美发达国家在战后首次遇到大规模经济危机，世界贸易局势也随之改变。原本秉持自由贸易倡导经济一体化的国家转而采取大量贸易保护措施，甚至扰乱国际贸易规则，退出和破坏国际贸易机构，严重破坏了全球化进程。

自 2016 年特朗普当选总统以后，美国退出了一些国际组织和条约，大西洋另一端的英国通过公投退出欧盟。这些现象直接反映了部分国家或人民对当前全球化进程的不满。从经济角度来看，这主要源于世界贸易的扩散加剧了不同国家和地区之间及其内部的不平等状况。①②

2018 年，美国再次掀起新一轮贸易保护，中国成为其首要目标，并引发了一场迄今为止经济史上规模最大的贸易战。③提高进口关税是中美贸易冲突中双方采取的贸易保护措施之一。从 2020 年 1 月签署的《中华人民共和国政府和美利坚合众国政府经济贸易协议》④ 中看出，美国对华贸易战的主要争端在技术转让、知识产权保护、非关税壁垒、服务业、农业以及汇率等方面，其内容包括：中国增加来自美国的农产品、能源产品、工业制成品、服务产品进口；双方开放

---

① Khor, M., Khor, K. P., Rethinking Globalization: Critical Issues and Policy Choices, Zed Books, 2001.

② 余森杰、蓝锦海：《国际贸易视角下逆全球化研究》，载《长安大学学报（社会科学版）》2020 年第 4 期，第 23~32 页。

③ 《商务部新闻发言人就美国对 340 亿美元中国产品加征关税发表谈话》，载新华网，2018 年 7 月 6 日，http://www.xinhuanet.com/fortune/2018-07/06/c_1123088529.htm，2020 年 12 月 31 日最后访问。

④ 《关于发布中美第一阶段经贸协议的公告》，载中华人民共和国中央人民政府网站，2020 年 1 月 16 日，http://www.gov.cn/xinwen/2020-01/16/content_5469650.htm，2020 年 12 月 31 日最后访问。

市场，允许双方企业可以自由进入对方市场，减少政府干预，技术转让和技术许可遵循市场原则，政府不得干预、强迫企业进行技术转让，不得引导企业开展扭曲竞争，保证行政管理，行政许可，执法透明、公平；打开中国金融市场，在银行、证券、保险、电子支付等领域获得更公平、有效、非歧视的市场准入待遇。

三、贸易保护主义对经济自由权的侵蚀

由于我国是社会主义市场经济体制，相比资本主义国家，我国的政府对经济自由的规制程度一直偏高，国有资本参股、控股和独资的企业数量和规模都不容小觑。在改革开放初期，我国百业待兴，国家对企业的扶持大多是必要的。然而，随着经济发展，中国逐步与国际市场接轨，越来越多的中国企业走向世界，也有越来越多的外资企业进入中国。长期以来政府对企业的高规制模式已然不适应现在的国内外经济发展需求，中国在经济体制方面必然需要进行深入的改革。

实际上，政府干预措施在为政府管理提供便利的同时也对市场主体的经济自由产生了负面影响。外资准入限制虽然为国内企业提供了一个温室环境，保护了其对本国市场的占有，但同时限制了外国资本进入。资本流通的限制显然违背了经济自由的理念，也不利于市场经济发展。在贸易保护主义势力渐强的大环境下，我国企业对外投资自由也受到限制。联合国贸易和发展会议印发的 2019 年《世界投资报告》显示，全球对外直接投资连续三年下滑，2018 年约有 55 个经济体出台了至少 112 项影响外国投资的措施，其中超过三分之一的措施引入了新的限制或监管，[1] 我国的对外投资规模也有所收缩。[2] 毫无疑问，政府干预措施限制了经济主体在全球市场中寻找适合的发展空间。

过多的、没有必要的政府干预可能导致贸易摩擦。当一国采取的保护措施限制了他国企业的经济自由时，他国也很有可能采取对等的保护或惩罚措施，从而使本国企业在外的正常经济活动遭到限制。虽然 2018 年中美贸易摩擦是一个比较极端的例子，但它凸显了贸易保护主义对市场主体权利的侵蚀。一方面，美国

---

[1] 《世界投资报告 2019》，载联合国网站，UNCTAD/WIR/2019（Overview），https：//unctad. org/system/files/official-document/wir2019_overview_ch. pdf。

[2] 《中国对外投资发展报告 2019》，载中华人民共和国商务部网站，http：//images. mofcom. gov. cn/fec/202005/20200507111104426. pdf。

提高中国进口产品的关税导致我国对美贸易额增速下降，同时，非关税壁垒加剧了对中国企业的负面影响，① 一些高科技企业的经营活动受到直接威胁。另一方面，美国贸易保护主义措施也间接侵害了其国内经济主体的利益，包括企业、生产者、经营者和消费者等。首先，征收进口关税导致对应商品的国内价格上升，进口商利润降低，② 多征收的进口关税直接转嫁到进口商和美国国内消费者身上，③ 也就是说，政府间接破坏了自由市场的定价，通过关税从消费者手上赚取了收益，另外，关税壁垒还会导致国内商品品种减少。④其次，中国采取报复措施，对美国农产品提高进口关税，对部分商品征收反倾销税，导致美国农民遭受大量损失，政府不得不通过发放补贴来平息来自农业州议员和农民团体的抗议。⑤此外，中美任何一方的关税壁垒和进出口规制都会破坏跨国公司供应，使其被迫重新部署全区发展战略，间接干预了企业的经营自由。

最后，国际经贸政治化现象不容忽视。美国对中兴的制裁和欧美多国对华为的限制这两大事件表明：由于意识形态差异，中国企业在国际市场很容易遭遇区别对待。⑥中国企业不仅需要与同行竞争，接受中国法律的管控，还要极力向其他国家证明企业的独立性和非"国有"性。在这样的大环境下，国有资本参股、控股的企业更容易在国际市场上遭受限制继而导致非国有经济主体的利益遭受损失。另外，大数据、人工智能、5G 等涉及网络安全、数据安全等问题的领域，政府的规制措施很容易成为企业遭限制和制裁的理由或借口。如何应对和避免由

---

① Li, C., He, C., Lin, C., Economic Impacts of the Possible China-US Trade War, Emerging Markets Finance and Trade, 54 (7), pp. 1557-1577, 2018.

② Fajgelbaum, P. D., Goldberg, P. K., Kennedy, P. J., Khandelwal, A. K., The Return to Protectionism, The Quarterly Journal of Economics, 135 (1), pp. 1-55, 2020.

③ Amiti, M., Redding, S. J., Weinstein, D. E., The Impact of the 2018 Tariffs on Prices and Welfare, Journal of Economic Perspectives, 33 (4), pp. 187-210, 2019.

④ 余淼杰、蓝锦海：《国际贸易视角下逆全球化研究》，载《长安大学学报（社会科学版）》2020 年第 4 期，第 23～32 页。

⑤ 《美农业部批准 120 亿美元补贴 共和党议员批"苏联政策"》，载观察者网，2018 年 7 月 25 日，https://www.guancha.cn/internation/2018_07_25_465532.shtml，2020 年 12 月 31 日最后访问。

⑥ 邢仁雷、刘昕：《谈新贸易保护主义下的国家安全审查制度——从华为、中兴收购受阻谈起》，载《行政与法》2013 年第 7 期，第 111～116 页。

意识形态差异而引起的贸易壁垒，从而更好地保护我国企业的经济自由权，也是我国日后在经济体制改革中需要考虑的问题。

第四节　经济发展必须保护经济自由权

一、贸易保护损害经济自由权

工商业与人权的议题之所以在当下获得较高的热度，原因是各国之间的贸易冲突不断出现，发达国家经常将贸易关系与人权挂钩，设置各种贸易壁垒。发达国家的这一做法表面上占据了道德的高点，但实际上对人权的改善并没有太多的帮助，甚至会恶化对人权的保障，同时还会阻碍贸易自由和全球化的进程。发达国家这样做的原因主要包括两个方面：首先，在利益集团的压力下，议会和政府不得不做出贸易保护的决策，其理由不外乎保护就业和产业。其次，遗忘了发达国家工商业与人权互动发展的历史，忘却了市场经济的核心乃是经济自由，贸易保护虽然可以取得短期效果，长期来看却既损害工商业发展，也带来更多的人权问题。

贸易保护主义的本质是什么？贸易保护主义的本质就是强化政府的规制。虽然在20世纪70年代以来，西方兴起了减少政府规制的运动，某些政府对经济的规制被取消了。然而，利益集团的压力并没有消失，在西方的民主模式下，这些利益集团可以不断地要求政府对其既有利益进行保护，甚至不惜牺牲他人利益来增加自己的利益。对此哈耶克有着极有洞见的认识，"民主政府（如若在名义上是全知全能的）会因为拥有无限权力而变成一个极为软弱的政府，亦即成为所有彼此分立的利益群体掌股中的玩物——这是因为这种政府为了确使自己能够得到多数的支持，就必须去满足所有这些彼此分立的利益群体所提出的要求"。[1] 利益集团的要求使得取消规制的运动不能长久，于是西方政府的规制在当下越来越多，贸易冲突就是规制的最好体现。

---

① ［英］弗里德利希·冯·哈耶克：《法律、立法与自由》（第3卷），邓正来等译，中国大百科全书出版社2021年版，第158页。

从行为规则形成角度来说，在西方国家经济发展的过程中，个体、商业企业家、组织乃至政府通过对规则的创新，不断探索形成了以价格信息为引导的自由市场规则体系。在自由市场体系中，经济自由权规则处于基础地位，公民如果没有经济自由权，经济发展将难以持续。思想企业家们在文艺复兴、宗教改革、苏格兰启蒙运动中不断阐述和明确了关于经济自由权的规则，使得经济自由权的规则得到广泛的传播，并被纳入宪法，成为人们的行为规则。西方民主虽然是人类探索到的政治权力和平转移的主要手段，但由于利益集团的压力，政府对经济自由权规则的改进往往向着规制的方向发展，各种贸易保护规则不论出于何种理由，都不利于经济自由权的实现。因此西方政府虽然在工商业与人权保护的规则中起到了重要的作用，在制度变迁中具有效率优势，但未必会使制度变迁达到帕累托最优，反而会降低整个经济效率。与之相比，企业家的规则创新虽然不具有政府的效率，但大量企业家通过竞争，就会形成有效率且保障工商业与人权共同发展的规则。本章着重探讨了贸易冲突背景下政府在规则形成作用的历史与现状，有关企业家在规则形成的功能的详细探讨，将在下一章展开。

二、我国保护经济自由权的思路

改革开放政策让中国逐步加入一体化的国际市场，继而走上经济腾飞的道路，中国成为世界工厂，从贫困经济体到世界第二大经济体，中国只用了三十年。"新一轮科技革命和产业变革与我国加快转变经济发展方式形成历史性交汇，国际产业分工格局正在重塑。"① 处于此时的中国也比以往任何时期都更需要更大的国际市场。

随着中国经济与国际市场接轨，经济发展从高速转入高质量发展模式，社会主要矛盾发生变化，我国的经济体制改革需要进一步完善。经济自由权是市场经济的根本，也是经济发展、建设小康社会的根本，遵循依法治国的原则，

---

① 《国务院关于印发〈中国制造 2025〉的通知》，2015 年 5 月 9 日，国发〔2015〕28号。

我国急需从立法、执法和司法等多个层面承认、保护和保障市场主体的经济自由权。

（一）立法层面

《中共中央关于全面推进依法治国若干重大问题的决定》指出："社会主义市场经济本质上是法治经济，使市场在资源配置中起决定性作用和更好发挥政府作用，必须以保护产权、维护契约、统一市场、平等交换、公平竞争、有效监管为基本导向，完善社会主义市场经济法律制度。"

经历了五次宪法修正案后的我国现行宪法仍缺少对经济自由权的系统阐述。现有的有关经济自由权的规定主要体现在五个方面：第一，财产权。2004 年《宪法修正案》将保护公民"财产权"明确写入宪法。《宪法》第 13 条规定，"公民的合法的私有财产不受侵犯"，"国家依照法律规定保护公民的私有财产权和继承权"。另外，2004 年《宪法修正案》将"补偿"制度在宪法层面确立，国家征收或者征用土地和私有财产时应给予补偿。第二，国有企业经营自主权。《宪法》第 16 条规定，"国有企业在法律规定的范围内有权自主经营"。第三，集体经济组织独立进行经济活动的自主权。《宪法》第 17 条规定，"集体经济组织在遵守有关法律的前提下，有独立进行经济活动的自主权"。第四，农村劳动者的承包经营权，《宪法》第 8 条规定，"参加农村集体经济组织的劳动者，有权在法律规定的范围内经营自留地、自留山、家庭副业和饲养自留畜"。第五，虽然并未明确其权利，但《宪法》第 18 条允许外国企业、其他经济组织或者个人依法"在中国投资，同中国的企业或者其他经济组织进行各种形式的经济合作"，并保护其合法权利和利益。

虽然我国宪法在经济体制方面做出了重大调整，对市场主体的经济自由权的保障也有了一定程度的提高，但与我国经济发展水平和国际市场规则等客观要求相比，我国相关法制建设工作仍有诸多方面亟待改善。首先，适用于所有市场主体的一般经济自由需要在宪法中得到承认和保护。其次，宪法需保障一些市场经济所需的基本经济自由权利，如竞争自由、合同自由、营业自由、居住和迁徙自由、职业自由等。此外，应通过宪法或相关立法肯定和保障包括国有企业、非国有企业和个体经济在内的所有经济主体平等的法律地位，并加强经济立法，依照权力法定、法律保留、正当程序及责任控制等原则，[1] 为宏观调控和政府规制提供清晰、合理、合宪、保障人权的法律基础。

具体而言，我国应通过宪法和经济立法进一步深化市场改革，逐步减少政府对社会资源的垄断，根除计划经济体制下遗留的经济干预权，将资源配置权转移到市场经济主体手中。[2]此外，需要取消现行制度中阻隔市场的规制，保障市场经济应有的营业自由，通过立法规范逐步简化市场经济残留下来的审批制度，减少行政审批环节、削减审批项目、加快审批流程。

另外一个急需通过立法改革解决的问题是劳动力的自由流动。我国现有的户籍规制制度限制了国内不同省份、城市与非城市公民的居住和迁徙自由，继而限制了农民工平等享有医疗保障的权利以及其子女在城市享受基础教育的权利。因此，现有户籍制度一方面限制了公民的择业、居住和迁徙自由，另一方面牺牲了一部分劳动者和其家属的基本权利，农村留守老人和儿童的安全、健康、教育等问题都为我国日后经济发展社会稳定埋下了隐患。

总而言之，立法机构应在宪法、法律和法规层面为我国社会主义市场经济构建一个可以保障经济自由权的法律框架。

（二）执法层面

法律的生命力和权威在于实施。执法保障是实现经济自由的重点和关键，通过国家行政机关认真履行职责、严格执行法律法规，规定在宪法、法律、法规等纸面上和条文中的各项权利得以具体实现。虽然我国多年来坚持推行法治建设，但有法不依、执法不严、违法不究等现象仍然比较严重，执法体制权责脱节、多头执法现象仍然存在，执法司法不规范、不严格、不透明等问题也比

---

① 冯果：《宪法秩序下的经济法法权结构探究》，载《甘肃社会科学》2008 年第 4 期，第 209~212 页。

② 王克稳：《论市场主体的基本经济权利及其行政法安排》，载《中国法学》2001 年第 3 期，第 3~17 页。

较突出。①

具体而言，我国在提高执法水平以保障经济自由的领域需要做到以下几点。第一，依法全面履行政府职能：严格落实机构、职能、权限、程序、责任法定化；行政机关法定责任必须为，法无授权不可为，不得法外设定权力，没有法律依据不得侵害公民、法人和企业的合法权益。② 第二，深化行政执法体制改革，合理整合简化市场监管部门，削减从事经济活动的审批程序，提高政务效率。第三，坚持严格规范公正文明执法：明确具体操作流程，规范行政许可、行政处罚、行政强制、行政征收、行政收费、行政检查等执法行为；落实公平对待所有经济主体，无论是国有企业还是非国有企业，都必须采用同一个执法标准和操作流程。第四，强化对行政权力的制约和监督，并全面推行政务公开：从制度上加强对政府内部权力的制约和政务的监督。

总之，执法部门应确保保护市场主体经济自由权的法律法规得以落实，并且在执法过程中避免侵害这些宪法和法律所保护的权利。

（三）司法层面

社会主义市场经济体制的完善和对经济自由的保护离不开健全的司法保护体系。如果说宪法和经济法是实现经济自由权的基本前提和重要基础，执法保障是经济自由权实现的重点和关键，那么，司法保障就是实现经济自由权不可或缺的救济手段和最后防线。司法保护应坚持平等保护、全面保护、依法保护的基本原则，为公有制和非公有制经济产权、知识产权、劳动者权利等所有经济权利提供司法保障。

在此方面，我国多年来持续开展相关改革。2016 年 7 月最高人民法院发布了《关于充分发挥审判职能作用切实加强产权司法保护的意见》，其中多条意见也可

---

① 《中共中央关于全面推进依法治国若干重大问题的决定》，载中华人民共和国中央人民政府网站，2014 年 10 月 28 日，http：//www.gov.cn/zhengce/2014-10/28/content_2771946.htm，2021 年 4 月 19 日最后访问。

② 《中共中央关于全面推进依法治国若干重大问题的决定》，载中华人民共和国中央人民政府网站，2014 年 10 月 28 日，http：//www.gov.cn/zhengce/2014-10/28/content_2771946.htm，2021 年 4 月 19 日最后访问。

用于产权保护之外的其他经济自由权保护领域。如第 1 条强调，非公有制财产权应得到平等保护，"各类产权主体的诉讼地位和法律适用一视同仁，确保公有制经济和非公有制经济财产权不可侵犯"；通过刑事、民事、行政各种审判和执行活动，依法制裁各类侵犯经济自由权的违法犯罪行为，特别是利用公权力侵权的违法犯罪行为；提高审判执行效率，进一步完善繁简分流审判机制，对符合条件的案件依法适用简易程序、速裁程序；公正审理；依法慎用强制措施和查封、扣押、冻结措施等。值得注意的是，2020 年 4 月，最高人民法院对外公布的《关于全面加强知识产权司法保护的意见》提出一系列新举措，全面升级了我国对知识产权的司法保护。

同年 7 月，最高人民法院国家发展和改革委员会发布了《关于为新时代加快完善社会主义市场经济体制提供司法服务和保障的意见》，指出了在完善社会主义市场经济改革的道路上，司法领域应在以下七大方面提供服务和保障：完善市场主体司法保护机制、加强产权司法保护、保障要素市场化配置改革、维护社会诚信与市场秩序、强化民生司法保障、健全涉外司法保障机制和建设及优化矛盾纠纷化解机制。

如果说立法保护是我国经济进一步发展的骨骼，执法保障是经络，那么司法保护就是我国经济健康发展的免疫系统，全面、健全、高效的司法保护可以为市场主体打造一个安全的市场竞争氛围，使其可以安心地在市场中参与自由竞争。

第五章 工商业与人权关系调适的中枢：企业家

如果工商业与人权处于冲突的状态，那么怎么才能消解这种冲突或者如何改变这种状态呢？这种改变首先是规则的改变，或者称之为规则变迁，只有人的行为规则发生了变化，问题才能得到实质性解决。规则变迁的原因分为两种，第一种是如果两者的冲突被认为是一个问题，这个问题不解决会对企业的利益产生负面影响，那么企业家就会创造新规则来加以调适；第二种则是两者的冲突并不那么突出，或者并不被视为一个问题，但是企业家看到规则的改变可以为企业增加利益，这也为企业家改变规则提供了激励。因此，企业家为了增加个人的效用，有较大的正向和负向的激励来改变规则以调适工商业与人权的关系。

有了动力还是不够的，更重要的是企业家有能力来创造规则。企业家精神是很多商界人士的特质。企业家精神在本质上是企业家的深层行为规则，正是这些深层行为规则让企业家具有了其他人所不具备的企业家能力，有了这些能力，创造新规则就变得有可能。本章主要分析企业家为何成为工商业与人权关系规则变迁的主要推动者，也就是其具有的企业家精神在这其中的作用如何。

第一节 制度变迁的关键：企业家

一、工商业与人权关系调适中的企业家角色

工商业人权关系的制度变迁，不是单一主体或某几个主体参与即可完成演进的，需要整个人权系统甚至多个相关系统的支持。哈耶克在《致命的自负》中指

出，市场、贸易与文明的演化过程属于一种共生演化，是通过市场与文明之间的互利共生，以及这种关系的持续演化而形成。它不是发挥个体的能动，各行其是、率性而为就能达到秩序契合，而是很多个体的复杂意向在规则和传统习惯的约束下，逐渐趋向协调一致形成的。工商业与人权关系调适，是由参与的主体及其所处社会体制、经济发展、法律制度、文化进程等构成的共生演化系统。其构成要素主要包括政府、企业、企业家、员工、社会组织、司法机关、其他中介机构，以及所处的政治、经济、法律、文化环境等，要素间是复杂的密集的关系网络。其中，企业、企业家和员工是关键性主体，政府、社会组织、司法机关以及其他中介机构属于辅助性主体，政治、经济、法律、文化环境是影响工商业与人权主体进行关系调试的重要外部环境因素。这些要素合作共生，协同发力，都能够为建立一个更完善、更广泛的工商业与人权新秩序做出自己的一份贡献。

企业是经济体制的基石、市场活动的主体、就业机会的主要提供者，是我国经济社会运行的微观细胞，也是工商业与人权制度落实与改革活动的主要推动者和承担者。企业中起主导作用的是作为企业经营者和决策者的企业家。企业家处在企业的最高领导位置，因而在企业的各项制度建设中都居于核心地位，发挥着主导作用。企业家是参与我国社会主义工商业与人权建设的重要主体，是推动人权保障顺利进行的重要因素。企业家能够获取国际社会最新人权议题，洞察工商业发展中人权的趋向和潮流，及时把握国家人权保障的政策方向，他们对人权和可持续发展等全球价值观和发展趋势的认同度更高，是工商业与人权系统演进的推动者、决策者、落实者，同时也是受益者。企业家是驱动工商业与人权制度完善、增进社会福利的关键动力。

改革开放以来，一个 14 亿人口的超大规模经济体，经济获得了四十年的持续发展，经济总量快速增长，实现了空前的经济腾飞，其关键原因在于一个"变"字。四十年来经济体制辞旧迎新、不断变革，催化了市场主体锐意改革和开拓进取的活力，包括企业家在内的各类经济主体焕发创新创业热情、拿出创新举措。中国经济的高质量持续性发展的成功经验就是要充分激发、释放市场的创新创业活力，要倡导、激励、协调和组织各个行业的企业家焕发创新热情，积极投身发展，担当改革大任，企业家是推动经济发展和社会变革的生力军。

尽管任何一段历史都有它不可替代的独特性，可是 1978—2022 年的中国，却是最不可能被复制的。在一个拥有近 14 亿人口的大国里，僵化的计划经济体制日渐瓦解了，一群小人物把中国变成了一个巨大的实验场，它在众目睽睽之下，以不可逆转的姿态向商业社会转轨。他们出身草莽，不无野蛮，性情漂移，坚韧而勇于博取。① 可以说，过去几十年来，企业家是经济和社会制度变迁的主要推动力。纵观世界历史，社会和文明的进步，并不是随着时代的经济水平、富裕程度和文化思潮的改变就能自然而然地同步发展，这期间需要吃螃蟹的人革故鼎新。一个时代的大变革背后都有一个群体在创造性地探索和推动改变。

面对陈旧僵化的体制，勇于创新的企业家，一方面会被动应对挑战、实现自我突破与变革转型去适应现有的外部环境；另一方面会积极主动去推动社会变革，除陈布新，改造外部环境，推动新制度、新理念的形成、塑造、传播。过去几十年，我国经济社会制度变迁的动力就在于企业家的这种改革活动。2018 年 9 月 12 日，清华大学五道口金融学院院长吴晓灵在年开学典礼上致辞说："是制度改革和创新让中国取得了今天世界第二经济体的地位。是无数企业家为了货通天下，为了提高经营效率，为了改革企业经营机制做了第一个吃螃蟹的人，他们或成为改革的英雄，或几经起伏吃尽苦头，但就是他们的行动突破了藩篱，改变了政策或法规，换来了今天的环境。"

中国经济已进入一个与过去三十多年高速增长期不同的新阶段，在未来增长过程中面临新的机遇与挑战，需要有创新的发展思路和战略。在此背景下，国家在政策层面连续出台了多个弘扬和保护企业家创新、鼓励企业家参与政府重大经济决策的相关文件。2015 年 10 月十八届五中全会提出，坚持创新发展，必须把创新摆在国家发展全局的核心位置，不断推进理论创新、制度创新、科技创新、文化创新等各方面创新，让创新贯穿党和国家一切工作，让创新在全社会蔚然成风。中共中央国务院于 2017 年 9 月 8 日出台的《关于营造企业家健康成长环境弘扬优秀企业家精神更好发挥企业家作用的意见》明确指出："支持企业家创新发展。激发企业家创新活力和创造潜能，依法保护企业家拓展创新空间，持续推进产品创新、技术创新、商业模式创新、管理创新、制度创新，将创新创业作为终身追求，增强创新自信。……鼓励支持更多具有创新创业能力的人才脱颖而

---

① 吴晓波：《激荡三十年》，中信出版社 2008 年版，第 1 页。

出，在实践中培养一批具有全球战略眼光、市场开拓精神、管理创新能力和社会责任感的优秀企业家。"其中对企业家参与政策和法规的制定也给出了明确指示："健全企业家参与涉企政策制定机制。建立政府重大经济决策主动向企业家问计求策的程序性规范，政府部门研究制定涉企政策、规划、法规，要听取企业家的意见建议。保持涉企政策稳定性和连续性，基于公共利益确需调整的，严格调整程序，合理设立过渡期。"① 这些为企业家参与工商业与人权制度改革提供了政策指导。2018 年年底的中央经济工作会议也进一步提出要充分发挥企业家的主观能动性。

新时期的工商业与人权关系，也面临发展困境与社会管理创新需求。创新需要人才，企业家是推动创新的关键和特殊人才。企业家总是在寻找变化，创新求变是其商业内核。有着英雄情结、冒险精神的企业家是一种重要的、稀缺的经济要素，他们敢于大胆想象，冒险创新，带领着以解决社会问题为己任的社会企业，迎难而上，是经济发展、社会进步的重要动力来源。

企业家的本质是什么？用熊彼特的话讲就是"创新，创造性破坏"。在商界每一个重大的技术突破，都是对原来技术的毁灭和替代。制度企业家的功能也是创新，他们的创新意味用新的价值观念替代原来的价值观念，新的行为方式替代旧的行为方式，新的是非观和新的善恶观代替旧的是非观和旧的善恶观，新的游戏规则代替旧的游戏规则。制度企业家要我们认同原来不认同的东西，或者不再认同我们原来认同的东西。② 企业家在制定战略和日常经营过程中，要借鉴世界各国和国际社会一切体现人类普遍价值的人权思想和经验，要更多地从人权的角度考虑调整企业制度，在良性互动中实现和谐发展的工商业与人权发展模式。

二、企业家精神主导制度创新

企业家精神是我国经济转型升级的不竭动力，是社会持续发展的重要推动力量，驱动着社会创造更多的就业机会，是制度变迁的源动力。企业家精神渗透于

---

① 《中共中央 国务院关于营造企业家健康成长环境 弘扬优秀企业家精神更好发挥企业家作用的意见》，载中华人民共和国中央人民政府官方网站，http：//www.gov.cn/zhengce/2017-09/25/content_5227473.htm，2021 年 4 月 19 日最后访问。

② 张维迎：《理念的力量》，西北大学出版社 2014 年版，第 33 页。

社会生活各个层面，不仅能通过日常经营积累经济财富，而且能够带动整个社会的变革，并通过承担社会责任来推动社会进步。

企业家在整个社会的制度创新中扮演着非常重要的角色。社会生活中无论是正式的政治制度、经济制度、法律制度，还是非正式的道德、信念、习俗及意识形态等，都历经了漫长的过程，是人们在长期的互动博弈中演化出来的准则和规范。企业家的思想和行为一方面内嵌在这些框架里，受其直接或间接地塑造、影响、调节；另一方面企业家在与社会制度互动过程中，会积极地通过创新变革社会的行事准则和制度逻辑。"现代中国企业家可能承认市场的个体行动逻辑（寻求利润），同时也接受儒家的义利之辨、天下责任。但是企业家又并非制度逻辑的被动接受者，他们往往通过企业创新和社会创新活动来延伸或重构这些制度逻辑。"①

人权是当今全世界企业面临的重要议题。目前我国工商业领域普遍的现象是企业"人权"责任意识较低，大部分企业没有足够的人才、专业知识和能力来通过人权责任意识影响管理，尤其很多民营企业并没有意识到我国政府和国际社会都已经对工商业履行尊重人权责任提出了更高、更明确的要求。随着大量中国企业"走出去"和国家"一带一路"倡议的推行，我国企业的投资经营行为面临着国际社会对工商业与人权责任问题日益重视的现实环境，如果不深入学习研究处理商业活动中的人权影响，将面临不可预计的口碑风险和经济利益损失，甚至有"走出去"的企业因为负面的人权事件而受到东道国和媒体的抵制和批评。

企业家精神是工商业与人权制度创新的重要动力，是推动改革进程的关键引擎。"企业家在分立的个人知识中扮演试错的角色，从而成为市场经济的积极参与者，帮助形成各种自发性的社会机制。虽然哈耶克关注的是宏观上人的自由与自发秩序，从企业家的角度看，拥有分立知识的企业家人数越多，越能实现更有效的知识运用，可以更好地维护人的尊严和自由。"② 积极进步的企业家精神驱使的企业行为，与企业所处的人类文明、社会精神进步的主流方向是高度一致

---

① 孙黎等：《企业家精神：基于制度和历史的比较视角》，载《外国经济与管理》2019年第9期，第8页。

② 孙黎等：《企业家精神：基于制度和历史的比较视角》，载《外国经济与管理》2019年第9期，第10页。

的，也唯有这种类型的企业才是符合时代精神具有长久生命力的。当数量越多的企业家开始朝着新的方向前进，社会就在前进。

经济和社会的发展都离不开创新，熊彼特认为"创造性破坏"是企业家精神的核心，如果没有创新就没有变动、生机和发展，是一种静止状态的"循环流转"。创新才能发生改变或变革，旧的均衡被打破时，新的潜在利益才会产生。如果没有制度质量的提升，经济社会就会空转，难有质的增长。能打破这种平衡的就是企业家精神。在社会制度的变迁里，企业家的创新精神是非常关键的，他们用新的想法变革旧的制度，用新的行为去改变旧的状态。我国工商业发展与人权保障困境，夹杂很多历史因素，不是能一蹴而就解决的。但是"停顿和维持"没有出路，越是难打破的现状，越是集中了更多的民意期待，越应拿出更大的勇气和智慧，坚决推进革新。新的时代要求我国企业家更加重视人的尊严和权利，不仅要在海外投资中重视人权原则的重要性，在国内经营中也要进一步补齐人权管理短板，学习研究人权标准，建立与相关人权组织的联系，建设完善公司内部的人权管理体系，从而更好地提升我国工商业人权表现。

改革开放以来，我国政府优化市场竞争环境，各类市场主体蓬勃成长，一大批优秀企业家在市场竞争中涌现出来。宽松开放的经济社会环境，培育和壮大了我国企业家队伍，充分调动了各个行业企业家的积极性、主动性、创造性，引领和激发了全社会创新创业创造活力，为我国经济持续、科学、快速发展作出了重要贡献。在此过程中，企业家的社会角色被赋予了新的时代内容——做创新发展的探索者、组织者、引领者，勇于推动经济组织和社会生活的制度进步。泰康集团董事长陈东升说："中国经过这40年的高速成长，跑马圈地的时代、野蛮生长的时代过去了，今天中国经济完全进入一个效率驱动、创新驱动的时代。企业家是市场经济中配置社会生产要素的最核心力量，真正的市场化的企业、真正具有企业家精神的企业会适应这样一个时机，也就是真正的企业家的时代到来了。"①

三、新时代对企业家精神的培育

党的十九大报告提出：激发和保护企业家精神，鼓励更多社会主体投身创

---

① 陈东升：《改革开放与中国企业家成长的四个浪潮》，载《21世纪经济报道》，2018年3月13日。

新。我国市场经济还没有高度成熟，市场机制功能尚不完全，各种体制在我国属于非均衡发展，即使是取得瞩目成就的工商业领域，行业内各种调节和保障制度也还处于不断地推陈出新、新旧结合的状态。放眼全国，尊重企业家、培育企业家精神的政策环境、社会氛围也依然处于发育的阶段，局部不甚规范，总体不成气候，政府意识和法治环境也亟待提升。

过去几十年的大变革里，我国市场化的改革未能完全同步，可能在部分领域首先突破，其他领域尚待发力，市场体系和社会保障的完善程度也处于某种中间状态。在工商业中，关于人权保障的意识还不充分、制度还不完善。部分企业尤其是很多民营企业，从小环境来说，它们中大多数都很年轻，在改革开放后20世纪八九十年代创办，企业家和管理层并没有受过现代企业管理知识的洗礼；在大环境方面，改革开放后中国的经济增长和社会发展，也都没有更多的思想启蒙运动。囿于当时经济底子薄，相关制度不完备，市场经济就是完全的自由竞争，几乎成了社会的共识。由于没有精神和规则上的约束，粗放的发展模式下难免认同过度强调竞争的丛林法则，企业里和谐共处、公正平等、尊重人权的氛围远未形成。甚至有的企业家独断专行，热衷于施展权力，崇拜狼性管理法则，人性化程度不够，与国家"增强全社会尊重和保障人权意识"的倡导相去甚远。

这是由我国国情的特殊复杂性和客观历史条件的局限性决定的。中国在几十年前还是个极为贫穷的国家，经济条件差，人民生活水平低，发展是当务之急。随着"八零后""九零后"成为社会就业的主力军，他们的观念意识相比父辈发生了很大改变。新一代年轻人在相对富裕的物质环境中成长，几乎没有贫穷体验，再加上互联网的普及，他们的个人素质、人权观念、意识形态逐渐变化，争取权利的意识较上一代更为强烈、清晰。新时代呼唤新担当，新要求需要新作为。在国际上，大企业快速隆起的影响力，让各国政府都开始重新审视其在人权保护和履行社会责任方面的角色；在国内，政府、学界和行业协会都在积极探讨推动改善人权的措施与路径，并通过丰富的实践取得了重要的成绩。

在这个不断创造美好生活的社会主义新时代，作为主导力量的企业家，从社会角度来说，要敢于下深水、涉险滩，准确判断当前的社会经济运行形态，及时跟进人权发展的潮流趋势，勇于破藩篱、扫障碍，在政府指导下全力推进人权领域的改革和改善。从企业内部角度来说，要以人为本，经营理念要基于对人的认识，重构尊重和信任的企业制度，使员工在被充分尊重的环境里中实现自身的存在价值；保障员工权利，人性化处理企业内部矛盾，让员工感受到个体的安全感、公平感和价值感；加强建设企业文化，让企业价值观符合个体的价值标准，让员工感受到关心和支持，提升心理的认同和归属感；使员工更多地参与社会活动，履行社会责任。

第二节　企业家的创新精神：工商业与人权协同发展的核心

一、培育企业家精神的战略背景：创新驱动

开放之后我国获得了 40 年持续的经济增长，创造了举世瞩目的发展奇迹。年均两位数的增长率带来了亮丽的经济数据，彰显了中国在世界经济版图中越来越重要的地位。在此过程中我国科技资源加快汇聚、持续投入，一些酝酿多年的改革频频破题，科技创新实力显著增强，初步建成了国家创新体系雏形，正在向创新型国家前列和世界科技强国目标稳步迈进。

创新是引领发展的第一动力，创新驱动发展战略是我国按照高质量发展的要求，推动经济转型升级、持续健康发展，全面建设富强民主文明和谐的社会主义现代化国家的重大战略。为了实现这一战略目标，迫切需要加强国家创新体系转型、建设，探索新的治理思路。2016 年 5 月，中共中央、国务院印发《国家创新驱动发展战略纲要》，指出："创新驱动是国家命运所系。创新驱动就是创新成为引领发展的第一动力，科技创新与制度创新、管理创新、商业模式创新、业态创新和文化创新相结合，推动发展方式向依靠持续的知识积累、技术进步和劳动力素质提升转变。"[①]

企业作为创新生态系统中的核心主体，是创新活动的引导者、促进者，是创新成果的受益者和分配者，在创新生态中与其他主体进行有效互动、协同、整合、演化，不同的创新型企业在竞争中合作，共生中发展。《国务院关于印发

---

① 《国家创新驱动发展战略纲要》，载新华社网站，2016 年 5 月 19 日，http：//www. xinhuanet. com/politics/2016-05/19/c_1118898033. htm，2021 年 4 月 19 日最后访问。

"十三五"国家科技创新规划的通知》（下称《通知》）中明确指出：要强化企业创新主体地位和主导作用。深入实施国家技术创新工程，加快建设以企业为主体的技术创新体系。以全面提升企业创新能力为核心，引导各类创新要素向企业集聚，不断增强企业创新动力、创新活力、创新实力，使创新转化为实实在在的产业活动，形成创新型领军企业"顶天立地"、科技型中小微企业"铺天盖地"的发展格局。①

发展是一种进步，不仅包含数值上的变大、方向上的前进和上升，而且包含价值意蕴，是社会和个人的精神状态由旧到新、由初级到高级的演变过程。生命的终极目的不仅仅是谋取食物，国家发展的终极目的是实现好、维护好、发展好最广大人民群众的根本利益，增进人民福祉。《通知》中还指出：坚持把科技为民作为根本宗旨。紧紧围绕人民切身利益和紧迫需求，把科技创新与改善民生福祉相结合，发挥科技创新在提高人民生活水平、增强全民科学文化素质和健康素质、促进高质量就业创业、扶贫脱贫、建设资源节约型环境友好型社会中的重要作用，让更多创新成果由人民共享，提升民众获得感。②

创新要以企业为主体、以企业家为核心行动者。政策要重视企业家作用，正确发挥企业家精神，鼓励企业家培育企业的核心竞争能力，促进全社会的创新动能支撑。随着城市化发展，农民向城市转移，我国劳动人口主体从农民逐渐转变为工商业从业者，这种转换不是简单的职业切换，而是波及全社会的一种过程和状态，其间伴随着职业意识、生产方式、行为准则和生活方式的变化，就业人员的多样化和流动性在持续增加。微观上，这些从业者置身其间要随时根据内外因素的变化而不断调整和改进自己的态度和行为，宏观上工商业对不适应、不适合甚至违背新发展理念的认识要立即调整和修正，新时代人权发展理念必须是时代精神、实践理性和价值取向的直接反映，要坚持以人的全

---

① 《国务院关于印发"十三五"国家科技创新规划的通知》，载中国政府网，2016 年 8 月 8 日，http：//www.gov.cn/zhengce/content/2016-08/08/content_5098072.htm，2021 年 4 月 19 日最后访问。

② 《国务院关于印发"十三五"国家科技创新规划的通知》载中国政府网，2016 年 8 月 8 日，http：//www.gov.cn/zhengce/content/2016-08/08/content_5098072.htm，2021 年 4 月 19 日最后访问。

面发展为价值取向。

高质量发展不仅是一种物质现实，而且是一种精神状态；既是经济的晴雨表，更是人心的晴雨表。经济富裕，要和人民尊严、社会公平、权利保障彼此共振、相互关切。只有"形""神"兼备社会的发展才有外在的高质量和内在的高品质。美好社会不是自发形成的，其只有在所有内在个体的共同努力下才能不断地得以塑造和改进。围绕工商业与人权关系中存在的突出矛盾和重要短板，要敢于向顽瘴痼疾开刀，突破制度固化藩篱，不断提高工商业人权保障水平，满足人民对包括物质文化生活在内的民主、法治、公平、正义、安全、环境等方面美好生活的需要。

在"构建创新型国家"的伟大战略背景下，目前我国的创新企业和创新产品已具有一定的竞争优势。但我国工商业自主创新能力依然薄弱，自主开发尤其是核心领域和关键技术的研发实力仍然不强，缺乏可持续性创新。虽然国家多项政策已经明确企业是创新的主体，对创新进行了全局谋划和系统部署，但实际执行情况还有距离。"企业技术创新主体地位没有真正确立。"这是 2012 年党中央、国务院在全国科技创新大会上《关于深化科技体制改革加快国家创新体系建设的意见》中提出的判断。2013 年，《国务院办公厅关于强化企业技术创新主体地位全面提升企业创新能力的意见》的判断是："企业尚未真正成为创新决策、研发投入、科研组织和成果应用的主体。"[1]

很长一段时间内，我国是政府替代企业成为创新的主体。"从创新的资源来源看，我国企业 70% 的研发费用来自政府。在我国的 28000 多家大中型企业中，仅有 25% 的企业拥有自己的研发机构，其中不少还是政府部门'指定'挂牌的，75% 的企业没有专职的研发人员。在西方主要工业国，公司用于研发的费用往往占利润的 3% 以上，苹果公司甚至达到 8%~10%，而中国公司的平均值是 1%。美国 80% 的工程师和科学家在企业，我国只有 20% 多一点的工程师和科学家在企业。"[2]

---

[1] 郭铁成：《企业应该成为技术创新的主体》，载《决策与信息》2015 年第 8 期，第 23 页。

[2] 卢现祥：《创新主体：政府还是企业》，载《光明日报（理论周刊·经济学）》，2015 年 3 月 25 日。

当然，这并不意味着政府在社会创新活动中并不重要，它是支撑企业创新的底层力量。苹果公司被普遍认为是企业创新的最佳典范，它通过将消费重点从电脑端转移到移动设备，颠覆了通信和整个娱乐行业。但是，英国苏塞克斯大学的 Mariana Mazzucato 在她的书《创业国家》中认为，这个创新故事中缺少一些不为人知的东西。史蒂夫·乔布斯无疑是一位既懂工程又懂设计的天才，苹果公司也有充满活力的创新土壤。但是，如果没有国家的积极作用，苹果的成功是不可能的。政府是当今消费电子革命的默默无闻的幕后英雄。

作者详细分析了苹果被应用于智能手机的技术，绝大部分都离不开政府的功劳。如军队是互联网、GPS 定位和语音虚拟助手的技术先驱，政府为硅谷提供了大部分早期资金，公共资助的大学和实验室的科学家开发了触摸屏和 HTML 语言，甚至苹果上市前资金短缺时从一家政府机构顺利借到了 50 万美元。同样，谷歌的搜索算法是其财富的源泉，其产生是由美国国家科学基金会的拨款资助的。至于强生、辉瑞、默沙东、吉利德、艾伯维等众多制药公司，它们更是国家资助研究的直接受益者。美国国家卫生研究院的年度预算超过 300 亿美元，政府为许多最具革命性的新药研发提供资金。经济学家早已达成共识，国家在促进创新方面发挥着基础作用。[1]

中国发展进入新时代，时代要求我们要从追赶迈入前沿，从要素驱动转为创新驱动。我国社会结构已经发生变化，市场需求逐渐向着高端不断升级，企业家要随时而变，适应时代要求。企业家要在政府创新政策指导下，时刻把握社会运行的重大态势，了解科技和产业环境的方向，掌握社会消费和行业最新变化信息，紧跟研发创新的最新趋向，及时发现机会，通过创新创造出更高的经济价值、社会价值和用户价值。

二、企业家精神是社会创新的引擎

创新是我国实现高质量发展、实现人民美好生活的必由之路。只有培育和激发企业家精神，使之与社会制度、经济增长形成良性循环，将制度、技术创新、

---

[1]　Mariana Mazzucato, The Entrepreneurial State: Debunking Public vs. Private Sector Myths, Penguin, pp. 189-200, 2018.

产业之间相互协调合作起来，才能够增进社会整体福利水平，推动经济高质量发展。对驱动经济增长、增进社会福利，企业家精神具有主体意义的决定性。尼尔森和温特的"经济演化理论"认为企业家精神是推动组织变革的动力，在技术创新、制度创新和产业演化过程中扮演极其重要的角色，是优化社会资源配置、开拓新的生产方式和新的组织不可或缺的要素。

持续性的创新是企业获得长期稳定的竞争优势的基础和来源，通过企业家的不断创新，自我更新、超越，以新优势迭代旧优势，才能实现可持续增长。如果没有企业家，社会就没有新增的财富、就业和税收、保障能力、慈善事业。企业家区别于普通民众的重要特征，首先是他们勇于创新和冒险的胆魄，敏锐发现新的机会，充满英雄主义情怀和执着追求的精神理念，也就是企业家精神。在这种精神的驱动下，企业家不仅带领自己企业的创新发展，对核心资源进行最优化、可行的调度和配置，而且对产业和社会的制度发展同样起着引领作用，使社会不断进步以适应激烈的环境变化与技术变革，是推动社会改革进程的引擎。是否具有企业家精神，不仅决定了企业能否长期成长，拥有持久的竞争优势，而且在一定程度上影响了社会进步和长足发展的空间和速度。

创新动力蕴藏在企业家精神内核里，创新精神能够将知识、技术集中到代表先进生产力水平的行业，在经济功能上促进社会人力资源的合理配置，带动提高全社会的劳动生产率，快速增加社会财富。人力资本及其组织方式是一种具有经济价值的生产能力，是生产率增长和竞争优势的重要来源，具备企业家精神的企业家群体作为社会最高层次的人力资源越来越成为推动经济社会发展的战略性资源。在大力推进大众创业、万众创新的形势背景下，企业家精神更容易转化成全体员工的职业取向，从而有效促进员工职业发展、改善员工职业行为，使企业家精神通过企业文化的缔造逐渐融入企业精神之中，对企业未来发展发挥引领式的作用。2020年7月21日，习近平总书记在企业家座谈会上的讲话中对企业家提出希望："希望大家勇于创新。创新是引领发展的第一动力。企业家创新活动是推动企业创新发展的关键。……创新就要敢于承担风险。敢为天下先是战胜风险挑战、实现高质量发展特别需要弘扬的品质。企业家要做创新发展的探索者、组织者、引领者，勇于推动生产组织创新、技术创新、市场创新，重视技术研发和人力资本投入，有效调动员工创造力，努力把企业打造成为强大的创新主体。"①企业家精神，不仅仅对内部员工有重要影响，使组织成员积极进取、创新思考，通过对员工的福利激励，提高全要素生产率；而且还拓展延伸至外层，甚至影响到企业组织所处的社会系统中各个组织和行为个体，优化全社会的劳动力、资本、技术、管理、制度、理念等要素配置和共生耦合。

企业家精神和社会制度互为因果。一方面，良好的制度环境有利于激发企业家精神更多地配置于创新、创业等生产性活动，对企业家精神的培育和长期经济增长具有重要意义；另一方面，企业家精神配置也影响着制度安排，通过不断打破旧平衡和创造新平衡，不断创造新目标和新知识，促使现有制度不断地调整和优化。②

一个很好的例子是 20 世纪 70 年代末美国的技术衰落。当时日本工业崛起重创匹兹堡的钢铁业，底特律在日本汽车面前不断丧失市场份额，并且日本在电子计算机、工业机器人、原子能、数控机床、通信设备、软件编程等高精尖技术领域对硅谷发动了全面挑战，且取得了一定的竞争优势。但仅仅十年之后，情况变得大相径庭。日本工业开始陷入衰退，苏联在竞争中认输，欧洲各国也开始在美国大举投资。美国逆转局面的关键在于，1980 年美国颁布了最鼓励创新的《拜杜法案》，直接导致整个美国出现了前所未有的技术创新潮。

《拜杜法案》由国会参议员 Birch Bayh 和 Robert Dole 提出，其历史意义在于把创新的主导者由以前的科学家变成了企业家。在法案之前，政府机构支持的研究成果完全属于联邦政府。如果不与政府部门进行烦琐的谈判，没有人可以利用这些科技成果。更糟糕的是，美国企业发现几乎不可能从政府获得专利的独家授权。如果不是独家，很少有公司愿意再大举投资，将实验室的原始研究转化为大规模投放市场的产品。其结果是，美国大学、医院、国家实验室和非营利机构的发明和重大发现被闲置在档案架上。在 1980 年美国政府拥有的 28000 项专利中，

---

① 《习近平：在企业家座谈会上的讲话》，载新华网，2020 年 7 月 21 日，http：//www. xinhuanet. com/politics/leaders/2020-07/21/c_1126267575. htm，2022 年 6 月 15 日最后访问。

② 张海丰、杨虎涛：《制度、企业家精神与长期经济增长》，载《学习与实践》2015 年第 5 期，第 12 页。

只有不到 5% 的专利授权给了工商界。

《拜杜法案》一举完成了两件大事，首先它将一项发明或发现的所有权从赞助研究费用的政府机构转移到进行实际研究的学术机构，此外，它还确保了相关研究人员能够在经济利益分配中分得一杯羹。创新主体从教授变成了企业家，这就解锁了实验室中的所有发明和创新发现。一夜之间，美国大学成了创新的温床，创业的教授们把他们的发明带出校园，成立了自己的公司。自 1980 年之后的 10 年，美国大学创造的专利增加了 10 倍，有 2200 多家公司利用他们的实验室进行研究，在此过程中创造了 26 万个工作岗位，每年为美国经济贡献 400 亿美元的经济效益。

即使在今天，该法案对我国深化企业家主导的创新活动也有重要的借鉴意义。2016 年 2 月，李克强总理在国务院常务会议上说："美国搞过一个《拜杜法案》，这对美国的创新发展起到了很大的撬动作用。像这样的国际经验还要好好研究。"①

企业家要不断强化成长导向的企业家精神，为企业设置宏远目标并持续推进产品创新、技术创新、商业模式创新、管理创新，为企业的长期健康成长培育创新能力，注入竞争优势。还要培育进取精神，构建伟大愿景，继承发扬伟大奋斗精神、伟大梦想精神，敢闯敢试、敢为天下先、敢于承担风险，充满激情和信念，克服资本、市场、技术、人才等现实困难，弘扬了以改革创新为核心的时代精神。企业家还应以高度的社会责任感，勇于承担义务，关照各方利益，积极保护环境、促进公益事业发展、回报社会。推动改善工商业员工保障机制和人权环境，创新全社会员工激励保障政策措施，构建良好的员工成长生态，为社会带来积极的改变，成为整个社会创新的引擎。

三、创新是人权发展的动力与生命力

创新是为了发展，发展是为了人。以人为本的科学发展观就是要明确发展依

---

①　李克强：《科技创新要面向"双创"在"顶天立地"上下功夫》，载中央政府门户网站，2016 年 2 月 18 日，http：//www.gov.cn/xinwen/2016-02/18/content_5043447.htm，2021 年 5 月 10 日最后访问。

靠谁、发展为了谁的问题。"我们确信，迫切需要在国家和国际层面上营造一种有益于实现充分的生产性就业以及所有人获得体面的劳动环境来作为一种可持续发展的基础。使男人和妇女在自由、公平、享有保障和人类尊严的条件下获得生产性的工作机会，对于消除饥饿和贫穷、改善所有人的经济和社会福利、实现所有国家的持续经济增长和可持续发展，以及实现一种充分包容性的和公平的全球化，都是头等重要的。"① 只有在创新带来的工商业财富增加和社会制度环境进步的基础上，国家才具备加强社会保障、扩大就业和促进体面劳动的能力。

创新是引领发展的第一动力，创新也是引领当代中国人权理论发展的第一动力。② 过去，我国通过借鉴国际人权发展的优秀成果，一次又一次地创新了人权发展理念，探索了建设实施路径，在社会生活的各个方面都较好地落实完善了人权发展新理念。在新时期，为了实现工商业与人权更好地协同发展，我们同样需要持续地更新迭代我们在工商业领域的人权理念和相关制度安排，这是改革的应有之义，也是新的经济时代下的新要求。"人权没有最好，只有更好。"我国现代工商业起步晚，地区发展不平衡和企业创新能力不充分的问题依然存在，尤其部分民营企业在员工权利保障方面还有不少短板，员工在劳动保护、劳资纠纷、医疗养老、工作环境、就业歧视等方面还有更多的期盼，工商业人权保障法治化水平仍需进一步提高。唯有不断创新，企业和员工的各项权利才能得到更加完善和更高水平的保障。

（一）意识创新：迭代企业家对人权关系的认知

意识形态是由以物质生产为基础的社会存在所派生的，是对世界的看法、期望、价值及假设的总和，并随着社会经济形态和政治变化而变化，在一定条件下还会转化为物质力量反作用于社会存在，影响历史发展和社会形态的更替。诺贝尔经济学奖得主道格拉斯·C. 诺思（Douglass C. North）把意识形态引入制度变

---

① 联合国经济与社会理事会：《关于在国家和国际层面上创造有益于为所有人创造充分的生产性就业和体面工作及其对可持续发展的影响》，2006 年 7 月，第 1 段。
② 陈佑武：《新发展理念引领中国人权理论的新发展》，载《人权》2016 年第 3 期，第 8 页。

迁分析，他认为："人们的行事准则、行为规范以及惯例等，无论是在长期，还是在短期，都会在社会演化中对行为人的选择集合产生重要影响，在制度的渐进演化方面起着重要作用，这些微小变化在整体上构成了根本性的制度变迁。"①

改革开放史，就是不断解放思想、打破观念意识禁锢的过程，通过意识的变化带动制度的变迁。社会发展的快慢，很大程度取决于观念意识能否快速转变，能否大刀阔斧地改革。从各个历史时期来看，经济和社会治理的落后首要原因往往是意识的落后。社会治理是动态的长期的过程，旧的问题解决了，新的问题又会产生，制度需要不断修正和更新，从事实践活动的社会主体的思想意识也需要随着环境的变化不断迭代。

诺思认为推动制度变迁的力量有两种，一种是由微观的个人或者团体自发倡导组织的"自下而上"的制度变迁，一种是由政府以政策、法律和命令等形式强制实行的"自上而下"的制度变迁。在我国从计划经济向市场经济体制转变的社会转型期，由于历史客观原因和现实性约束条件，政府在公共政策的制定过程中占据绝对主导地位。在社会生活和政治活动中，我们更习惯依赖集体性机制，制度转换与社会变革中自生自发的自组织机制发展尚不充分。

中国转型最突出的特征就是一个具有强大制度供给和秩序治理能力的"强政府"对转型进行有力的调控，实行一种"自上而下"的自觉强制的定向发展战略，执政党和政府作为有组织的领导力量在推动社会变革与转型过程中起着支配作用。② 这种机制优势在于能够为社会转型提供一个"一致性、连续性、稳定性"的政治秩序，但是随着我国发展进入新的历史时期，以企业家群体为代表的"自下而上"的制度改革模式也应被更多地重视起来。

2009 年 12 月 18 日，浙江企业家吴英因"非法集资"被判处死刑，引发中国企业界、法律界和社会舆论的强烈反响，经济学家、企业家、法学家纷纷发声，新华社、中新网等媒体积极跟进报道，一个企业家的刑事案件演变为关于民间融资制度、法治的大讨论。《21 世纪经济报道》发表评论："江浙地区的民间

① ［美］道格拉斯·C. 诺思：《制度、制度变迁与经济绩效》，格致出版社 2008 年版，第 45 页。

② 刘燕、万欣荣、李典娜：《社会转型的"制度陷阱"与中国选择》，载《上海财经大学学报》2011 年第 4 期，第 14 页。

金融是非常重要的制度。在这里，民间金融家继承了很多传统的制度，同时也创新了一些制度，为迫切需要资金的工业、商业企业家提供资金和服务。如果政府确实期待中国出现健全的市场秩序，那么，就应当以肯定的态度看待民间企业家自发创造出来的种种制度。对于类似吴英这样已经局部形成了民间市场秩序，政府完全可以创造一种宽松环境，让这种秩序向外扩展。强硬地以强制性权力介入民间金融市场，到头来恐怕只是扰乱这个自发形成的、本来有秩序的市场，诱导更多机会主义。"① 2018 年 3 月 23 日，吴英的刑罚由无期徒刑减为有期徒刑 25 年。

这些事件说明，企业家有创新制度的自由，对于企业家的制度创新，地方政府不应简单地否认或者打压，政府部门要尊重和承认市场自发地改变某些不合理制度的权利。"组织及其企业家是制度变迁的主角，他们通过学习和有目的的活动，型塑了制度变迁的方向。"② 面对复杂的内外部环境，企业家也要提高认知，迭代意识，自发性推动制度变迁，对工商业和国家长久保持竞争优势都有重要意义。

从工商业与人权协同发展的角度来说，企业家的意识创新，重点不止于创新经营方面的战略决策或感知市场，更多指的是企业家要革新、迭代、演化工商业活动中的人权认知，在生产经营中尊重人权，以人权为目的发展。企业家的意识创新要体现在创新人权思维、创新人性化管理方式和改变对企业人权的重视程度，要为了解决新出现的、不寻常的或尚未解决的工商业发展与人权需求的矛盾，开展一系列有创造性的解决方案和行为活动。

可持续企业的发展目标不是追逐利润，而是有着多方面更综合的考量。传统观点将企业狭义地定义为仅以短期经济价值最大化为核心的投入与产出的直线关系。然而，可持续性企业发展的综合性方法则采取更全面和长远的观点。可持续性发展社会层面的典型特征包括"通过增强社会稳定、安全和公正，坚定不移地促进社会融合，并以促进和保护所有人权、非歧视与宽容、尊重多样性、机会平

---

① 秋风：《请给民间金融制度生长的空间》，载搜狐财经网，2010 年 1 月 6 日，https：//business. sohu. com/20100106/n269425573. shtml，2022 年 2 月 5 日最后访问。

② ［美］道格拉斯·C. 诺思：《制度、制度变迁与经济绩效》，格致出版社 2008 年版，第 73 页。

等、安全与全民参与（包括劣势群体、脆弱群体及个人）为基础。"①

尊重和保障人权，不仅是新时代工商业的内在要求，也是经济实现要素驱动转为创新驱动的必要条件。创新比拼的不是人海战术，而是头脑中的智慧，要落实在各行业的创新型人才身上。而这一群体对自由、公正、安全和有尊严的工作条件有着更高的诉求。企业家的人权理念，在企业内部能够传递出一种人性化的讯息，有助于全员形成某种共识和良性互动，这样才能激发员工的担当精神和创新热情，在高度认同企业价值观的基础上，才有更多意愿和主动性去发现新业务、研发新技术或者开发新产品，协同创造更大的企业价值。工商业中的人权保障，关乎万千个劳动者个体的幸福程度，经济发展的新时代，也是人权发展的新时代。

企业家要增强意识，企业不仅要追求经营成功，还要做可持续企业，使工商业劳动者的各项权利实现和保障的程度同步提高。在日益加剧的竞争环境中，企业的成功不能再单纯靠数据来衡量。可持续企业将是那些同时也追求诸如客户满意度、优化企业内部工作关系、具有创新性的和灵活的组织结构等要素的企业。良好的企业工作环境应当包括：体面的生活标准和经济保障、尊重雇员的领导人、安全卫生的工作环境、雇主和雇员的相互信任、参与决策、决策公开的文化、鼓励主动性和创造性、所有层次的支持性监督、使用和发展技能的机会、工作和生活的平衡。②

（二）技术创新：工商业人权发展的物质基础

一个经济体要想取得长久持续发展，其重要基础是人权保障。人权保障的基础并不是法律，法律不过是保障和实现人权的一种手段。人权更高程度的认可和实现，必须以成熟的社会条件和一定程度的物质财富为基础。只有满足了最低生活保障，消除了贫穷和物质匮乏，人权才有实质意义，这也是为什么人权议题往往在富裕国家更容易得到重视。人权体系的实现依赖丰富的物质环境，某种程度

---

① 《哥本哈根共识——社会发展世界峰会主要承诺概述》，哥本哈根，承诺四，1995 年。
② 国际劳工局：《国际劳工大会第 96 届会议报告六：促进可持续性企业》，2007 年，第 153 页。

上也是对世界财富和社会资源的再分配。

意识创新解决的是如何分蛋糕的问题，技术创新解决的是如何把蛋糕做大的问题，技术创新是工商业和人权发展的物质基础，没有物质财富的生产和供给，人权的实现将非常困难，特别是给社会弱势群体以物质保障和经济支持。"科学技术的发展为人权的实现，为生存权、文化教育、健康卫生权以及政治权、经济权、民族权利等提供了扎实的物质基础。如果科学技术不上去，生产力落后，虽然有先进的社会制度，但是由于物质产品不丰富，人权的实施就会碰到许多困难，美好的愿望就无法实现。"①

存量蛋糕固定的情况下，内卷会进一步加剧竞争，竞争过度再度内卷，容易造成饱和式竞争下的生产力和"大蛋糕"不增反降的恶性循环。避免内卷的唯一出路是通过技术创新做大蛋糕，让更多人去做蛋糕而不是分配蛋糕；在新技术推动下，让更多新行业、新经济领域能够成为蛋糕。如今全球正处在新科技革命的前夜，新一轮信息革命带来产业技术路线的重大时代转型。随着我国经济发展进入新常态，如何在新一轮科技革命所带来的时代命题之下谋求新发展，适应、把握、引领经济发展新常态，关键是要靠科技创新力量。

经济发展初期阶段，需要依靠大量的政府直接投资、劳动力廉价充足、政府开明政策开放。"当然过去也有创新，但只是模仿型的创新，也就是把外国的技术拿来在中国市场上发财。但模仿的空间也越来越小，后发优势慢慢在消失，所以中国下一步增长的关键是中国企业家。"② 如今我国已进入高质量发展阶段，如何最大限度解放和发挥科技创新作为第一动力所蕴藏的巨大潜能，提升资源配置效率，推动中低端产业升级换代，催生新的经济形态，是社会赋予所有企业家的时代责任。创新已经成为各个民族和国家竞争的新领域，谁能够在创新上领先一步，谁就能占领先机、赢得优势，拥有引领发展的主导权。

"创新是什么？是有一种想法，这种想法大部分人没看到，但你能够把它变成市场可接受的产品或者服务，这时候你对经济的增长做出了贡献，自己也从中

---

① 孔幼真：《论科学技术进步对人权发展的影响》，载《政治与法律》1995 年第 6 期，第 25 页。

② 张维迎：《理念的力量》，西北大学出版社 2014 年版，第 112 页。

赚了钱。今天经济增长依靠的很多产品，三十年前没有人想到。同样，未来三十年，国家经济增长的主要产业和行业现在大家都想不到，这就是企业家要想象的。一百年前那个时代已经有了汽车，但汽车是富贵人家、有钱人使用的产品，没有人想到普通人应该用汽车，但亨利·福特想到普通人应该用汽车，所以创造了自动化装备线，生产了 T 型车。四十年前，比尔·盖茨要制造软件，认为这个软件未来每个人都会用时，很少有人会想到它。十年之后的经济增长点大部分人现在不知道，这就是我们需要企业家的原因。"①

企业家是创新活动的人格化，技术创新是其创新活动最典型特征，也是最直接和最集中的表现。技术创新是一个从投入产出的开放系统和复杂的动态转换过程，是一个将科技与资源、环境、人权等调试匹配，与经济各个发展要素相互融合渗透的过程。企业家的技术创新将新工艺条件、新生产方式、新材料新流程等生产要素引入经济生产过程中，贯穿从用户需求、产品设计，到生产制造、销售应用等整个周期，从理念落地到市场。在此过程中，创新对企业的内外部资源进行优化重组，改善了各要素间的有机耦合，提高了投入产出率或产量增加值，从而将企业生产函数向上移动，激发经济绩效增长的质量效应。

技术创新是科技进步与市场应用的结合，其中聪慧且有远见的企业家发挥了主导作用。他们通过"创造性破坏"，促使社会进行外延扩大再生产，以智能工厂、智能制造为代表的生产水平不断提升，一方面促进了产业升级、效益增加；另一方面保障了就业规模不断扩大，就业质量和工作环境持续改善，为个体的权利保障扩展出更大的空间。

技术创新的微观效率提升能够带动宏观效率改变，从而提高全社会的福利水平和保障能力。企业家以自己的创新力和统帅力锐意变革生产技术，使得微观效率提高并在产业内普及。宏观效率是微观效率的延伸和再加强，随微观效率的改进而提升，宏观微观之间会形成良性反馈机制，推动质量变革、效率变革、动力变革，最终全社会生产技术和生产效率都得到增长，社会总产出显著增加，人均可分配资源的数额上限提高，增长效应不断得到释放。国民收入总量愈大，社会福利供给就愈大，从而改善了全社会所能提供的整体福利水平和保障能力，提高

---

① 张维迎：《理念的力量》，西北大学出版社 2014 年版，第 113 页。

人民生活幸福程度。

企业家的技术创新还能带动社会创新。技术创新是提升增长质量的关键变量，能够带来知识溢出效应，向外传导扩散至其他行业和其他地区，促进新知识在不同群体之间的价值创造、信息共享和集体学习效应，构建出社会各阶层、各领域共享新技术红利的制度体系，通过企业家率先发力、全社会渐成合力，共同构成我国万众创新、高质量发展的强劲引擎。

（三）制度创新：保证人权保障的规范运行

从企业来看，在获取和利用各种信息源的过程中，企业家占据着主导核心地位，其个体意志引领着企业的整体认知和变革计划；从社会来看，企业家群体属于能够代表整体社会意志表达的智慧阶层，很大程度上是公共舆论和群体意志的载体，企业家精神体现了在社会转型期整个社会群体的共识和价值观念追求。因此企业家带头探索工商业制度创新，有利于更好实现人权保护，并成为工商业共同遵循的行为规范和价值标准。

2016 年中国经济学奖得主许成钢教授认为："世界上所有能快速发展的发展中国家，创新的首位一定是制度，而不是技术。尤其是对于像中国这样的发展中国家、转轨国家、历经改革的国家，最重要的创新是制度创新。中国改革的前30 年里，其中最大的部分是制度改革，或制度创新。"①

良好的制度本就是一步步创新的产物，它最大的价值在于能够激发人们的归属感、积极性和创造性。企业的竞争力与活力，乃至生存，越来越取决于有能力确保员工主动积极、技能熟练和具有献身精神。相互信任和相互尊重的精神，无歧视和良好的劳资关系，是进步的工作场所营造的最好的工作环境。证据显示，员工的积极性来源于许多不同的方面，而营造一个积极的工作环境，不仅增强了士气，而且激发了生产力和竞争力。恰当的工作场所实践，特别是包括与职业安全和卫生相关的工作条件，以及良好的劳资关系和人力资源开发政策，对促进可

---

① 许成钢：《相比技术创新，制度创新对中国更重要》，载许成钢新浪财经专栏，2017年 6 月 13 日，https：//finance. sina. cn/zl/2017-06-13/zl-ifyfzfyz3620659. d. html？from = wap，2021 年 5 月 19 日最后访问。

持续性企业至关重要。①

随着人口结构和社会的不断演变，人们的生活方式和行为态度发生了巨大变化。流动性日益增加的劳动力市场和持续出现的新经济形态，进一步推动工商业制度需求向多样化发展。经济发展是为了改善国民生活水平，提高人民的幸福感和获得感；制度设计是为了加强社会保障、改善社会福利、稳定社会秩序，这是建成社会主义现代化国家的必然要求。

制度创新能够保障和提升人权保护的规范性和稳定性，有效调节不同利益立场之间矛盾，降低社会风险，减轻和消除内部矛盾等不确定性因素对企业运行造成的冲击，改善组织和社会整体的满意度，提升工商业的运行效率和经济增长质量。这就要求企业家重新思考人权保护和社会保障制度体系，不断优化创新工商业制度，提供平等就业机会和安全健康的工作条件，公正地对待员工，维护员工人权，尊重个体的学习环境，尊重其人格尊严，最终达到公平而体面的工作条件和就业环境。

制度创新能够重塑工商业发展架构和治理架构，构建更具有平等协商性和自由选择性的管理模式，修正现有模式下的不足之处并施加制度约束，为新形势下的新挑战提供新的解决思路。在培育新产业、新业态、新模式过程中，企业家应通过新的制度设计，倡导人性化、多元化的管理文化，以更加尊重和诚实的态度对待业务合作伙伴、客户、竞争对手和同业，履行对社会的责任，提供的产品应符合环境标准要求，约束工商业个体非理性和不道德行为，消除和抑制负反馈效应，营造一个更加吸引多元化人才队伍的工商业环境，打造优秀制度范式。

第三节　企业家的诚信精神：工商业与人权协同发展的前提

一、工商业诚信的主体是企业家诚信

诚信是所有道德品质的基础，是个人为人、企业立业、社会建设之根本。孔子曰：民无信不立。筑牢诚信之基石，关涉人类社会发展和人权实践进步。

---

① 国际劳工局：《国际劳工大会第 96 届会议报告六：促进可持续性企业》，2007 年。

纵观各历史时期工商业发展过程中人权的进步，无不深深根植于发达的商业文明，宽松有序的营商环境；无不依赖积极向上的社会秩序和道德积淀，将有责任感、道德感的制度规范，变为企业和个人诚信的行为规范，匡正社会风气，提高文明程度。有德才有得，有诚才有成。工商业在诚实、诚信、相互尊重的原则下运行发展，人权保护才有机会得以重视和促进。

在此认识基础上，我国大力推进社会信用体系建设，积极完善诚信建设长效机制。2012年中国共产党第十八次全国代表大会将"诚信"纳入社会主义核心价值观；2014年中央文明委印发《关于推进诚信建设制度化的意见》，要求各地把诚信建设工作摆上重要位置，加强统筹规划，加强组织实施，加强督促落实，确保活动各项要求落到实处；2014年6月14日国务院于印发《社会信用体系建设规划纲要（2014—2020年）》，部署加快建设社会信用体系、构筑诚实守信的经济社会环境；2016年12月23日，国务院办公厅印发《关于加强个人诚信体系建设的指导意见》，要求大力弘扬诚信文化，将建立诚信记录、实施守信激励和失信惩戒措施作为诚信建设；2020年12月18日国务院办公厅印发《关于进一步完善失信约束制度构建诚信建设长效机制的指导意见》，要求进一步规范和健全失信行为认定、记录、归集、共享、公开、惩戒和信用修复等机制，推动社会信用体系迈入高质量发展的新阶段。一系列重大政策措施的密集出台，显示了国家对诚信建设的理论价值和现实意义的高度重视。

市场经济是信用经济，现代企业必须是诚信企业。诚信不单是一种道德品质，已上升为当今社会运行的基本框架和规范机制，诚信文化是构建和谐社会的基础。在社会诚信建设过程中，企业诚信是主要力量，起关键推动作用；而企业诚信的形成、发展、完善过程中，企业家的诚信精神起决定性主导作用。诺思在1997年诺贝尔经济学奖授奖仪式上提出："自由市场经济制度本身并不能保证效率，一个有效率的自由市场经济制度，除了需要有效的产权和法律制度相配合，还需要在诚实、正直、公正、正义等方面有良好道德的人去操作这个市场。"[1]企业家在企业里居于领导地位，按照自己的思想进行运营管理，其自身价值观对

---

[1] 常健：《社会治理创新与诚信社会建设》，中国社会科学出版社2016年版，第125页。

整个企业有直接影响力。大多数企业都渗透了创始人或领导者的个性烙印，层层往下传递、培育企业家精神就是对企业的人格化塑造过程。企业家精神不仅引导企业内部价值观的形成，还会外溢扩散到全社会，对社会思潮和社会心态也有影响，甚至可能促进社会整体的运行方式和机制的变革。企业家诚信是整个社会行为的标杆。

国务院发展研究中心发布的《2019·中国企业家成长与发展专题调查报告》显示，企业家认为未来五年企业家精神最需要加强的方面，前五位是诚信、创新、敬业、乐于奉献、造福社会。可见，诚信、造福社会等更多的迈向美好生活所必需的现代商业文明，将在企业家精神的内核中愈发凸显。调查分析显示，总体来看，企业家对诚信精神认同程度最高，反映了当前中国大多数企业家高度重视对他人承诺，诚信精神成为企业家在商业社会的通行证。① 建设和完善企业信用体系，不仅仅是体制机制、程序制度方面的改革和创新，更重要的是体制和制度下的"人"的思想素质培养，是"人"的意志选择组成了、支撑着社会的诚信意识和信用水平。

工商业诚信的主体是企业家诚信。培育和鼓励具有诚信精神的企业家群体，积极营造工商业坚守诚信文化的良好氛围，是社会信用体系建设规划的"基础桩"。其所关涉的不仅是企业家道德人格的生成或塑造问题，更高层面涉及的是弘扬诚信精神与社会和谐发展的互存互动的关系。企业是市场的主体，倡导培育企业家诚信精神显得尤为重要。一方面要通过企业家的道德自控、自我约束，另一方面要通过外部约束，全社会构建诚信相关规则体系、监督制度、奖罚体制，加强企业家的法治意识、契约精神、守约观念教育。强制约束加自觉约束，最终实现企业家群体的意识规范带动全社会诚信水平的提高。

二、企业家诚信精神的内容

企业家诚信是一个多重综合体，涉及多个方面。首先，企业家在企业里是领导者，经营管理中对员工要践行诚信规范，树立诚信理念，塑造和坚持诚信作为

---

① 李兰：《当代企业家精神：特征、影响因素与对策建议》，载《南开管理评论》2019年第5期，第6页。

企业文化；其次，企业家在市场中充当商人角色，同参与市场活动的其他行为主体之间交易，与多方利益相关者有着密切关系，对商业伙伴和消费者要重信誉、讲信用；同时，企业家也是重要社会成员，在社会责任担当、生态环境保护、参与社会公益方面也要有诚信精神。因此，可以认为企业家诚信精神主要由内部诚信、市场诚信、社会诚信等组成。

（一）内部诚信

企业家在处理企业内部事务、关系过程中要坚持诚实守信原则，日常管理实践要遵守对员工的承诺信用。要保持一言九鼎、一诺千金的态度，不能朝令夕改，轻诺寡信，失信于人。要诚信履行劳动合同，维护正常的劳动用工秩序。薪酬设计要做到对外公平，即在行业里有竞争力；对内公正，设定并明确不同岗位的薪酬计算发放制度。还要客观准确地评价员工绩效，依法合规地足额缴纳各类保险和发放福利补贴。建立健全各种内部机制和协商制度，切实履行有关待遇福利、职业发展、就业环境等方面的契约和承诺，尽量做到机遇平等与待遇平等。

美国著名管理学家施恩（E. H. Schein）提出，在员工与企业之间，除了纸质的劳动合同以外，还有一份隐藏着的、不成文的"心灵契约"（Psychological Contract）。员工和公司都会预期自己需要付出什么，应该得到什么，彼此期望相符，便达成了心灵契约。纸质合同约定务实的薪酬、岗位等内容，心灵契约更多约定务虚的方面，如价值认同、职业发展、晋升预期、成就感、个人尊严等。当员工发现雇主不讲诚信，没有遵守彼此契约，便会修改甚至违背心灵契约，减少自己的奉献和忠诚度。一旦员工背弃了心灵契约，企业即使通过加薪等激励手段也不再奏效。

企业家恪守诚信，给人一种正直、有道德的感觉，更容易获得员工的追随和信任。员工对组织认同感也会大大增强，提高忠诚度，减少人才流失。诚信等企业家的信念、品质、价值观会注入企业，久而久之此类特质就会积淀为企业文化。企业家诚信在很大程度上决定了企业组织整体诚信度的高低。

（二）市场诚信

商誉是企业的无形资产。企业家与商业伙伴进行交易活动时，相互信任是交易实现的前提，信任的反复长期积累，就是商誉。因此要注重企业诚信和企业品牌建设，"重合同、守信用"。自觉提升个人职业道德，培育企业诚信文化，积累良好个人名誉和企业信誉。

企业家在对消费者的市场活动中也要确立诚信的经营理念，认真履行销售时的承诺，做到货真价实、童叟无欺，做好质量售后服务，重视消费者口碑。即使面临短期利益的潜在诱惑，也要坚守诚信行为。企业家要树立诚信为本、操守为重的观念，严格自律。

（三）社会诚信

一方面，要依法开展经营活动，依法履行纳税义务，依法承担各种法定义务；另一方面，要履行对社会的承诺，保护自然资源，"多利用，少排放"，减少对生态环境的破坏。积极响应政府和社会号召，参与公益事业，回报社会。苹果公司的"只影响世界，不影响地球"理念就很好地诠释了企业应如何对社会和环境负责。气候变化方面，苹果公司设定了到 2030 年实现全部足迹碳中和的目标。尽管产品销量增长，但苹果公司 2019 年的综合碳足迹相较于 2015 年有 35% 的绝对降幅。在全球的所有工厂转用 100% 可再生电力，并有超过 70 家供应商承诺 100% 使用清洁能源制造产品。此外，该公司只使用回收利用或可再生材料来制造产品和包装，并致力于水资源管理和废弃物零填埋，最大程度减少产品制造过程中对环境和资源的负面影响。[1] 这些都值得我国企业学习借鉴，对产品价值链整体的影响负起更多责任，在环境资源领域投入更多的关注和创新。

三、企业家以诚信精神促进人权发展

2020 年 7 月 21 日，习近平总书记在企业家座谈会上的讲话中对企业家提出希望：一些企业在经营活动中还存在不少不讲诚信甚至违规违法的现象。法治意识、契约精神、守约观念是现代经济活动的重要意识规范，也是信用经济、法治经济的重要要求。企业家要做诚信守法的表率，带动全社会道德素质和文明程度

---

[1]　《APPLE 中国企业责任报告》，载苹果中国官网，https：//www. apple. com. cn/job-creation/Apple_China_CSR_Report_2020. pdf，2021 年 5 月 20 日最后访问。

提升。① 随着我国经济体制转型，企业在推动社会人权事业发展方面由积极参与者转向重要推动者。企业家作为市场主角，可支配的资源越来越多，影响力越来越大，企业家价值观深刻影响着社会的价值取向和思想流变。《大学》云："欲修其身者，先正其心。欲正其心者，先诚其意。诚意者，毋自欺也。"企业家的诚信精神不仅影响着企业的行为决策，而且对整个社会都能起到"标杆作用"，发挥正效应，推动形成更加包容的工商业人权治理，在全社会人权建设中产生涟漪效应。

工商业与人权的框架原则，企业家群体应率先执行。原则是骨架与血肉，执行人是其灵魂。提高全社会的诚信水平是构建和谐社会、完善人权保护的重要基础，是推动社会进步和人的全面自由发展的必然要求，是提高人民群众幸福感的重要保证。

南开大学人权研究中心主任常健认为，人的自由全面协调发展是人权的最高价值追求，是人的主体性、尊严和价值的核心，"所有人的自由全面协调发展"应该被定义为终极目的性人权。② 企业家诚信精神有助于建立全新的企业文化，诚信管理，以人为中心，实施符合人权标准的管理措施和政策，实现员工的自由全面协调发展。

第四节　企业家的责任精神：工商业与人权协同发展的保障

一、时代需要企业家的责任精神

企业的基本责任就是创造利润、对股东承担责任，追逐利润并不是企业经营的最终目的。企业存在的根本目的是创造社会价值，满足社会需求，担当社会责任，利润只是企业在价值创造过程中的附属物。2019 年 8 月，包括贝佐斯、库克

---

① 习近平：《在企业家座谈会上的讲话》，载新华网，2020 年 7 月 21 日，http：//www. xinhuanet. com/politics/leaders/2020-07/21/c_1126267575. htm，2021 年 5 月 20 日最后访问。

② 《"人权蓝皮书 10 周年暨中国人权理念、话语和理论"研讨会举行 聚焦中国特色人权话语体系构建》，载新华网，2020 年 12 月 20 日，http：//www. xinhuanet. com/2020-12/20/c_1126883719. htm，2021 年 5 月 20 日最后访问。

在内的 181 家美国企业领袖联合签署了《公司宗旨宣言书》（以下简称《宣言》）。《宣言》重新定义了公司运营的宗旨：股东利益不再是一个公司最重要的目标，公司的首要任务是创造一个更美好的社会。作为一个具有社会责任意识的企业，公司领导团队应该致力向客户传递企业价值；通过雇佣不同群体并提供公平的待遇来投资员工；与供应商交易时遵守商业道德；积极投身社会事业；注重可持续发展，为股东创造长期价值。[①] 国内企业也是如此，如阿里巴巴提出"客户第一、员工第二、股东第三"、"我们不追求大，不追求强，我们追求成为一家活 102 年的好公司"等作为公司新的愿景价值观；腾讯也提出"用户为本、科技向善"、"将社会责任融入产品及服务之中，促进社会的可持续发展"等新发展理念，这些都代表着"利润第一、股东至上"的经营理念正走向黄昏。

提及社会责任，过去在很多企业尤其是中小企业，曾被形容为"印在书上、说在嘴上、挂在墙上"，贯彻程度不够，没有实现普遍的强有力执行。社会责任与企业的规模、能力无关，是企业经营的重要组成部分，是必尽责任。在工商业经营管理活动中尽职履行社会责任，建立员工、客户和社会间长期的尊重和信任作为可持续商业模式的基础，能够为企业在政策支持、市场口碑、人力资源、社会声誉、国际化经营等方面获得比较优势，实现社会价值与经营管理的有机融合。

尽力履行社会责任，积极为社会创造价值是企业家的义务和重要使命。企业家要将自身业务与履行社会责任结合，根据社会在一个时期的目标价值，在政府相关政策的部署下表率性地做出理想的决策与行动。在做强做优做大自身企业的同时，依托自身优势资源，整合各种力量，通过创新技术业务、关切资源和环境、关注人才发展和参与社会活动创造社会价值，让服务社会深入企业文化的内核与基因，高质量地推动经济建设和社会进步。中共中央国务院于 2017 年 9 月 8 日出台的《关于营造企业家健康成长环境弘扬优秀企业家精神更好发挥企业家作用的意见》明确指出：弘扬企业家履行责任敢于担当服务社会的精神，引导企业

---

① 《181 家美国顶级企业 CEO 宣称：股东利益不再至上》，载新浪财经网，2019 年 8 月 30 日，https：//finance. sina. com. cn/roll/2019-08-30/doc-iicezzrq2158028. shtml，2021 年 5 月 20 日最后访问。

家主动履行社会责任。增强企业家履行社会责任的荣誉感和使命感，在构建和谐劳动关系、促进就业、关爱员工、依法纳税、节约资源、保护生态等方面发挥更加重要的作用。该意见的出台，是时代对中国企业家弘扬担当社会责任精神的明确要求，也为新时期如何培育企业家精神指明了路径。

随着全球化的发展，社会责任和人权保护的理念日益深入人心。关切社会和环境的影响、高度重视员工权益，已日益成为发展中国家和发达国家都关注的关键领域，甚至变成不同利益集团贸易争端的焦点和谈判工具，俨然成为国际贸易中继价格竞争、质量竞争、技术竞争、规则竞争之后新一轮博弈角力点。

一个反面例子是美国优尼科公司的系列人权丑闻。优尼科是一家有百余年历史的老牌油企，是美国第九大石油公司。1998年9月，三十家美国组织请求加州法院撤销优尼科的经营执照，127页的抗议书详细记录了优尼科在加州圣大巴巴拉郡的油管爆裂等污染环境事件的责任，以及其一直以来的"不人道的劳工政策"。优尼科在国际上也深陷"侵犯人权"的漩涡，其在阿富汗的输气管线修建过程中，与侵犯人权的塔里班政权密切合作，遭到了全美很多组织的猛烈抨击。特别是其在缅甸修建耗资12亿美元的雅达那输气工程期间，发生了暴力强制当地居民搬迁等各种人权侵犯事件，令优尼科受到更大的谴责压力。2000年9月，纽约州和加利福尼亚州向该公司施加压力，要求这个石油巨头要么取消在缅甸的业务，要么向股东们证明公司没有侵犯人权的活动，此事最后也惊动了布什政府。虽然2004年优尼科与缅甸村民达成了和解，但这些事件已经给优尼科带来了难以挽回的影响。优尼科被美国媒体评为声誉最差的跨国公司，2005年申请破产，挂牌出售。

目前工商业已经与其所在的全球供应链系统紧密地绑定在一起，国际上知名的跨国公司正积极通过供应链推行人权保护理念和加强社会责任，企业要想真正作为合格的地球公民，这是必经之路。我国企业在社会责任方面成绩卓越，基本在项目实施之前都会开展社会影响评估，跨国经营时尤其重视与东道国员工的融合、尊重，加大对当地的公益投入。这体现了我国工商业对企业国际化融合之道的深刻学习和创新发展。我国大多数企业在保障雇员的权益方面总体表现良好，但是作为跨国经营的后来者，我国部分企业与欧美知名企业相比在承担社会责任的过程中尚有差距。如果这些企业不紧跟社会人权潮流，其在国际贸易合作中的作为和影响难免受到批评、质疑甚至排斥，影响国际融入。

企业家群体必须学习构建体现新时期人权理念的价值观、社会责任和行为规范，树立可信赖的全球合作伙伴的行为风范，共建一个健康包容、可信赖、可持续的工商业环境，时代需要企业家的责任和担当精神。2020 年 7 月，习近平总书记在企业家座谈会上的讲话中对企业家提出希望："只有真诚回报社会、切实履行社会责任的企业家，才能真正得到社会认可，才是符合时代要求的企业家。关爱员工是企业家履行社会责任的一个重要方面，要努力稳定就业岗位，关心员工健康，同员工携手渡过难关。"

二、企业消极承担社会责任的表现及原因

杰出的企业家毋庸置疑应具有家国情怀，有道德和社会责任感，追求人性价值。但经历了市场经济的转型期，受市场环境治理水平和企业家的认知、个人素质的限制，再加上我国还没有明确且完整的关于企业社会责任的法律和政策框架，部分企业利用这个时期出现钻空子行为，认为只要依法履行了纳税职责，就是履行了企业社会责任，有意或无意地忽略了对强化安全生产、关注员工职业健康、保护劳动者合法权益、关注环境生态、以人为本构建和谐社会等社会责任的承担。

(一) 企业承担社会责任的消极表现

第一，缺乏对员工的责任意识。一些企业家在制定短期、中期、长期发展目标时，往往只考虑企业的运营成绩和发展路径，重效益而轻员工，忽略员工个人发展与企业整体发展的结合。还有的企业虽然能意识到人才是企业的重要资源，但资本在追求利润的活动中，劳资政策上更多地考虑员工的福利保障将增加企业负担和费用支出，参加社会保险考量的重点不是如何保障员工长期健康权益，而是如何尽量降低企业财务成本。有的还通过延长加班时间、拉低工资、降低待遇等措施削减人力成本，以求短期内获得更多利润。有的企业甚至出现拖欠克扣工资、拒发加班费、安全生产条件差、作业环境危险恶劣、忽视隐患忽视员工生命安全等行为。

国外一些大型跨国企业对员工的责任意识就走在前列。由于疫情影响，再加

通胀居高不下，2022 年 5 月 16 日微软 CEO 萨提亚·纳德拉（Satya Nadella）宣布主动加薪，将用于绩效薪资的预算增加近一倍。涨薪惠及微软在美国 10.3 万名员工以及在美国以外的 7.8 万名员工，尤其是更多分配给处于职业初期和中期的员工，同时重点关注特定地区。纳德拉告诉员工："在整个领导团队中，您的影响得到了认可和深深的赞赏——为此我要非常感谢您。这就是为什么我们要对你们每个人进行长期投资。"①2022 年亚马逊也在给员工的内部备忘录中表示，将员工的基本工资上限提高到 35 万美元，是之前大多数员工工资上限 16 万美元的两倍多。并且涨薪并不只局限在美国公司，加薪涉及全球大多数职位。② 企业的增长是由企业家和员工的创造力和辛勤劳动共同驱动的，我国企业家要更多关注员工发展、个人利益和组织战略目标相互结合、同步成长的问题。

第二，缺乏对社会持续发展的责任意识。相比欧美基业长青的百年大型企业，我国多数企业历史并不长。从微观来说，它们很年轻，大部分在改革开放后八九十年代创办，创办者并没有受过太多现代企业管理知识的洗礼；在宏观方面，改革开放后中国的经济增长和社会发展，都没有过多经历思想启蒙运动，当时市场机制不成熟，很多人认为市场经济就是完全的自由竞争，缺乏精神和规则上的约束，很多企业家信奉竞争第一、弱肉强食的丛林法则。尤其是民营企业，更重视快速扩张，而忽视了内部制度、先进企业文化的建设和管理，经营理念方针和价值观念进步甚微。当市场竞争压力加大、企业增长乏力时，一些企业不是"升级战略、服务社会、创新产业、富民强国"，设法提高企业的价值，而是出现投机心理，片面追求眼前利益、短期利益、局部利益，置公众和社会利益于不顾，甚至发生藐视法律、危害社会、坑害消费者的现象。如一些企业在生产中污染环境，在整改过程中"假整改、伪整改、敷衍整改"；企业超量超范围使用食品添加剂等食品安全事件频频发生；制假售假等问题屡禁不止……这些都反映了企业家社会责任意识的缺失，都将影响企业的增长以及最终的可持续发展。

---

① 《给全球 10 多万员工大幅涨薪，微软是怎么想的?》，载极客公园网易号，2022 年 5 月 19 日，https：//www.163.com/dy/article/H7NUOD9L05119FMA.html，2022 年 7 月 1 日最后访问。

② 《Amazon 暴力涨薪：员工涨薪 10% 至 30%》，载沐柠深巷网易号，2022 年 2 月 19 日，https：//www.163.com/dy/article/H0INV52O0552IB33.html，2022 年 3 月 1 日最后访问。

第三，有关企业社会责任方面的法律法规体系不健全。我国从"十四大"开始明确提出要建立社会主义市场经济体制，之后一直在摸索具体措施和明确方向，直到市场经济体制不断完善、走向成熟后，才开始着手构建关于企业社会责任方面的法律法规体系。可以说制度建设起步晚、不健全，市场经济秩序也不规范。而在欧美国家，大多已将对企业的社会责任绩效管理上升为法律法则和规范性文件，并且建立中央层面的集中审核和监管机构，依法处理企业与公众、市场、法律的关系，确保工商业规范履行社会责任。而我国部分企业社会责任缺失的重要原因之一，就是法律法规不健全，更多是道义上的软约束，没有上升为法律上的硬规范，对违法企业及其相关责任人没有形成严格执法力度。虽然我国出台的一些法律也部分涉及企业社会责任内容，如《公司法》《劳动合同法》《环境保护法》《安全生产法》等，但并没有专门立法，导致法律依据的分散，分割严重，实践中难以形成强大的执法合力。这也在一定程度上说明我国社会对企业担负社会责任的认识不到位，尤其不同地区经济水平不一样，对这些行为的认识不一，评判的标准也不一。很多地方政府对企业社会责任问题知之甚少，没有重视，监督不力。在企业社会责任执法层面，力量薄弱，执法力度偏软、手段偏少，不足以对企业形成事前威慑，事后惩戒。

（二）企业消极承担社会责任原因分析

第一，刚性管理模式没有充分尊重员工的人格和尊严。中国改革开放初期，市场还没有形成规范的法律和秩序，供需关系也处于混乱变动中，企业家大多是当地的"能人"，只要"胆子大、有头脑、肯吃苦"就能成功，对企业家的教育程度、知识水平、管理经验、经营能力等方面要求不高，而当时社会上真正有知识的高级干部和知识分子，大多在体制内尚未下海。加上20世纪八九十年代我国是典型的短缺经济，生产满足不了市场需求，只要开工就有销路和利润，造就了新建企业的快速野蛮增长，这些企业家也借此完成早期原始资本积累。这批企业家尤其是民营企业家，往往更注重企业利益却不愿积极承担相应的社会责任。他们把企业做大做强后的进步，也更注重在业务流程、生产技术、产品功能等方面的提升，忽略了社会观、价值观、责任观的提升。很多民营企业的管理模式偏好"刚性管理"或"半军事化管理"，通过严格细分的规章制度和全流程多环节的监管监控来约束员工行为，对于员工来说，服从是天职、执行是本能。企业家在企业拥有绝对权威，一切人力财力物力的安排都是为了最大程度提高生产效率和盈利水平。这种管理模式也许效率更高，但是忽略了人的复杂性、独特性、价值性，缺乏对被管理者从人格的角度出发的理解和尊重，企业社会责任中的人文关怀功能被严重弱化和消解。

第二，很多企业发展观念老旧。首先，改革开放以来，多数企业在国内的发展历史还非常短暂，对商业的认识还停留在古典政治经济学阶段。在效益增值方式上，受自由竞争规律的驱动，企业往往通过延长工作时间、加强劳动强度等手段提高盈利水平，增长方式没有转变为依靠科学技术的进步来实现增长。甚至很多企业推崇狼性文化、996、白加黑、加班是福气……通过榨取员工更多的个人时间来换取效率。其次，滞后的管理方法、僵化的管理模式，管理理念和管理手段缺乏以人为本的精神理念。再次，在制定企业战略目标方面，过于局限于自身状况和财务发展，没有意识到伟大的企业必须是"以创造社会效益为核心文化的企业"。企业长久的发展不是依赖高利润，而是深挖社会需求，通过新的商业模式解决新的社会问题，企业价值的大小在于其能解决社会问题的大小。只有加强企业家责任精神，提高其对科学发展观的认同，企业家群体才会真正意识到企业的获益根治于生态环境和社会环境的获益，其行为才能由他律转为主动，从口号转为实践，从个体自觉转为群体自觉。

第三，公民权利意识不强。中国两千多年的"官本位"思想，使人们形成敬官、畏官的社会心理，人们对领导普遍有天然的畏惧心理。再加上隐忍是中国人长期信奉的传统文化，是有道德涵养的君子行为。"退一步海阔天空""小不忍则乱大谋"，通行的价值观一再告诫人们要自我谦让，甚至是自我牺牲。这些造成企业内部员工、企业外部公众，在权益受到侵犯时，对企业的不道德行为容忍度很高，维权意识薄弱。监督、批评、维权的大气候尚未形成，人们既没有充分认识到自己在国家管理中的主体地位和法定权利，也不敢向企业领导提出异议和争辩。甚至身边少数采取强硬维权行动的同事，会被周围人视为"刺头"、出格，不符合群体道德标准。此外，我国就业结构整体属于劳动密集型，劳动力基数大，优秀工作岗位少，企业在劳资关系中占据绝对优势地位。"不愿意干就走人""你不干有的是人抢着干"，所以大多数人难以承受巨大的维权成本，选择忍气吞声。

三、企业的人权责任的实现

经济发展关键在于突出企业的主体作用，企业的成功在于企业家的价值观、胆识和追求。企业家制定企业的使命与愿景，在组织内传播先进战略文化，并帮助每个人认识到其工作价值，引领企业创造对社会、客户和员工的价值承诺。企业家责任精神需要新时代企业家勇于且善于担当企业发展、人民幸福、社会进步、民族振兴的责任，将个人理想与企业前途、员工需求、社会发展要求相结合，谋求企业壮大、推动绿色发展、尊重员工权益、投身社会公益慈善事业，实现企业与"人—自然—社会"的协同推进。

企业家有责任将人权纳入现有的公司治理架构，打造尊重员工、自我驱动、自我赋能的组织。被称为"管理大师中的大师"的彼得·德鲁克（Peter F. Drucker）曾说：企业可以雇佣一个人，但唯有这个人自己能决定他为企业奉献10%还是90%的努力。现代企业员工最需要的不是激励，而是赋能。内在驱动力源于使命感和认同感，是现代企业培育适应能力和创新能力的关键。使命感能够激发产生员工超越自我的愿望，进而完成自我驱动和自我开发。人格是一个人最重要、最有价值的财产，薪酬激励不能代替理解、尊重和保护，加强企业对《联合国工商业和人权指导原则》中"尊重"支柱的领会和理解，并贯彻到企业管理过程中，能促进员工自驱力的不断成长。只有将员工放在平等的位置，让每个人感受到被尊重和被需要，他们才有更强的意愿自觉完成创造性和超越性工作，而不仅是传统意义上的完成任务。

具体措施如下：营造有利于人才成长、发挥的机制和环境，使每个人的智慧和潜能都充分发挥。提高员工薪酬与福利待遇，满足其生活保障，解除后顾之忧，增加员工的获得感和认同感，激发其积极性和创造性；落实"五险一金"制度，做好养老、医疗、工伤、生育、失业及住房等方面的基本保障，使其"学有所教，劳有所得，病有所医，老有所养，住有所居"；建立企业年金制度，提高普惠性；建立起有效的企业激励机制，体现公平的原则，形成创新性人才评价、激励机制；尊重员工的人格、思想和行为习惯，尊重个体的差异；对员工进行职业培训和技能开发，紧跟技术进步并对创新做出及时响应；为员工提供更平等、高效的环境，高度认同感才能保证全员对战略的有效理解和支撑落实。

切实保障广大员工合法权益，健全多层次心理关爱服务体系，促进员工身心健康，确保员工有尊严地工作、健康地生活，这不仅是企业对员工的关爱和重视，更是企业家责任精神的重要体现。企业家的责任和担当还体现在恪守法制意识、契约精神、守约观念，管理过程要讲究客观公正，营造平等对话环境，开展多渠道沟通，悉心倾听员工心声，认真听取不同意见，尊重员工话语权；从根本上保护、维护员工权益，努力为其解决工作和生活中的实际困难；建立有效的监督约束机制，建立快速的反馈渠道。防止侵犯人权现象的发生，促进工商业和社会稳定和和谐发展。

"市场的逻辑是什么？你要幸福，首先要使别人幸福。如果别人不幸福，你自己不可能幸福。市场竞争就是为他人创造价值的竞争。你要办一个企业，如果你的服务不好，生产不出质量好的产品，消费者不买账，你就赚不了钱。你的员工不幸福，你的企业也不可能搞好。竞争使每个人幸福，因为每个人幸福的前提是能够更好地为他人创造价值。"[1] 伴随5G、云计算、AI、大数据、物联网等新兴数字技术日益普及，人类进入全新的智能社会，只有能更好解决社会问题、为他人创造幸福的企业才有发展空间，不解决社会问题、不创造社会价值的企业甚至生存都很困难。未来智能制造时代，传统的"压榨式管理"战略已经很难奏效，竞争优势比拼的是创造性人才的创新意识和创造力，而不是加班时间。过度加班更多是无效加班，反而会造成个体工作效率低下，工作积极性降低，创新动力和创新能力被消磨殆尽。未来是高度个性化时代，以人为核心将获得更深入的发展。工商业管理不能再以利润为出发点来组织人、财、物等生产要素，而应该以人为本、善待员工，从依赖规章制度为基础的刚性管理模式，转变到重视人、尊重人、以人为中心的人性化管理。

总结来说，强化企业的人权责任应该从如下几个方面进行：

第一，重视在尊严和权利上的平等。企业家应充分尊重员工的人格，尊重员工的劳动，落实人格平等。在企业中只有分工的不同而没有地位的区别，企业中的每个人都希望自己作为一个受尊重、不压抑，受到平等、公正礼遇的人而存

---

① 张维迎：《理念的力量》，西北大学出版社2014年版，第40页。

在。管理者与被管理者之间要相互尊重、相互理解，管理者决不可以权压人，做失德、失信之事。没有对他人的权利发自内心的尊重，没有对秩序、公平的追求，没有契约精神和商业诚信，一切法规和制度都是形同虚设。

第二，以人为本。在企业中，人是一切活动的主体，是驱动组织发展壮大的核心力量。企业家的工作是管理，管理强调以人为中心，充分发挥人的自觉性。通过人文关怀融通情感，激发其认可组织目标，提高工作自觉性和能动性，增强全员凝聚力，营造良好氛围促进和谐发展。

第三，保障经济和获助权利。严格按照法律、合同足额缴付相关薪酬、福利、保险，满足员工各种正常需要。关心困难职工群体，切实加强帮扶力度，为困难职工解决生活中遇到的实际难题，做好生活保障工作。

第四，确保公正。企业家应以身作则带头践行公正公平的价值规范，管理要有公平意识，依法维护员工政治、经济、文化等方面的合法权益。要推进建设明确的、清晰的制度，落实到企业的日常生产经营活动中。

第五，确保人身安全。严格执行国家劳动安全卫生保护标准，加强劳动保护，改善工作条件，创造良好的劳动环境。定期检查，及时发现和消除各种隐患。加强人身安全防范教育，增强员工安全风险意识。

第六，重视员工职业发展权。职业发展权是企业员工的基本权利之一，要把促进人的全面发展为目标，注重员工能力的开发与培养。企业家要重视人才使用，培训提高员工的业务素质，提供学习机会；重视人的发展，把员工发展融入企业发展规划；恰当安排员工的岗位分工，人尽其才，使其充分发挥才能，产生职业成就感，实现自我价值；让员工对企业的运营发展有知情权和参与权，对自己的职业发展有发言权和控制权。

第六章　贸易冲突背景下工商业与
人权关系调适的主要领域

人权是人作为人应当享有的权利，其内容也随着时间的推移在不断地丰富。这些权利当中有些会受到工商企业的显著侵害，有些权利的侵害表现得并不那么突出。本章首先对人权的发展历史进行梳理，然后对目前特别需要关系调适的平等权、劳工权、环境权展开分析。规则创新的主体包括个体、组织和政府，上一章聚焦于作为个体和组织创新的核心企业家的规则创新，本章则重点分析政府的规则创新。政府的规则创新的主要方式是修改或制定法律和政策。本章分析了现有法律和政策对工商业与人权调适的方案以及不足，提出了规则调整的新理念和具体构想。

第一节　工商业与人权关系调适的历史逻辑

一、人权保障的历史演进

人权首先是一个宪法问题，保障人权是宪法的一个重要原则。讨论工商业与人权关系，自然离不开宪法这个理论基础。通说观点认为，所谓"人权"（Human Rights），是指人依其自然属性和社会本质所享有或应当享有的权利。[1]作为一个普遍的政治概念，人权最初是在资产阶级对抗封建王权的过程中产生的。在 17 世纪，欧洲的封建统治者在"君权神授"的口号之下，强化其专制统

---

[1]　张文显主编：《法理学》，高等教育出版社 2011 年版，第 280 页。

治。高额的赋税和五花八门的特许制度极大地阻碍了资本主义的进一步发展。在资产阶级革命酝酿的过程中，相应的思想准备也在同时进行。为了对抗"君权神授"的观念，十七八世纪的资产阶级启蒙学者提出了"天赋人权"学说，这种学说认为，人人都应当享有与生俱有的生命、自由、平等、财产等自然权利。

人权相关法律实践最早开始于英国，该国 1628 年的《权利请愿书》和 1689 年的《权利法案》是体现近代人权理念的较早法律文献。1776 年美国的《独立宣言》则较为全面地肯定了人权，宣称：人人生而平等，"造物主"赋予了人们某些不可转让的权利，其中包括生命权、自由权和追求幸福的权利。1789 年，法国大革命时期通过的《人权和公民权宣言》则明确确认：在权利方面，人们生来是而且始终是自由平等的。这种观点将人视作一种超越社会关系、历史发展的抽象主体，他们与社会并无联系，只是基于个体的本性，便足以证成这种永恒的、绝对的权利。这种人权观念诞生于资产阶级反对教会神权和封建专制的运动之中，其历史使命便是将人从王权和神权的统治下解放出来。而由于这种观念产生时的独特历史背景，人权概念在产生之初，具有明显的个人主义色彩——资产阶级通过主张人权，对抗政府的专横任意。正是在这个意义上，恩格斯讲："一旦社会的经济进步，把摆脱封建桎梏和通过消除封建不平等来确立权利平等的要求提到日程上来……自由和平等也很自然地被宣布为人权。"[①] 这种人权观念主张政府尽量不要干预公民的自由，从而保护个人不受政府权力的侵犯。因此，管得最好的政府，就是管得最少的政府，政府只要做好社会治安的维护，不要有更多的干涉，便能实现这种人权。所以这一时期的人权，也被称为消极人权，其主要内容是财产权、人身自由、人格尊严、生命权、通信自由、宗教信仰自由、言论和出版自由、集会自由、迁徙自由、不受任意逮捕和拘押的权利。

1929—1933 年西方世界发生经济危机，凯恩斯撰写了《就业、利息和货币通论》，并在 1936 年发表了这部经典之作。根据这一理论，政府要干预经济生活，借此刺激有效需求，而在总需求小于总供给时，应当进行减税并增加财政支出，以扩大投资和消费。在此之后的 1942 年 12 月，贝弗里奇报告的正式文本发表，针对的问题包括改革工伤赔偿制度，统一社会保险制度和医疗服务，待遇标

---

① 《马克思恩格斯选集》（第 3 卷），人民出版社 1972 年版，第 145 页。

准和房租问题，老年问题和伤残赔偿的问题，社会保障预算，子女补贴、医疗康复服务和充分就业问题……这一报告对福利国家建设产生了巨大影响，提出了"3U"思想，包括普享性原则（Universality），即所有公民不论其职业为何，都应被覆盖以预防社会风险；统一性原则（Unity），即建立大一统的福利行政管理机构；均一性原则（Uniformity），即每一个受益人根据其需要，而不是根据收入状况，获得资助。① 凯恩斯的政府干预思想，和贝弗里奇的福利国家理念内在契合，从而产生了福利国家思想的基础——"凯恩斯-贝弗里奇主义"。

在这种经济理论指导之下，关于国家的任务发生了改变，与此相对应的，人权的理解也发生了变化：（1）就国家职能而言，德国学者福斯多夫在1938年发表《当成是服务主体的行政》一文，首次提出了服务行政的理论，主张国家必须广泛地向民众提供生存照顾，其中指出，"法治国家之原则，乃依法律来治理国家以及保障人权。但是，在20世纪这种情况已有改变。人民总是先求能够生存，以后才会要求享有自由、秩序与福祉。国家因此而负有广泛照料人民生存照顾的义务，并受这种义务之拘束……任何一个国家为了维持国家稳定都必须提供人民生存之照顾。"②在这种理论之下，国家必须提供稳妥的社会保障、科教事业，从而使公民得到国家的有效照顾。（2）就人权保障而言，国家既然需要保障公民的权利，自然也将这种权利明确为人权，例如，美国总统罗斯福在1941年的国情咨文中指出，公民拥有"免于匮乏的自由"，保证居民都过上健全的、正常物质需求得到保障的生活是现代政府的责任。

1966年的《联合国公民经济、社会、文化权利国际公约》，就明确规定了这些人权的内容，包括适当生活水准权、住房权、教育权、工作权和健康权、社会保障权等。这一代的人权与第一代人权有很大不同，第二代人权要求政府必须采取积极措施，有效地干预经济，才能得到真正有效的保障，所以又称"积极人权"。积极人权的核心，就是社会权，它是在福利国家的理念产生之后才产生的，相较而言，消极人权在国家观的基础上，是自由主义理念下的夜警国家思想，但积极人权的核心，则是在福利国家理念下的新思想。区分积极人权与消极人权，

---

① 参见阎照祥：《英国政治思想史》，人民出版社2010年版，第428页。
② 陈新民：《公法学札记》，法律出版社2010年版，第46页。

关键要看政府在这个过程中所担任的角色。例如健康权，在第一代人权中，主要是指个人的健康不受他人侵害，但在第二代人权中，则强调国家必须提升医疗水平，发展医疗资源，强化个人的健康权保障。显然，尽管从表面上，第一代人权和第二代人权所保护的内容一致，但从保护的措施和保护的目标来看，存在非常明显的不同。

在第二次世界大战之后，世界秩序得以重建。许多国家在这个过程中摆脱了殖民统治。"二战"之后，世界上的国家不过60多个，到非殖民化之后，增加到140多个。这些新增国家都是不发达国家，国际关系中开始出现了经济上的"发展中国家"和政治上的"第三世界"这样的全新概念。这些国家也开始突破西方国家在人权话语上的垄断，争取在人权问题上的话语权。在殖民统治中独立出来的新的民族国家深刻认识到，如果没有国家和民族的权利，便不可能有个人的权利。特别是在经历了殖民统治之后，这些前殖民地国家更是发现国家与个人在共同享有权利的重要性，从而产生了不同于西方国家的集体人权观念。也正因如此，第三代人权的主要主张者，是原来的殖民地国家。这些人权，主要包括民族自决权、发展权、生存权、环境权等集体人权。这种集体人权观强调，人权是个人人权与集体人权的有机统一。没有个人的生存与发展，就没有国家、民族的生存与发展；同时，也只有在集体中，个人才能获得全面发展。可以说，发展中国家和发达国家在人权观点上的主要分歧，就在于集体人权。

在这些集体人权当中，首要的人权便是民族自决权。由于联合国大会奉行"一国一票"的原则，联合国大会便成为原殖民地国家争取权利的重要渠道。到20世纪50年代末和60年代初，新独立的和以前独立的前殖民地半殖民地国家，已在联合国中占压倒多数。在原殖民地国家的不懈努力下，联合国大会从1958年以来通过了一系列的决议确认民族自决权。其中最重要的是1960年12月14日联合国大会第15届会议高票通过的关于《给予殖民地国家和人民独立宣言》，该宣言确立了民族自决权为一项法律权利，明确宣称："使人民受外国的征服、统治和剥削的这一情况，否认了基本人权，违反了联合国宪章，并妨碍了增进世界的和平与合作。"

1986年的《发展权利宣言》对发展权的主体、内涵、地位、保护方式和实现途径等基本内容做了全面的阐释。《发展权利宣言》明确发展是经济、社会、文化和政治的全面进程,其目的是在全体人民和所有个人积极、自由和有意义地参与发展及其带来的利益的公平分配的基础上,不断改善全体人民和所有个人的福利。根据该宣言第1条的规定,发展权利是一项不可剥夺的人权,由于这种权利,每个人和所有各国人民均有权参与、促进并享受经济、社会、文化和政治发展,在这种发展中,所有人权和基本自由都能获得充分实现。

二、工商业活动对人权影响的历史理路

将工商业与人权问题联系起来,实际就是从现实出发,将人权问题放置到具体的社会生活环境当中,从而将人权问题具象化,使其从一种理想状态,转变为一种映入现实,并反映社会实际的人权。

工商业与人权的关系问题,体现在人权历史发展过程当中。我们可以清晰地发现,工商业与人权的关系,在历史发展的过程中呈现出显著差异。在第一代人权的视野下,我们将人权单纯理解为关乎平等、自由的权利,工商业与人权的主要议题,便集中于对工商业人权领域的自由维护。在这个过程中,工商业者之间的平等,使他们能够进行平等地竞争,从而使市场这只看不见的手能够更加有效地发挥作用。这种源自资产阶级的诉求,便成为一些工业化国家最基本的人权。

第二代人权的观念则是经济决定了人权理念的变迁,而绝非其他什么观念、思想之类的东西。所以,工商业与人权的关系,在这个历史阶段,与其说是国家对个人提供福利的权利,不如说是劳动者所应享有的权利。这一类人权,不但涉及个人所应获得的国家保障,也涉及政府所应承担的财政责任,更涉及企业所应担负的社会责任。便是工商业者必须符合政府的要求,为劳工提供相应的劳动条件,而政府则应采取各种鼓励、限制、惩戒措施,使这种权利得以有效实现。

于当今世界而言,影响人权保障的一个重要现实,便是全球化背景下产生的大量跨国公司,以及与之相关的经济活动。这些大公司的跨国运作,令人权话语迅速国际化,也让企业在人权保护过程中具有举足轻重的地位。很多把人权作为贸易壁垒的理由,这些理由可能是环境保护标准低,也可能是劳工标准低,还有可能是知识产权保护不力。

正因如此,我们思考工商业与人权问题,要结合三代人权的历史加以考察。具体而言,立场的差异,会导致我们在理论选择上的不同。如果单纯将人权理解

为个人人权，那么工商业主要涉及的人权问题便是平等权和劳工权利；而如果我们将人权理解为第二代人权和第三代人权的结合，那么工商业主要涉及的人权问题便是劳工权利和环境权利；而如果我们从更加广阔的视角来分析工商业与人权问题，它很可能还与发展权存在非常密切的联系。

第二节　工商业与平等权的关系调适

平等权是最早被提出的人权。对工商业而言，最重要的权利，便是平等——如果市场主体被先在性地做了不平等的划分，他们便不可能进行公平的竞争，从而不可能产生公平的结果，使市场机制完全丧失运行的空间和可能。工商业对平等权的影响体现在诸多方面，具体而言，各类市场主体地位平等，平等享有权利承担义务，平等受法律保护。在这种平等的基础上，市场机制才能有效运行，并发挥调控作用，进一步实现平等。在经济全球化得到发展的时候，平等权更是成为普遍关注的问题。

一、工商业与平等权

（一）平等权的概念与类型

平等权，是人或事物获得同等对待的权利。等级社会的思想家，强调人的不平等性，其基础便在于对人的优劣进行评判。柏拉图曾在《理想国》中借苏格拉底之口提出了一个玄奇的理论，将人类分为金银铜铁四个种类："他们虽然一土所生，彼此都是兄弟，但是老天铸造他们的时候，在有些人的身上加入了黄金，这些人因而是最可宝贵的，是统治者。在辅助者（军人）的身上加入了白银。在农民以及其他技工身上加入了铁和铜。"①作为统治者，必须护卫种族的纯粹性，让心灵里有废铜烂铁或者黄金白银的人都能得其所哉。亚里士多德则认为，生理差异决定了智识权威，从而决定了地位的不同——"凡是赋有理智而遇事能操持

---

① ［古希腊］柏拉图：《理想国》，郭斌和、张竹明译，商务印书馆 1986 年版，第 128 页。

远见的，往往成为统治的主人；凡是具有体力而能担任由他人凭远见所安排的劳务的，也就自然地成为被统治者，而处于奴隶从属的地位……"①最典型的等级制度，是印度的种姓制度。这一个明确将人分为不同等级的制度，具有三千多年历史，它将人分为婆罗门、刹帝利、吠舍、首陀罗四个等级，以及等级以外的达利特（不可接触的"贱民"阶层）。孔子讲，"唯上智与下愚不移"（《论语·阳货》），认为天才和愚人的性情是无法改动的，而"中人"则是可以改造的，中人以下则是不可以改造的。按照这些说法，有些人便因血统而天然具有统治权，在自己继承的土地上享有大权，永远统率土地上的民众。类似说法，配合相关的文化、宗教，最终巩固了阶层，使平等的权利成为不可企及的呓语。平等绝非天然就是一种人权，平等从来不是什么自然事实，而是一种理念。应当认识到，平等是在资产阶级革命的过程中形成的，并在之后形成了新的观念，产生了相当复杂的内涵。总体来看，可以分为两个层面：

第一，形式平等。形式平等也被称为"机会平等"或"机会均等"。这种平等观念，将个人视作抽象的人和一般意义上的人，他们独立、自由、理性，能够对自己负责。为了实现这种平等，政府应当平等地对待每一个公民，而在政府管理以外的领域，则应当保持消极自由，而使公民能够自由地进行竞争。然而，每个人在社会上的实际情况是不同的，这种平等抽离了单个个体的禀赋差异，更忽视了社会地位、财富积累等后天因素的天差地别。尽管如此，形式平等仍然是市场经济所需要的一种人权观，因为它能够促进竞争、鼓励竞争，从而更好地增进财富的增长。

第二，实质平等。实质平等是对形式平等进行修正和补充的平等原则。尽管形式平等具有极强的进步意义，但它仍是一种建基在理想化假设基础上的平等。如果任由形式平等发展下去，必将在人类社会生活中复刻弱肉强食适者生存的丛林法则。实质平等要求依据每个人的不同情况采取不同方式，对个人进行具有实质意义上的平等保障。实质平等的目标，是克服形式平等极端化所可能产生的恶果，避免丛林法则在人类社会中的复刻。它强调对人群进行分类，对于那些因为贫困难以受到教育从而难以发展的人士，那些在竞争中失利、因为疾病或者其他

---

① ［古希腊］亚里士多德：《政治学》，吴寿彭译，商务印书馆1965年版，第5页。

意外难以生活下去的公民更多的扶持，使其恢复法律所期待的那种对等关系。需要注意的是，实质平等不是要替代形式平等，而只是要弥补形式平等所造成的极端恶果。

这两种平等观念，在制度上产生了不同的效果——极端强调形式平等的观点，立足于对自由的高度追求，强调市场机制本身的公正性，并在此基础上否认社会福利的必要性，认为福利制度不过是养懒汉，是破坏市场竞争的行为。强调实质平等的观点，则立足于社会公平的考虑，认为市场终究有可能失灵，为了个人的尊严，国家应当对个人予以一定照顾，保障个体的经济社会权利，从而实现实质意义上的平等。

（二）工商业领域的平等权问题

在工商业领域，平等权保护存在三个主要层面的问题：第一，各国内部不同市场主体的地位平等，无论是哪种类型的企业，都不应有"高人一等"的市场地位。第二，市场主体在运行过程中贯彻平等的原则，实现其社会功能，使劳动者和受市场主体影响的社会公众不受不正当的差别待遇。第三，不同国家之间市场主体之间的平等，在国际经济活动中享有公正对待。

就第一个层面而言，主要体现为"市场经济地位"（Market Economy Status，简称MES）问题。市场经济地位，是一个用来表示国家的市场经济状况的经济学术语。一些国家和国际组织通过对另一个国家经济进行分析，根据该国市场经济在全国经济中的重要性，以及国家对经济的干预情况，将国家区分为完全市场经济国家和非市场经济国家。

就第二个层面而言，主要问题体现在工商业主体运用市场支配地位对劳动者、社会公众施加的影响。这些垄断企业可能产生对特定市场的某种程度的支配与控制，决定产品产量、价格、交易规则等，甚至阻碍其他经营者进入市场，从而对劳动者、社会公众构成不公平的对待。在这个问题上，近些年来非常明显的事物，便是电子商务对传统经营主体生存空间的挤占。例如，外卖网站对实体餐厅的影响、网络购物对线下商店的影响、网约车平台对传统出租车的影响等。观察这些新样态的操作模式，实际都体现为各方大量补贴开展竞争——占据市场支配地位——形成交易习惯——提高价格收获超额利润的过程，实际上就是用补贴换支配地位，再回收利润的资本运作模式。

就第三个层面而言，主要问题在于市场主体在不同国家遭到不同对待。由于市场主体原则上应当遵守所在国的法律，其平等与否归根结底取决于特定的贸易政策。关于这一问题，实际涉及国际的政策问题，也关乎国家之间的对等原则，而绝非某个特定国家的国内法所能规范的。为了解决这个问题，产生了许多国际经济领域的双边协议、多边组织。这不仅包括世界性的世界贸易组织（WTO），还包括区域性的欧盟（EU）、北美自由贸易区（NAFTA）、亚太经合组织（APEC）、东南亚国家联盟（ASEAN）等。

二、平等权的保护框架

平等权的保护，关键问题在于实现主体的平等，具体包括三个层次。

（一）维护市场经济主体地位平等

市场经济主体地位的平等，核心在于不同所有制主体之间的平等。对我国而言，应当分别进行叙述，主要在于国有企业和私营企业之间的平等、中国企业与外资企业、合资企业之间的平等。

就国有企业的问题而言，改革开放之后，为了实现经济体制改革，针对传统国企政企不分的弊端，我国政府采取了一系列措施，扩大企业经营自主权，使国企成为自负盈亏、自主经营、自我约束、自我发展的"四自"经济实体。通过改革，我们调整了国家与企业的责权利关系，调动了企业的生产积极性，增强了企业活力。1993 年，中央提出建立现代企业制度是国有企业改革的方向，认识到只有从企业制度上进行创新才能真正让国有企业成为市场主体、焕发市场活力，国有企业改革开始从单纯"放权让利"深入推进到"制度创新"时期。2003 年，认识到仅有企业微观层面的制度创新还无法保证企业成为市场主体，我国开始进一步从宏观层面进行制度创新，推进国资监管体制改革，构建管人管事管资产相统一的国资监管体制。① 2015 年 9 月，中共中央、国务院印发了《关于深化国有

---

① 黄群慧：《"十四五"时期全面深化国有企业改革的着力点》，载《学习时报》2020年 10 月 7 日。

企业改革的指导意见》，该意见共分为 8 章 30 条，从改革的总体要求到分类推进国有企业改革、完善现代企业制度和国有资产管理体制、发展混合所有制经济、强化监督防止国有资产流失、加强和改进党对国有企业的领导、为国有企业改革创造良好环境条件等方面，全面提出了新时期国有企业改革的目标任务和重大举措。根据这一意见，到 2020 年，在国有企业改革重要领域和关键环节取得决定性成果，形成更加符合我国基本经济制度和社会主义市场经济发展要求的国有资产管理体制、现代企业制度、市场化经营机制。这就要求通过内部治理结构的科学化建设和外部监管机构的权责的机制建设，保证国有企业作为一个独立市场主体而自主运行。

而在非公有制经济的问题上，中国共产党第十五次代表大会把"公有制为主体、多种所有制经济共同发展"确立为我国的基本经济制度，明确提出"非公有制经济是我国社会主义市场经济的重要组成部分"。中国共产党第十六次代表大会提出"毫不动摇地巩固和发展公有制经济""毫不动摇地鼓励、支持和引导非公有制经济发展"。中国共产党第十八次代表大会进一步提出"毫不动摇鼓励、支持、引导非公有制经济发展，保证各种所有制经济依法平等使用生产要素、公平参与市场竞争、同等受到法律保护"。这都非常清楚地说明了中国在维护市场主体平等性方面所做的持续努力。

就外资企业的问题而言，在改革开放初期，为吸引境外资金和技术，中国对早期来华投资的外企给予了非常优厚的待遇，提供了大量土地、税收优惠。在法律制度上，还在 1985 年专门通过了《中华人民共和国涉外经济合同法》，对涉外经济活动进行特殊规定，这部法律直到 1999 年《中华人民共和国合同法》生效，才最终被废止。这在合同法律关系上实现了同等待遇。直到 2007 年，《中华人民共和国企业所得税法》出台，外商来华投资的税收优惠政策才寿终正寝。此举实现了国内企业与外企的待遇平等。而在 2019 年 3 月 15 日第十三届全国人民代表大会第二次会议通过的《中华人民共和国外商投资法》，则主要强调待遇的平等性。根据该法第 4 条之规定："国家对外商投资实行准入前国民待遇加负面清单管理制度。"其中，"准入前国民待遇，是指在投资准入阶段给予外国投资者及其投资不低于本国投资者及其投资的待遇"；"负面清单，是指国家规定在特定领域对外商投资实施的准入特别管理措施。国家对负面清单之外的外商投资，给予国民待遇。"

（二）确保工商企业履行维护平等权的社会责任

工商企业履行维护平等权的社会责任，有两个方面内容：一是维护形式平等，具体而言就是不歧视；二是维护实质平等，具体而言就是要对社会弱势群体进行一定程度的照顾。

就形式平等而言，企业不应采取歧视性的做法。所谓歧视，是无正当理由的差别待遇。参照《反对一切歧视公约》《消除对妇女一切形式歧视公约》等国际公约中关于歧视的规定，法律上应当谴责的歧视是基于种族、肤色、社会出身、宗教、政治观点等而产生的无正当原因的差别待遇。歧视在这里被视为一种非正当的做法和态度，歧视者在主观上却并不一定意识到了其做法和态度的非正当性。从司法审查的角度而言，司法所认定的歧视应包含两方面要素：一方面，它应是一种基于人类的先天因素、内心因素等产生的差别待遇；另一方面，这种差别待遇应当不具有正当性。2019 年，杭州互联网法院对此进行了解读，主张平等就业权是劳动者依法享有的一项基本权利，其既具有社会权利的属性，亦具有民法上的私权属性。劳动者享有平等就业权是其人格独立和意志自由的表现，侵害平等就业权在民法领域侵害的是一般人格权的核心内容——人格尊严，人格尊严重要的方面就是要求平等对待，就业歧视往往会使人产生一种严重的受侮辱感，对人的精神健康甚至身体健康造成损害。[①] 显然，工商企业在这个过程中的歧视做法，对人性尊严造成了严重损害，构成对人权的侵犯。

就实质平等而言，企业需要对弱势群体进行一定照顾。前已述及，针对具体情况和实际需要，特定人群与其他人群存在着事实上的差异，单纯依据形式平等的要求加以对待，将会造成实质上不公平、不合理的结果，因此需要采取某些适当、合理、必要的区别对待，从而在实质上提供平等发展的条件。例如，根据原

---

① 这起案例被 2020 年的最高人民法院工作报告引述，案情为：河南女孩小闫向某公司投递简历后，收到了拒绝的回复，不适合原因一栏只写了"河南人"三个字。小闫认为该公司存在地域歧视行为，便将其起诉到了法院。杭州互联网法院一审判决该公司赔偿小闫 10000 元，并在《法制日报》上书面向小闫赔礼道歉。参见杭州互联网法院民事判决书（〔2019〕浙 0192 民初 6405 号）。

《铁路旅客运输规程》相关规定，铁路部门不允许旅客携带动物进站上车。然而，这一规定对于需要导盲犬的盲人而言，容易造成严重的不便。2015 年 3 月，黄鸣在上海火车站携带导盲犬乘坐火车被拒，受到社会广泛关注。为解决这一问题，铁路总公司在当年 5 月迅速出台了《视力残疾旅客携带导盲犬进站乘车若干规定（试行）》，明确规定盲人可携带导盲犬乘坐火车，并明确了具体的操作方式，以及相关注意事项、安检等问题。与之类似的是残疾人就业的保障问题。根据 2016 年《财政部、国家税务总局关于促进残疾人就业增值税优惠政策的通知》之规定，凡是安置的残疾人占在职职工人数的比例不低于 25%（含 25%），并且安置的残疾人人数不少于 10 人（含 10 人）的企业，均可以享受相应税收优待。这种情况，实质是体现了对社会弱势群体平等权利的保护。

（三）确保不同国家的市场主体得到公平对待

各国在资源禀赋、国家制度等都存在显著差异，市场主体在不同国家得到何种对待，谈不上平等问题，因为维护人权的主体，主要还是国家。

但在世界贸易组织的制度框架下，公平竞争成为一个有意义的要求。在这个原则指导下，世界贸易组织不允许缔约国以不公正的贸易手段进行不公平竞争，特别是禁止采取倾销或者补贴的手段影响贸易公平。同时，世界贸易组织还明确了非歧视性原则。具体而言，包括最惠国待遇和国民待遇两个基本要求。最惠国待遇意味着，成员一般不能在贸易伙伴之间实行歧视。因此给予一个成员的优惠，也应同样给予其他成员。这个最惠国待遇，适用于世界贸易组织所有三个贸易领域。国民待遇是最惠国待遇的补充，在实现世贸组织成员平等待遇基础上，世贸组织成员的商品或服务进入另一成员领土后，也应该享受与该国的商品或服务相同的待遇。

三、工商业与平等权关系调适路径

在经济全球化的大背景下，工商业与平等权的关系问题，需要从国内法和国际法两个层面进行调适。

（一）国内法调整

关于工商业与平等权问题，国内法的主要任务是维护主体之间的平等，在民法、商法、社会法、行政法等多个领域，对主体的平等性加以维护，主要包括如下几个方面：

一是通过民法明确主体地位的平等性。例如，2021 年 1 月 1 日生效的《中华人民共和国民法典》明确规定："民事主体在民事活动中的法律地位一律平等"。"民事主体从事民事活动，应当遵循自愿原则，按照自己的意思设立、变更、终止民事法律关系。"这就让市场主体能够在民商事活动中根据自身意思做出相应决策，实现了主体地位的平等。

二是通过劳动法保障劳动者的合法权益。通过制定《中华人民共和国劳动法》《中华人民共和国劳动合同法》《中华人民共和国社会保险法》等，确保劳动者享有广泛的权利，诸如就业权、签订劳动合同权、劳动报酬权、休息休假权、劳动安全卫生保护权、职业培训权、获得社会保险福利权、提请劳动争议处理权等。

三是通过行政法律制度确保工商业享有平等待遇。2019 年 3 月 15 日通过的《中华人民共和国外商投资法》，为外国投资者和外商投资企业营造了更加市场化、法治化、国际化的投资环境。特别是进一步明确了准入前国民待遇加负面清单管理制度，全面取消商务领域外资企业设立及变更事项审批备案，在很大程度上提升了外商投资经营便利化水平。

（二）国际法调整

国内法的调整，其影响程度仍然较为有限，但工商业的平等保护，绝不仅仅是一个国内问题。在贸易全球化背景下，工商业的平等保护，受制于国际贸易规则，必须同时依赖国际法的调整，这包括两个方面主要内容：

一是国际贸易规则的平等性。主要依据的是世界贸易组织在各类实践中明确的规则，其中具有突出重要性的，是世界贸易组织管辖的货物贸易、服务贸易和与贸易有关的知识产权三大领域的多边贸易规则。这些贸易规则的适用，共同维护了国际贸易的平等性。

二是国际人权领域的平等原则。主要依据是《消除对妇女一切形式歧视公约》《残疾人权利公约》以及国际劳工组织制定的国家劳工公约等。尽管公约只有转化为国内法才能直接适用，但它们仍然是处理相关贸易冲突的重要依据和基础。

第三节　工商业与劳工权的关系调适

劳工权又称为劳动者权利、工人权利，是劳动者在劳动关系中所享有的权利。①劳工权是工商业与人权探究的最初和最基本的领域，同时也是未来经济发展中企业和国家将长期面对的最重要的人权问题之一。经济活动离不开劳动力。因此，无论在国内或是全球市场，在任何一个经济领域或发展时代，劳工权利的保障都是一个永恒相伴的主题。在当代国际人权法中，劳工权是被普遍承认的基本权利。工商业对劳工权的影响体现在诸多方面，包括工作权、休息和娱乐权、家庭生活权、安全工作环境权、废除童工、废除奴役制和强迫劳动、不受歧视权、公正和适当报酬权、就业和职业平等权、同工同酬权、组织和参与集体谈判权、结社自由等。

从当前国际趋势来看，劳工权与国际经济贸易合作和社会发展目标挂钩已经成为必然趋势。②联合国可持续发展目标 8.5、8.7 和 8.8 都与劳工权直接相关，涉及体面就业、同工同酬、根除强制劳动和最恶劣形式的童工劳动、保护劳工权利并创造有保障的工作环境。③各界对工商企业——尤其是国有企业和有一定规模的正式企业——保护劳工权的要求也正在快速提高。这就使得企业监督主体不再限于政府监管部门，也包括国际人权机构、证券交易所、企业客户、消费者和顾客、广大劳动者。也就是说，劳工权保障逐渐成为工商企业越来越难以忽视和

---

① 林燕玲：《国际劳工标准》，中国工人出版社 2002 年版，第 1 页。

② 高振沧、王凤如：《劳工标准与国际贸易关系的趋势预测》，载《辽宁工程技术大学学报（社会科学版）》2005 年第 3 期，第 258~260 页。

③ 《目标 8：促进持久、包容和可持续经济增长，促进充分的生产性就业和人人获得体面工作》，载联合国网站，https://www.un.org/sustainabledevelopment/zh/economic-growth/，2021 年 1 月 18 日最后访问。

回避的问题。那么企业该如何看待劳工权相关问题呢？

作为劳资双方，劳动者和企业之间是一种博弈关系。如果一方只考虑自己的利益，往往无法获得最好的结果，只有博弈双方互相合作才能将利益最大化从而实现双赢。随着经济发展、经济结构变化和科技进步，工商业主和企业在劳工权保护中所扮演的角色也正在发生转变。鉴于我国特有的经济发展历史和路线，以及我国企业日益强大的经济实力和国际影响力，提高企业的社会责任使其符合国际标准和社会期望，是企业日后发展不可忽视的一个重要方面，而保护、尊重劳工权是企业实现其社会责任的最低标准。

一、工商业与劳工权

（一）劳工权的重要性

劳工权的重要影响力决定了调试工商业与劳工权的必要性。对劳工权的讨论可以追溯到 19 世纪上半期，在自由主义主导的国际贸易背景中，由于资本主义逐利性的驱使，一些企业通过延长劳动时间、雇佣童工等有损劳动者权益的方式来降低劳动力成本。尤其在工业革命者之后，工人与资本家企业主之间的矛盾出现在多个方面：煤矿业恶劣危险的工作环境、工厂严苛的工作条件、童工和女工被剥削、不足以养家糊口的微薄收入等。第一次世界大战之后，各国意识到保护社会正义对维护和平的重要性，国际劳工组织（ILO）成立。通过 ILO 各国在保护人权方面做出了切实的努力，制定了保护劳工权利的基本标准。

20 世纪 90 年代后，经济全球化进程加快，新兴国家以低廉的劳动力和生产资料、宽松的投资环境吸引了大量的国际资本。跨国企业在发展中国家生产出的商品对发达国家的同类商品造成了冲击，在占领国际市场的同时也引起了各方不满。一方面，原本开设在发达国家的工厂和生产线被转移到了薪资水平和劳工保护标准都更低的国家和地区，引起了发达国家劳工组织和工会的不满，他们以保护劳动者权益的名义设置贸易壁垒，进而将劳工权益保护从国内事务推向国际。另一方面，国际劳工组织、国际人权机构以及非政府组织要求跨国企业自觉提高其在生产地的劳工保护标准。知名企业在生产过程中涉及侵犯劳工权利的现象屡次遭到披露，其产品也随之遭遇部分消费者抵制。《欧洲晴雨表》发布的有关欧洲公民对环境态度的调查显示，绝大多数受访者（92%）"同意或倾向于同意"要求服装相关品牌应确保其在欧盟内外都有良好的工作条件。当被问及是否同意无论生产线工作条件如何，都应以尽可能低的价格获得衣服时，在芬兰、德国、荷兰和瑞典，只有不到四分之一的受访者表示"同意"，超过一半的人表示"完全不同意"。这一发现凸显了许多欧洲消费者对防止工作场所中侵犯人权的重视。①

简言之，从长期和宏观角度看，劳工权与工商业的冲突影响到国际市场和社会的稳定；从短期和微观角度看，人权风险往往伴随着企业的商业风险，直接影响企业的生产活动、经济利益和名誉。因此，保护劳工权利不仅是各国政府的义务，也是各国企业，尤其是跨国企业不可忽视的责任。

（二）劳工权法律保护缺陷

长期以来，保护劳工权一直是各国政府的责任。劳工权，尤其是核心劳工标准，是国际人权法所承认和保护的基本人权。因此，各国政府有义务通过立法和其他必要措施保护、尊重劳工权，确保企业在生产经营过程中不得侵犯劳动者的基本权利，并在这些基本权利受到侵犯时提供有效的补救措施。在国际人权法体系形成之前，劳工权保护也一直都是各国政府的重要议题。劳动者通过罢工、游行等方式表达对工资、福利、生产环境等方面的不满，向企业和雇主提出自己的诉求。最初，政府的角色更多是协调企业和工会进行谈判，很少直接介入纠纷。当社会自由主义在欧洲国家成为主流后，各国政府开始通过立法对劳工权提供最基本的法律保障，包括限制工作时长、设定最低工资、禁止就业歧视等。

我国也通过立法保护劳动者权利。《宪法》第42条、第43条、第45条将公民的劳动权确定为我国公民的基本权利之一，规定国家尊重和保障公民的劳动权，"通过各种途径，创造劳动就业条件，加强劳动保护，改善劳动条件，并在发展生产的基础上，提高劳动报酬和福利待遇"，并保障劳动者的休息权和享有社会福利的权利。我国《劳动法》也规定了劳动者享有平等就业和选择职业的权

---

① European Commission, Attitudes of European Citizens Towards the Environment, Special Eurobarometer Survey, March 2020, pp. 91-94, 2020.

利，劳动者权利被侵害时有权提请劳动争议处理。另外，劳动和社会保障部门还制定了《最低工资规定》①，各地人力资源和社会保障部门依照规定制定当地最低工资标准。

然而，法律是最低限度的道德，法律法规只能提供最低限度的保障，因此法律往往难以保障劳工所有的权利。通常情况下，各地人社部门制定的最低工作标准远低于当地的平均薪资水平，企业若依据最低标准支付工资，劳动者则难以过上体面的生活。因此劳动者不得不通过延长工作时间、兼职等方式增加自己的收入。鉴于我国的《劳动法》并未对工作时常作出严格限制，员工出于工作压力或企业文化环境影响而被迫"自愿"加班的情况比比皆是，"996"甚至"007"的工作时间俨然成为当下众多企业员工的常态。另外，通过法律途径维护正当权益往往需要付出大量的时间和精力，无法给权益受到侵害的劳动者提供及时有效的帮助。随着自动化生产、人工智能等科技的发展，以及国际市场的萎靡，我国的就业压力日益增大，原本就处于相对弱势地位的劳动者现在更加被动，甚至在权利受到侵害的时候无力通过法律途径保护自己。

虽然国际劳工组织制定的劳动基准保障核心条约已经得到了绝大多数国家的签署，② 但全世界仍有 1.52 亿人是童工的受害者，估计有 2490 万人被困在强迫劳动中，其中有 1600 万是在私营企业中被剥削的。③ 在世界各地，数以百万计的年轻男女正在寻找进入劳动力市场的机会。同时，7.8 亿在职妇女和男子的收入不足以使自己摆脱贫困。④ 当前的大趋势，例如全球化、技术进步（包括机器人和人工智能）、人口变化、气候变化和全球疫情极大地影响了就业前景，弱势群

---

① 《最低工资规定》（劳动和社会保障部令第 21 号），颁布日期：2004 年 1 月 20 日，实施日期：2004 年 3 月 1 日。2004 年 3 月 1 日实施的《最低工资规定》取代了 1993 年 11 月 24 日原劳动部发布的《企业最低工资规定》。

② 国际劳工组织制定的劳动基准保障核心条约由八项核心条约构成，分别是第 29 号《强迫劳动公约》、第 87 号《结社自由及组织保障公约》、第 98 号《组织权及团体协商权原则之应用公约》、第 100 号《男女劳工同工同酬公约》、第 105 号《废止强迫劳动公约》、第 111 号《就业与职业歧视公约》及第 138 号《最低年龄公约》、第 182 号《关于禁止和立即行动消除最有害的童工形式公约》。截至 2021 年 1 月，核心条约中的缔约国最少的为第 87 号公约，共有 155 个国家批准了该公约，而第 182 号公约在 2020 年获得了所有缔约国批准。

③ ILO (2017), Global Estimates of Modern Slavery: Forced Labour and Forced Marriage.

④ UN Global Compact (2018), Decent Work in Global Supply Chains: A Baseline Report.

体将进一步受到不平等风险加剧的影响。

在经济贸易全球化的时代，劳工权保护还面临两大困境。一是跨国企业在全球生产和供应过程中的劳工权保护困境。跨国企业为规避母国严格的劳动者保护法规，将劳动密集型生产线设置在劳工标准较低的中低收入国家，通过"合法"剥削劳动力降低生产成本，再将低价的产品在发达国家的市场上销售，赚取更大的利益。整个过程中跨国企业的生产销售活动并没有违反其经济活动发生地的法律，但其降低了自身的道德标准，逃避了企业本应承担的社会责任，这也逐渐引起了发达国家各界的不满。另一个是跨国劳工在东道国的劳工权保护困境。无论是东道国还是母国，政府对跨国劳工问题的考量都是从本国经济利益出发的。一方面海外劳工可以为母国缓解就业压力、创造外汇；另一方面可以为东道国创造劳动机会。然而，本应为劳动者提供公平的就业环境和基本权利保障的东道国，出于政治和社会压力，常常选择性忽视外来劳工权利受侵害的问题，长期采用双重标准对待本国和外国劳动者。而海外劳工的母国又难以通过本国法律、本国工会或者外交手段为其海外劳工提供实质性的保护。

因此，仅靠国际条约和国内立法等措施是不足以充分保护劳工权利的。工商企业需要通过企业内部政策和规章制度，为劳动者权利的实现和保护提供更高的标准。也就是说，企业应将劳动者的权利与企业的经济效益视为统一的利益而非此消彼长对立的存在，在法律留白的领域、在最低标准以上切实保护劳动者的权利。

（三）企业保护劳工权的收益

通常情况下，企业把尊重人权、保护劳工权益、履行社会责任视为一种对社会的反馈。其实，保护劳工权会给企业带来更长远的收益。首先，严格遵守国际劳工标准和国内相关法律的企业可以降低企业管理风险，如业务中断、成为公共活动批评对象、面临诉讼、声誉受损等。通过改善与员工的关系可以提升企业名声，提高下一代年轻领导者的能力，吸引更多优秀人才，进而提高企业的软实力。长期尊重和保护劳工权的企业在出现负面影响事件时也有更高保全声誉的能力。另外，随着越来越多的发达国家政府、证券交易所和金融机构将保护包括劳工权在内的人权列为审核企业非财务绩效的标准，保护、尊重劳工权的企业在进入外国市场和获得国际投资等方面都更有优势。

二、劳工权的保护框架

（一）基本原则

企业——尤其是跨国企业——的影响力日益增大，引发了工商业在人权方面的作用和责任的辩论，并将工商业和人权议题置于联合国议程之上。2005 年联合国人权理事会新设了人权与跨国公司和其他工商企业问题秘书长特别代表一职。特别代表约翰·鲁格在其 2008 年的报告中向人权理事会提出了"保护，尊重和补救"框架，① 该框架包括三项核心原则：国家有义务提供保护防止第三方包括工商业侵犯人权；公司有责任尊重人权；必须提供更加有效的救济机会。这三项原则相辅相成构成了一个整体，三者相互支持才能使劳工权利保障取得可持续进展。在第二个任期结束时的 2011 年，特别代表提出了《企业与人权指导原则》②（下称"指导原则"），以执行联合国的"保护，尊重和补救"框架，首次为预防和解决与商业活动有关的人权负面影响的风险提供了全球标准。

该指导原则第 11~15 条为工商企业尊重人权提供了基本原则指导。具体而言，工商企业应尊重人权，避免侵犯他人的人权，并应在企业卷入侵犯人权的案件时，消除负面影响。③这就要求企业应避免通过其本身活动造成或加剧负面的人权影响，并努力预防或缓解经由其商业关系与其业务、产品或服务直接关联的负面人权影响。④企业应制定相应的政策和程序，包括履行尊重人权责任的政策

---

① 《人权与跨国公司和其他工商企业问题秘书长特别代表约翰·鲁格的报告——保护、尊重和救济：工商业与人权框架》（A/HRC/8/5），载联合国人权理事会网站，2008 年 4 月 7 日，http：//www.undocs.org/zh/A/HRC/8/5。

② 《人权与跨国公司和其他工商企业问题秘书长特别代表约翰·鲁格的报告——工商企业与人权：实施联合国"保护、尊重和补救"框架指导原则》（A/HRC/17/31），载联合国人权理事会网站，2011 年 3 月 21 日，https：//undocs.org/zh/A/HRC/17/31。

③ 《人权与跨国公司和其他工商企业问题秘书长特别代表约翰·鲁格的报告——工商企业与人权：实施联合国"保护、尊重和补救"框架指导原则》，指导原则 11，第 12 页。

④ 《人权与跨国公司和其他工商企业问题秘书长特别代表约翰·鲁格的报告——工商企业与人权：实施联合国"保护、尊重和补救"框架指导原则》，指导原则 13，第 13 页。

承诺、人权尽责程序、补救程序。

工商业与人权的讨论和对企业人权状况的评价有两大国际法基准：一是国际社会公认的《国际人权宪章》，由《世界人权宣言》《公民权利和政治权利国际公约》《经济、社会、文化权利国际公约》构成；另一基准便是以劳工权为核心的《工作中基本原则和权利宣言》，包含国际劳工组织的八项基本公约中有关基本权利的原则。①

（二）核心劳工标准

国际劳工组织《工作中基本原则和权利宣言》总结了八项基本公约后提出，各国政府和企业应遵守的基本原则主要在四个领域：结社自由和有效承认集体谈判权，消除一切形式的强迫或强制劳动，有效废除童工，以及消除就业与职业歧视。②

结社自由和有效承认集体谈判权原则保护的不仅是劳资双方的经济利益，同时也保障了其他公民基本权利，如生命权、安全权、诚信权、经济自由、个人自由和集体自由。在这一方面，国家落实其相关人权义务是工商企业履行责任的先决条件。首先需要国家通过立法承认和保障结社自由和集体谈判权。而企业的责任在于确保防范任何干涉和歧视行为以及一切形式的骚扰。然而在我国，代表劳工的工会并非工人自发组织或加入的民间团体，也没有行业性的工会组织，更多情况下工会是同级党委之下的群众组织，是政府调节劳资关系以维持阶层之间利益平衡的机构，企业工会领导往往由企业行政兼任，③这种制度注定了工会难以真正代表劳动者的意愿，久而久之，有沦为组织联欢旅游、发放福利的组织的可能性。没有自由和代表劳动者真实意志的工会的调节，劳资双方的矛盾就更有可

---

① 《人权与跨国公司和其他工商企业问题秘书长特别代表约翰·鲁格的报告——工商企业与人权：实施联合国"保护、尊重和补救"框架指导原则》，指导原则 12，第 13 页。

② 国际劳工大会第八十六届会议：《国际劳工组织关于工作中基本原则和权利宣言及其后续措施》，载国际劳工组织网站，2018 年 12 月 4 日，https：//www.ilo.org/gb/documents-in-chinese/WCMS_652158/lang--en/index.htm。

③ 李晓宁、冯颖：《基于合作共赢的和谐劳资关系构建研究》，载《经济问题》2019 年第 6 期，第 21~29 页。

能演变为冲突，不仅劳工在权益受到侵害时缺少保障的机构，企业的利益最终也可能遭受损失。

在消除一切形式的强迫或强制劳动原则中，"强迫或强制劳动"一词指以任何惩罚相威胁，强迫任何人从事的非本人自愿的一切劳动或服务。工人领取工资这一事实与确定一种处境是否能被认作强迫或强制劳动无关。作为政治强制的手段，作为动员和利用劳动力以发展经济的方法，作为劳动纪律的措施，作为对参加罢工的惩罚，作为实行种族、社会、民族或宗教歧视的手段等劳动情况都属于强迫或强制劳动。我国《刑法》第 244 条规定了"强迫劳动罪"的定义和量刑，为企业履行其人权责任提供了具体的法律规范。

使用童工妨碍了儿童接受教育，迫使他们过早辍学或要求他们同时工作和学习。有效废除童工原则要求各国废除那些危害年轻人智力、身体、社会和道德发展并妨碍他们接受教育的任何一种活动或工作。国际劳工组织第 182 号公约①界定了最有害的童工形式，其中与工商业密切相关的是工作性质或工作环境很可能损害儿童的健康、安全或道德的工作。该公约要求禁止和立即消除的最有害的童工形式还包括奴役、强迫劳动和贩运，在武装冲突、卖淫、色情交易和贩毒等非法活动中使用儿童。作为八项基本公约中最"年轻"的公约，该公约于 2020 年成为国际劳工组织历史上首个获得所有成员国批准的条约。这体现了各国保护儿童的意愿，也意味着 187 个国家的儿童现在都受到相关法律保护。另外，国际劳工组织关于准予就业最低年龄的第 138 号公约规定，准予就业或工作的最低年龄应不低于完成义务教育的年龄，并在任何情况下不得低于 15 岁，以便确保儿童身心得到充分发展。② 这两项公约不仅是各国立法禁止童工的依据，同时也为工商企业提供了最基本的标准，如不雇佣低于 16 岁的儿童参加危险工作，应保证

① 《关于禁止和立即行动消除最有害的童工形式公约》（国际劳工大会第 182 号公约），载国际劳工组织网站，https：//www.ilo.org/dyn/normlex/en/f? p = NORMLEXPUB：12100：0：：NO：：P12100_ILO_CODE：C182。

② 《准予就业最低年龄公约》（国际劳工大会第 138 号公约），载国际劳工组织网站，https：//www.ilo.org/dyn/normlex/en/f? p = NORMLEXPUB：12100：：：NO：12100：P12100_ILO_CODE：C138：NO。

18 岁以下的工人获得令人满意的工作条件，包括基于"同工同酬"原则的公平报酬、充足的休息时间、工伤和医疗社会保险和带薪年假等。

相比上述三项原则，消除就业与职业歧视原则更需要企业采取积极主动的措施。就业和职业歧视是指由于与人的优点或工作的内在要求无关的特点而对人区别对待或不利对待。根据国际劳工组织《关于就业和职业歧视的第 111 号公约》，"歧视是基于种族、肤色、性别、宗教、政治见解、民族血统或社会出身等原因，具有取消或损害就业或职业机会均等或待遇平等作用的任何区别、排斥或特惠"。① 在就业和职业方面的非歧视原则包括完成同等价值工作的男女获得同等报酬的原则。根据国际劳工组织《关于同等报酬的第 100 号公约》，② 报酬的所有要素包括直接或间接以货币或实物支付的薪金或普通工资和其他基本费用。为了客观地确定工作的价值，有必要考虑以下因素：工作组成、责任、技能、努力、工作条件和主要成果。根据消除就业与职业歧视原则的要求，企业应在招聘、计算劳动报酬、职业培训、职业发展等的各个方面禁止和消除已经存在的歧视性行为和政策。

(三) 企业社会责任标准

社会责任管理体系（Social Accountability 8000，简称 SA8000）于 1998 年 1 月公布，是针对工商企业管理的一项国际性标准，是一种以保护劳动环境和条件、劳工权利等为主要内容的新兴的管理标准体系。它基于《国际劳工组织宪章（ILO 宪章）》《联合国儿童福利公约》《世界人权宣言》的一些要求，针对企业的社会责任问题做出了具体规定。③ 其主要内容如表 6-1 所示：

---

① 《就业和歧视公约》（国际劳工大会第 111 号公约），载国际劳工组织网站，https：//www.ilo.org/dyn/normlex/en/f？p = NORMLEXPUB：12100：0：：NO：：P12100_ILO_CODE：C111。

② 《对男女工人同等价值的工作付予同等报酬公约》（国际劳工大会第 100 号公约），载国际劳工组织网站，https：//www.ilo.org/dyn/normlex/en/f？p = NORMLEXPUB：12100：：：NO：12100：P12100_ILO_CODE：C100：NO。

③ 参见中华人民共和国商务部网站：http：//scjss.mofcom.gov.cn/article/dwmyxs/200408/20040800261988.shtml。

表6-1

核 心 条 款	主 要 内 容
童工 Child Labour	公司不可招用童工或支持招用童工的行为；公司应该建立、记录、维持有关拯救童工的政策和程序，并且应该提供足够的支持来促使童工接受学校教育，直到他们超过儿童年龄为止。
强迫性劳工 Forced Labour	公司不可有（或支持）强迫性劳动的行为，也不可要求受聘的员工存放押金或身份证于公司。
健康与安全 Health & Safety	公司应该提供一个健康与安全的工作环境，防范因工作而产生的与工作有关的或工作当中发生的意外和伤害；公司应该确保所有的员工都接受定期的和有记录的健康与安全训练。
组织工会的自由与集体谈判的权利 Freedom of Association and Right to Collective Bargaining	公司应该尊重所有员工自由成立和参加工会，以及集体谈判的权利；当自由组织工会和集体谈判的权利受到法律限制的时候，公司应该协助员工采用类似的方法来达到独立和自由的联合和谈判的目的；公司应该确保工会代表不受歧视，并且在工作环境中能够接触工会的会员。
歧视 Discrimination	公司在聘用、报酬、训练机会、升级、解聘或退休等事务上，不可从事或支持任何基于种族、社会阶级、国籍、宗教、残疾、性别、性别取向、工会会员资格或政治关系的歧视行为；不可允许带有强迫性、威胁性、凌辱性或剥削性的性侵犯行为。
惩戒性措施 Disciplinazy Practices	公司不可从事或支持肉体上的惩罚、心理或生理上的压制和语言上的凌辱。
工作时间 Working Hours	公司应该遵守适用法律规定下的合乎产业标准的工作时间；除非在特殊和短期的业务情形之下，公司不应要求员工加班加点，并且应该无例外地对加班加点支付加班津贴。
工资 Compensation	公司应该确保所支付的工资应该总是足以满足员工的基本需求，以及提供一些可随意支配的收入；不会为了惩罚的目的而扣减工资；不可采用纯劳务性质的合约安排和虚假的见习期办法，来逃避对员工应当承担的义务。

三、工商业与劳工权关系调适路径

(一) 观念转变

在所有的人权问题中，劳工权利保障是所有企业都必然要面对的问题，而无论其规模、所属国家、经营领域如何。无论站在企业的角度还是劳工的角度，在保护劳工权方面，工商企业都有不可推卸的直接责任。在当今经济贸易国际化的大环境中，经济活动的透明度日益提高，来自世界各地各个群体随时可以对企业进行监督。因此，企业也面临越来越大的社会压力，需要在其运营和价值链中证明自己在从事合法工作和创造工作机会、财富的时候，没有伤害劳工权利或卷入有损劳工基本权利和尊严的事件中。

事实上，国际人权法和国际劳工标准一般不会针对工商企业规定直接的法律义务，企业的法律义务通常仅限于遵守有管辖权的国家的法律法规。虽然绝大多数国家都制定了保护劳工的法律法规，但在国际标准被内化为国内法律的时候，有些问题可能被忽略，有些法律可能无法适用于所有人，有些跨国企业的经济实力和影响力已经超过许多经济落后的国家，足以对生产地国家政策产生影响。当国家法律不足以满足国际标准或与这些标准相冲突时，企业应设法在国家法律范围内遵循这些标准的原则。

1999 年的达沃斯世界经济论坛上，时任联合国秘书长安南向与会国家首脑和企业代表提出了建立"全球契约（UN Global Compact）"的设想，由企业和国际劳工组织等国际机构自愿参与。目前来自全球 160 多个国家的 12000 多个公司加入了联合国全球契约。这些企业规模大小不一，有的来自发达国家，也有的来自发展中国家，涵盖了几乎所有的领域。遵守这一规则对我国工商企业尤其重要。一方面，我国企业正在蓬勃发展，正逐步进入国际市场探索，仍需得到国际社会的认可；另一方面，由于历史和政治原因以及我国特有的经济体制，我国大型企业——尤其是国有企业——很容易被西方国家和社会组织区别对待，进行更严格的人权相关监督和调查。因此，积极履行保护劳工权责任，遵守联合国全球契约，主动将企业置于国际社会的监督下，可以减少我国企业在国际市场中可能遇到的不必要的阻力，增强企业竞争力，更快得到国际认可。基于《联合国工商业和人权指导原则》，企业可以从政策承诺、内置实现、补救措施等几个方面调试自身与劳工权的关系。①

（二）政策承诺

政策承诺指有关企业在其经营活动和商业关系中尊重劳工权的责任、承诺或期望的公开声明，是一份或多份对外公开的承诺文件，其内容不是一般意义上的支持或促进劳工权的活动，而是企业在自身经营活动和商业关系中尊重人权的承诺。根据劳工权的具体内容，该承诺可以在不同的经营原则、道德准则或专项公共政策性文件中予以体现，例如：有关反歧视、禁止使用童工、结社自由、尊重社群文化权利的政策，以及供应链劳工权利行为准则等。政策承诺应公开阐明工商企业责任、承诺和预期，并规定企业对个人、商业伙伴及与其业务、产品或服务直接关联的其他方的劳工权预期，如一级供应商、一级以外的其他供应商、承包商、下游价值链中的实体、合资伙伴、政府或政府机构等。

政策的制定应参照《工作中基本原则和权利宣言》中所载国际劳工组织八项核心公约中基本权利的原则，以及《国际人权宪章》中所载的劳工权相关条款。同时，工商企业视情况不同，可能需要考虑增加一些补充标准，例如女性劳工、少数民族和宗教员工的权利保护、残障人士就业和职业保护政策等。政策承诺文书的制定应咨询专家意见、尽可能进行企业内部和/或外部协商，得到企业最高管理层的批准，并传达到相关部门以及合作企业和机构。

（三）内置实现

公开的政策承诺如何在工商企业的经营活动中内置实现，与企业的商业模式、企业规模、治理结构、企业文化等因素相关，但总体上应参照"保护、尊重和补救"框架，将这三个方面内置到企业管理中。第一，在企业治理结构层面，企业应将有关劳工权的议题加入管理层和董事会的讨论日程，如学习国际劳工标准或指导文件，了解供应商所在国家可能发生的侵犯劳工权问题等；明确高级管理层解决劳工权与其他商业利益之间产生矛盾时应遵守的原则、制度和程序；明

---

① 参见 Shift 和 Mazars LLP 编：《联合国指导原则报告框架及实施指南》（2015）。

确企业员工参与有关劳工权决策的机制，以及相关决策的传达机制；设置独立的监督部门，或通过第三方对劳工权保护的实施情况进行监督和定期评估。第二，企业应有专门的规章制度或专门条款，明确企业尊重、保护劳工权的具体内容和实施方法，如将保护劳工权加入部门和管理层的绩效考核中并设立激励机制。第三，设置侵犯劳工权的补救措施。第四，将保护劳工权益纳入商业谈判和合同的条款，对供应商、承包商或其他商业伙伴的劳工权状况进行尽职调查，在必要地区（如劳工权法律保护薄弱的国家和地区）为合作方进行能力建设，寻求防止或缓解由合作方的不当行为带来的外来风险。第四，将尊重、保护和推广劳工权融入企业文化，通过职业培训等方式提高员工以及管理层的相关意识，一方面为员工提供有尊严、舒适的工作环境，提高其工作积极性，从而为企业创造更大价值；另一方面员工可以及时正确应对侵权行为，包括商业伙伴的侵犯劳工权行为，从而预防或减少因劳工冲突和社会谴责而造成的损失。

第四节 工商业与环境权的关系调适

工商业的发展毫无疑问促进了全球经济发展，提高了人们的生活水平，但同时对人类赖以生存的自然生态环境造成了严重甚至不可挽回的破坏。1948 年美国多诺拉烟雾事件、1952 年英国伦敦烟雾事件、2005 年广东省北江镉污染事件、2007 年太湖蓝藻事件、2015—2016 年北京多次发布雾霾红色预警，等等，因为工业生产而造成的严重生态环境事件不胜枚举。人类活动，包括工商业的生产经营活动，对环境的破坏不仅限于一桩桩短期的、小范围的环境危机，更有长期的、难以逆转的大范围生态破坏。例如为了发展畜牧业、种植经济作物、开采矿产石油、出售原木等能为本地带来快速收益的经济活动，使热带雨林遭到严重砍伐。2019 年全球的热带雨林每分钟损失近 30 个足球场面积大小的林木，而在过去的 50 年，亚马孙热带雨林有 17% 的森林面积从地球上消失。①从 20 世纪 70 年代起已经被注意到的温室效应、全球变暖、臭氧层被破坏逐渐成为老生常谈。近

---

① WWF, Deforestation and Forest Degradation, https：//www.worldwildlife.org/threats/deforestation-and-forest-degradation，2021 年 1 月 16 日最后访问。

年来，由全球变暖而引起的海平面上升、气候变化、极端天气、自然灾害等问题在世界各地造成了严重的破坏和难以估量经济损失，越来越多的人包括各国首脑终于意识到，保护环境已经刻不容缓。

环境科学的进步提高了人们对环保重要性的认识。自 20 世纪 60 年代起，各国均制定了有关防治空气污染、水污染和保护自然资源的法律。① 20 世纪 90 年代初，环境问题逐渐上升到人类经济和社会发展的中心位置，国际社会反复强调"可持续发展"的重要性，签订了有关保护生态环境的多项国际条约和宣言。从 1992 年《里约环境与发展宣言》和《联合国气候变化框架公约》，到 2000 年联合国《千年发展目标》和 2015 年《2030 年可持续发展议程》，再到 2016 年《巴黎协定》，环境问题逐渐成为各国国家和国际组织日程上的一项主要内容。

保护环境需要全球各方的共同努力，不仅需要各国政府制定相关政策和法律，工商企业积极承担环境责任也是不可或缺的要素。当下国际人权法领域对环境权的界定是怎样的？在此界定下，工商企业应承担哪些环境责任？理解这些问题是企业正确调试其与环境权的前提。

一、环境权与人权

享有健康的环境是充分享有人权的必要条件。无论是《国际人权宪章》，还是核心国际人权文书，都没有对环境权做出承认和规定的条款，在联合国人权高级专员办事处（OHCHR）列出的所有人权文书中，也没有针对环境权的国际文书。② 但是，毫无疑问的是，环境权是一项重要的人权议题。联合国人权理事会于 2012 年设立了人权与环境问题特别报告员，③ 约翰·诺克斯先生（John Knox）被任命为首位"与享有安全、洁净、健康和可持续环境相关的人权义务问题"独

① 《与享有安全、洁净、健康和可持续环境相关的人权义务问题独立专家约翰 H. 诺克斯的报告——初次报告》（A/HRC/22/43），载联合国人权理事会网站，2012 年 12 月 24 日，https：//undocs.org/zh/A/HRC/22/43 。

② 《世界人权文书》，载人权高专办网站，https：//www.ohchr.org/CH/Professional Interest/Pages/UniversalHumanRightsInstruments.aspx。

③ 《人权理事会通过的决议 19/10 人权与环境》（A/HRC/RES/19/10），载联合国人权理事会网站，2012 年 4 月 19 日，https：//undocs.org/zh/A/HRC/RES/19/10。

立专家。在其两届任期内，诺克斯为环境权的定义和环境权在国际人权法中的地位确立定位做出了突破性的解释。在 2018 年向联合国大会提交的报告中，诺克斯先生员建议大会承认"享有安全、洁净、健康和可持续环境的人权"，并解释了承认这项权利的原因和重要性。

(一) 环境权的定义

学界通常所说的环境权是指"享有健康环境的人权"，其指代所有依赖于安全、洁净、健康和可持续环境的人权的环境方面。① 环境权作为一个"新"的人权还未在国际人权法中正式受到各国的承认，但现有的人权规范同样适用于有关环境的事项。到目前为止，与环境有关的人权规范并不是基于对享有健康环境的人权的明确确认，而是通过对生命权和健康权等现有基本人权的"绿化"而实现的。由于环境的损害会妨碍多种基本人权的充分享有，包括但不限于生命权、健康权、食物权、水权、住房权、文化权、发展权、财产权、家庭和私生活权。各国尊重、保护人权免遭妨碍和落实人权的义务也适用于环境方面。与此同时，信息权、参与权和补救权等人权的行使也对环境保护具有至关重要的作用。② 因此，环境权和人权是相辅相成、不可分割的。现有的人权规范必然要求我们保护环境，"环境保护与人类的其他利益同样重要，都是人类尊严、平等和自由的根基"。③

"享有健康环境的人权"这一新人权的探讨可以追溯到 1972 年《联合国人类环境会议宣言》(《斯德哥尔摩宣言》)，其第 1 条原则规定："人类有权在一种能够过着尊严和福利的生活环境中，享有自由、平等和充足的生活条件的基本

---

① 《与享有安全、洁净、健康和可持续环境相关的人权义务问题独立专家约翰 H. 诺克斯的报告》(A/HRC/37/59)，载联合国人权理事会网站，2018 年 1 月 24 日，https://undocs.org/zh/A/HRC/37/59。

② 《与享有安全、洁净、健康和可持续环境相关的人权义务问题独立专家约翰 H. 诺克斯的报告——初次报告》(A/HRC/22/43)，载联合国人权理事会网站，2012 年 12 月 24 日，https://undocs.org/zh/A/HRC/22/43。

③ 《与享有安全、洁净、健康和可持续环境相关的人权义务问题独立专家约翰 H. 诺克斯的报告——初次报告》(A/HRC/22/43)，载联合国人权理事会网站，2012 年 12 月 24 日，https://undocs.org/zh/A/HRC/22/43。

权利，并且负有保护和改善这一代和将来的世世代代的环境的庄严责任。"虽然半个世纪之后，环境权仍未能在国际人权法中得到正式的承认，但"享有健康环境的权利"已经在 100 多个国家得到了宪法的承认和保护，① 此外，环境权也在诸多区域人权文书中得到承认。如 1981 年《非洲人权和民族权宪章》第 24 条规定"一切民族均有权享有一个有利于其发展的普遍良好的环境"；1988 年《美洲人权公约关于经济、社会和文化权利领域的附加议定书》第 11 条承认"每个人都有在健康环境中生活的权利"；2004 年《阿拉伯人权宪章》第 38 条确认"享有健康环境的权利"是享有适当生活水准权确保福祉和体面生活的一部分；2012 年东南亚国家联盟的《人权宣言》第 28（f）段纳入了"享有安全、洁净和可持续环境的权利"，将其作为适当生活水准权的一部分；此外，1998 年欧洲经济委员会起草的《在环境问题上获得信息、公众参与决策和诉诸法律的公约》和 2018 年发布的《关于在拉丁美洲和加勒比环境问题上获得信息、公众参与和诉诸法律的区域协定》均承认享有健康环境的权利不仅属于当代人，还属于子孙后代的每一个人。

即使环境权还不是一项国际法中严格意义上的人权，但由于环境权与多种基本人权是相互依存的关系，各国在履行其现有的人权义务时，自然有义务保障人们享有安全、洁净、健康和可持续的环境。若个人的基本人权因不安全的环境而无法得以实现甚至遭受侵害，政府和直接侵权者则应承担与被侵害人权相应的人权和法律责任。

（二）环境权与经济权辨析

需要注意的是，在讨论工商业与环境权的关系时应区分享有健康、安全、可持续环境的人权和企业对自然资源的使用权。在我国早期的研究中，有不少学者

---

① Boyd, D. R., Catalyst for Change: Evaluating Forty Years of Experience in Implementing the Right to A Healthy Environment. In J. H. Knox & R. Pejan (Eds.), The Human Right to a Healthy Environment, Cambridge University Press, pp. 17-41 (2018); Boyd, D. R., The Environmental Rights Revolution: A Global Study of Constitutions, Human Rights, and the Environment, UBC Press, 2011.

认为企业也是环境权的权利主体,[①] 这显然混淆了人权与私法赋予的权利,也混淆了环境与资源这两个基本概念。

在国际法层面,如上文所述,环境权,即"所有依赖于安全、洁净、健康和可持续环境的人权的环境方面",既是基本人权实现的保障,也是一项正在发展的新型人权。而企业对资源的使用权是一项由经济法规定的权利,与环境权(人权)有着本质的不同。对人权的保障是政府的义务,也是企业的责任。企业在经济发展过程中应避免侵犯人权,当侵权行为发生时企业和国家有义务提供补救措施。也就是说,环境权优先于企业的经济权。

那么企业是否拥有等同于人权的环境权诉求呢? 我国《环境保护法》第 2 条将环境定义为"影响人类生存和发展的各种天然的和经过人工改造的自然因素的总体,包括大气、水、海洋、土地、矿藏、森林、草原、湿地、野生生物、自然遗迹、人文遗迹、自然保护区、风景名胜区、城市和乡村等",显然,矿产、土地等工商业可以开发利用的自然资源只是环境这一总体概念下的个别元素。因此,企业的经济自由权下对自然资源的用益物权不能扩展等同于企业拥有对环境的使用权,其拥有的仅仅是环境中某些元素的有限的使用权。《民法典》要求民事主体在从事民事活动(第 9 条)、行使业主所有权(第 286 条)、用益物权(第 326 条)、建设用地使用权(第 346 条)时,以及履行合同(第 509 条)时,应当遵守法律有关保护和合理开发利用资源、节约资源、保护生态环境的规定。也就是说,企业对环境只有保护的责任和义务,而没有类似于"财产权""经营自由权"等有关于环境的"权利"。

这并不意味着保护环境权与企业利益无关或者环境权与企业的经济自由相冲突。健康、安全和可持续的环境是所有人以及工商企业赖以生存和发展的基础。比如,极端天气和环境破坏对一个地区的旅游业的打击业是致命的,而其他领域的工商业也难以避免遭受损失。如 2019 年至 2020 年冬季意大利威尼斯海水涨潮超过历史纪录,淹没了街道的海水越过底层商铺预设的防护设施。海水浸泡不仅

---

①　如康纪田:《反思与重构环境权体系及其制度——以矿业环境权为例的实证分析》,载《西部法学评论》2013 年第 2 期, 第 77~84 页。又如白平则:《公民环境权与企业环境资源使用权》,载《山西师大学报(社会科学版)》 2005 年第 4 期, 第 45~48 页。

直接减少了当地游客数量，也对普通商店和建筑造成了直接损害，对当地经济可谓是双重打击。又如 2020 年我国南方遭遇了 1998 年以来最严重的一次汛情，洪水使当地的工厂和企业遭受了严重的经济损失。环境权一方面限制了企业在利用自然资源和从事生产经营活动的自由，另一方面也是工商业从事生产经营的基本保障和前提。

二、企业环境社会责任

企业环境社会责任是指企业在追求自身和股东利益的同时，将保护生态环境和自然资源纳入企业经营决策，并承担相应的法律责任和人权责任。

（一）企业的环境法律责任

首先，企业有保护环境的法律义务，这也是企业环境责任的底线。我国《环境保护法》第 6 条明确规定，"一切单位和个人都有保护环境的义务"，企业事业单位和其他生产经营者"对造成的损害依法承担责任"，并在第六章第 59 ~ 64 条明确规定了违法企业的行政法律责任，因污染环境和破坏生态造成损害的应依据《中华人民共和国侵权责任法》承担侵权责任，构成犯罪的，依法追究刑事责任。2021 年生效的《民法典》第七编取代了《中华人民共和国侵权责任法》，规定"因污染环境、破坏生态造成他人损害的，侵权人应当承担侵权责任"，包括惩罚性赔偿、承担修复责任、赔偿损失和费用等。我国《刑法》分则第六章妨害社会管理秩序罪的条款中规定了有关因环境污染而引起的刑事责任，其中第六节破坏环境资源保护罪（第 338 ~ 346 条）规定，造成重大环境污染事故，致使公私财产遭受重大损失或者严重危害人体健康或人身伤亡的严重后果的，应承担刑事责任。

（二）企业的环境人权责任

由于安全、洁净、健康和可持续环境是享有人权的基本保障，环境权也是一种新型的人权，因此企业承担相应的人权责任。依据《联合国工商业和人权指导原则》，尊重人权的责任要求工商企业：避免因其生产经营活动而造成环境损害继而造成或加剧负面人权影响，并消除已经产生的影响；努力预防或缓解经由其商业关系与业务、产品或服务直接关联的由环境引起的负面人权影响；为了履行其人权责任，工商企业应制定与其规模相符的环境政策和程序，做出尊重人权环境方面的政策承诺，并为此实施人权尽责程序，以防止和缓解与环境有关的人权影响并负责处理这种影响；并应对其造成或加剧的任何负面环境人权影响进行补救。①

三、工商业与环境权关系调适路径

企业的环境责任是社会文明发展的必然产物。随着工商业的发展，其生产经营活动对环境的负面影响日益明显，直至今日已经到了无法忽视的地步。即使在经济自由度更高的欧美国家，政府也在通过立法和制定标准来规范企业的活动，以限制工商业对环境造成严重破坏。从 20 世纪 70 年代起，保护环境的呼声不仅在国际舞台上越来越高，也成为我国的一项基本国策。随着环保意识的提高，各国政府通过制定政策和法律法规等方式防止和预防企业对环境造成严重破坏，而大众对企业在环境方面的社会责任要求也逐渐提高。同时，国际社会将环境保护列为最重要的全球性议题，要求企业承担相应的人权责任。在这样的环境下，工商企业若要谋求长远的发展或更广的发展空间，必须正确处理企业活动与利益和环境权的关系。

（一）树立环保主体意识

首先，工商企业应树立环保主体意识。正如习近平总书记在联合国日内瓦总部的发言中所讲："人与自然共生共存，伤害自然最终将伤及人类。"② 工商企业的经营者应转变长期以来对环保的消极态度，将自己和企业视为自然的一分子，将保护环境视为切身利益的一个重要方面。

企业经营者和投资者应该意识到，在保护环境方面，企业已经逐渐失去了

---

① 《与享有安全、洁净、健康和可持续环境相关的人权义务问题独立专家约翰 H. 诺克斯的报告》（A/HRC/37/59），载联合国人权理事会网站，2012 年 12 月 24 日，https：//undocs. org/zh/A/HRC/37/59。

② 习近平：《共同构建人类命运共同体》，载新华网，2021 年 1 月 1 日，http：//www. xinhuanet. com/politics/leaders/2021-01/01/c_1126936802. htm。

选择和商榷的余地。随着全球社会大众环保意识的增强和环保标准的提高，以牺牲环境为代价的生产经营活动如果能带来利益，也必定是短期的，而企业极有可能为破坏环境付出更高的代价，比如承担法律责任、赔偿受害者损失、遭到消费者抵制、企业名誉受损等。此外，全球气候变化和近年来频频出现的极端天气时刻提醒我们，保护环境需要所有社会成员共同努力，没有任何一个国家和个体可以确保免遭自然灾害带来的损失。因此，保护自然和生态环境从本质上是符合企业根本利益的。

与其消极应对外部对企业环境责任的要求而带来的压力，以及可能因自然灾害而造成的损失，工商企业经营者不如积极运用企业的创新和变革能力，将保护环境变成企业发展的助力，通过企业转型和节能减排、减少污染、中和碳排放等方面积极寻找出路。一方面降低企业的环境成本，减少因环境负面影响而造成的经济损失；另一方面为企业所在的国家和地区的环境保护做出实际的贡献。树立环保主体理念是所有企业都要做的第一步转变，企业转型、减少污染是传统污染行业必须面对的挑战。节能减排则是当下所有工商业经营者需要特别注意的事项，绿色环保产业也是投资者值得探索的朝阳领域。

（二）落实企业环境治理

依据《联合国工商业和人权指导原则》，工商企业承担环境权或人权的环境方面的责任，首先需要做出相关公开的政策承诺。环境方面的政策承诺是一份或多份企业在其营活动和商业关系中尊重、保护环境权的责任、承诺或期望的公开声明。不同于企业内部政策或管理条例，政策承诺的目的在于向商业伙伴和社会大众展示企业在保护环境方面的立场，做出履行这一责任的承诺，以及表示接受社会各界监督的决心。这份公开的声明还应传达企业对个人、商业伙伴和与其业务、产品或服务直接关联的其他方的环境保护预期。作为企业的政策性文件，承诺声明的起草应咨询环境领域专家意见，并参考环境和人权领域的指导性文件，包括《国际人权宪章》《工作中基本原则和权利宣言》《联合国工商业和人权指导原则》《可持续发展目标》，以及区域性环境保护规范和国家环保法律法规等。声明文件应得到企业最高管理层的批准，对外向社会和利益攸关方公布，对内则在企业内部通报该声明以及有关政策、程序和问责制度。其次，企业应采取具体措施内置实现其公开承诺的环保政策，如将环境影响设为企业决策考量的必要因素、采用第三方治理、将环境条款加入与供应商和其他合作方的合同中、制定严密的应急响应措施、设置环保部门和环境主管、在职业培训中加入环保知识等。

申请 ISO14000 环境管理体系认证是工商企业实现其环境方面政策承诺的具体操作路径之一。ISO14000 环境管理系列标准是国际标准化组织（International Organization for Standardization）于 1993 年推出的规划企业和社会团体等所有组织的活动、产品和服务的环境行为的管理认证体系，目的是规范所有组织的环境行为，以达到节省资源、减少环境污染、改善环境质量、促进经济持续、健康发展的目标。ISO14000 环境管理体系基于 20 世纪 80 年代起一些欧美国家提出的企业环境管理体系雏形，很快得到了包括欧、美、日等多国在内的广泛支持。ISO14000 环境管理系列标准从环境方针、规划、实施与运行、检查与纠正措施、管理评审五个基本部分为企业环境责任建立管理体系，支持其有计划地评审和持续改进，以实现良性循环。

ISO14000 环境管理体系框架包含 5 个基本部分和 17 个要素，详见表 6-2：

表 6-2

基 本 部 分	要　素
环境方针	环境方针
规划	环境因素、法律与其他要求、目标和指标
实施与运行	环境管理方案、机构和职责、培训意识与能力、信息交流、环境管理体系文件、文件管理、运行控制
检查与纠正措施	应急准备和响应、监测、不符合纠正与预防措施
管理评审	记录、环境管理体系审核、管理评审

由于 ISO14000 环境管理体系吸收了工业发达国家的环境管理经验，同时考虑到不同国家的法律和情况，具有灵活性大、兼容性强、适用性广、持续改进等优势，因此受到了国际社会的广泛接受，已在全球 171 个国家和地区颁发了 30

多万个 ISO14000 环境管理体系认证。① 可以说，虽然该认证并非各国强制要求，但其影响力已不容忽视。

ISO14000 环境管理体系认证是一个多方受益的选择。一方面，该认证体系操作性强，可以直接提高企业的管理能力，降低生产、管理和环境成本，提高企业形象和市场竞争力。同时，国际认证为工商企业提供了贸易"绿色通行证"，大大降低了企业服务和商品在国际市场上遭遇环境壁垒的风险，有利于贸易自由的健康发展。另一方面，企业的普遍参与认证为各个企业、组织、国家预防环境破坏、减少污染、实现可持续发展做出了重要贡献，使得整个社会成为受益群体。

---

① ISO14000 Family-Environmental Management，https：//www.iso.org/iso-14001-environmental-management.html，2021 年 12 月 1 日最后访问。

第七章　贸易冲突背景下调适工商业与人权关系的建议

　　无论是工商业与人权保障规则，还是两者关系调适规则的创新，其主要实践者都是个人、组织和政府。其缘由是商界企业家和政治企业家等实践型的企业家需要解决企业、经济以及人权保障等面临的各种问题，这促使他们不得不在既有的约束条件下展开规则创新实验。基于约束条件和创新失败的风险使得他们很大程度上必须以现有规则为基础进行点滴改进，而不是一切推翻重来。这既是实践型企业家的优势，也是他们的局限。学者作为理论研究者，可能成为理论型企业家，对现有的理论进行创新。马克思、哈耶克、爱因斯坦等都是典型的理论型企业家。学者也可以对有关工商业与人权的规则进行创新。与实践型企业家不同，学者们既不面对实际问题，也不受规则所处环境的条件约束，其提出的具体规则难免天马行空，无法直接解决现实问题。但学者们如果专注于人类已有规则的规律的研究，就具有了实践企业家不具有的视野，能够在抽象规则或者理念方面做出贡献。例如爱因斯坦的狭义相对论作为一种抽象规则，不解决任何具体问题，但对很多实践问题具有指导作用。虽然精细化的规则建议看起来很具有吸引力，但本章主要从工商业与人权调适的背景、指导原则和抽象规则的角度进行分析，探寻工商业与人权关系调适的新路径。本章一方面对前面章节的论述进行了总结，另一方面也试图提出一些新看法。

第一节　工商业与人权关系调适的背景

　　一个国家的经济系统由相互联系、相互作用的各种经济元素结合而成。在其动态演进过程中，遵循着时序性的特征，即一个时期的经济发展模式，需要适合其所在历史时期内的经济结构、技术水平、制度变迁和社会条件，这些要素之间是相互匹配和对应的。改革开放后中国经济增长经历了几个不同的阶段。不同历史时期的经济主题、发展主线和驱动模式是不断变化的，工商业对人权的保障力度也在同步演进。

从改革开放到 20 世纪 90 年代，我国经济基础薄弱，工业结构失衡，生产技术水平较低，服务业发展严重滞后，决定了当时只能实行粗放式扩大再生产模式。要想在贫穷落后的农业经济基础上建立现代化经济体制，实现经济的高速增长，只能依靠高投资、低水平、高能耗。但从长久来看，这种发展模式无法支持我国经济实现可持续发展。进入新时代，随着企业生产技术和组织管理水平得到提高，我国工商业经济实力大为增强，竞争能力不断提升，我国经济增长的驱动力从"扩大数量"转为"追求质量"，经济增长走向了新的历史阶段。

2001 年 12 月，我国正式加入世界贸易组织。在这之后的十几年，我国抓住机遇，坚持扩大内需，产业结构不断优化升级；全面推进对外开放，参与经济全球化进程，对外贸易和吸收外资的规模迅速扩大。在此期间我国经济表现卓越，平均每年 GDP 保持着接近两位数的增长，稳居所有经济大国之首。如今中国经济取得了举世瞩目的成就，成为世界第二大经济体，在全球价值链中的位置不断提升。

在此过程中，我国工商业开始深度参与到国际化的贸易体系中。一方面很多中国企业走出去，学会了利用世贸组织的争端机制来解决与国外企业的贸易争端；另一方面很多跨国企业进入中国，带来了不同的工商业治理模式，为我们提供了一个很好的学习机会。这在一定程度上重塑了我国工商业的管理方法和法治观念。我国有些企业管理理念开始从官本位历史思维下的威权治理模式，转变到遵守国际贸易准则的制约，适应通用的国际游戏规则，贯彻"以人为本"的人性化管理、制度化管理理念。对于我国工商业来说，加入世贸组织对其在管理理念、法治观念方面的增强，甚至比贸易规模和经济利益的提升更重要。我国在工商业领域中开始重视和推动人权保障的发展，也始于这一阶段。

近几年，我国经济正步入新的运行轨道，进入新常态，从过去的高速增长到近几年逐步回落，进入一个中速增长的稳定期。虽然我国经济长期向好的基本面貌没变，经济的弹性和韧性也还在，但是驱动我国经济增长的内在动力已经发生了巨大的变化。

受全球经济增长持续放缓、中美经贸摩擦等因素影响，我国经济面临着国内发展条件和比较优势的变化及国际形势不确定性加大等多重因素的制约，经济下行压力加大。这些因素的出现，表明我国经济需要从高速增长阶段进入高质量发展阶段。我国工商业如何在新时代培育经济新业态、新模式、新动力，这需要新的想法。新思路才能解决新问题，企业界只有更新思想理念，才能更新发展方式和产业结构，国家经济才能转换增长动力，从而提升经济增长质量，破解社会新矛盾，不断激发我国经济增长新动能。综上所述，中国经济发展的核心逻辑已经发生变化，工商业与人权关系也要根据新的时代要求同步发展。

从国内来说，现代企业的竞争力主要来源于创新力，企业所有创新归根结底是人的创新。然而我国企业管理并未完全跟上内外部环境变化的步伐，人权保障没有受到企业的足够重视，企业侵害员工合法权益的事件还时有出现。如果企业员工利益无法有效保障，就会直接影响到企业的成长氛围和长久发展。保障人民的各种合理的权利要求，是建设社会主义法治国家的重要内容。我国工商业管理制度只有充分地反映广大员工的权利要求和捍卫他们的利益诉求，才能调动员工积极性，在新时期应对新的挑战。企业必须意识到，它们的长期繁荣同社会的福祉紧密相连是个不可争辩的事实。在此背景下，工商业与人权事关民生，处理好两者关系既是我国经济发展的落脚点，也是重要的增长点。

从外部来说，随着中资企业扬帆出海，海外投资规模逐年加大，尤其是"一带一路"倡议与"构建人类命运共同体"的提出和推行，加速扩大了中国工商业对人权在国际范围内的影响程度。中国工商业对人权影响已经不再局限于国内。中国企业能否在尊重人权的政策导向和制度框架下负责任地经营，已逐步成为其他国家和国际舆论关注的焦点，也是中国企业能否落实"走出去"战略的重要考量。我国政府也已意识到了工商业对人权的重要性，在 2009 年 6 月的联合国人权理事会上，中国代表表示："在当前全球金融危机的大背景下，继续促进和保护公民经济和社会权利面临前所未有的挑战。这一问题应引起国际社会各方的高度重视，同时也需要国际社会，包括国家和私人部门等各方在其中承担其相应的责任，携手共渡难关。中国赞赏'保护、尊重和救济'的框架，认为该提议具有价值意义，值得各国认真研究。"① 我国及时顺应了国际社会在工商业与人权保障领域的新趋势，以更大的决心和更完备的制度来加快工商业与人权领域的发展步伐。

自 2009 年以来，国家先后实施了三期国家人权行动计划，通过各种措施不断加大工商业领域中人权的保障力度。"中国已经通过一系列政策上的转变，务实而前瞻地将国际人权原则和国际人权规范转化为包括工商企业在内的私法主体都应尊重和遵守的价值原则、商业伦理和行为准则，这将有助于中国海外企业，包括成长中的中国跨国企业不断增强对人权和可持续发展等全球价值观和发展趋势的认同。中国行业组织也正以国际人权原则和国际人权规范为基础，为中国企业在海外履行尊重人权的责任寻求解决方案，这些变化表明了中国政府和业界在公私两个层面不断改进的对人权的承诺。"②

现代社会是知识社会，知识社会是调整工商业与人权关系的基本社会特征和背景。知识社会崭新的中心特征是对理论知识的汇编以及科学与技术的新关系构建。每个社会的存在都基于知识以及语言在传播知识过程中发挥的作用，③ 但从 20 世纪开始我们才能看到探索新知识对理论知识的汇编以及自觉性研究的发展。简单地说，知识社会之前的社会也存在大量的技术、制度性规则，但这些技术和制度性规则多数都是经验的总结，科学的作用有限。在知识社会，知识特别是科学知识成为整个社会发展的基础，无论是政治、经济、文化的各个方面均是如此。例如互联网、电脑、生物科学等的发展是建立在 20 世纪物理学和生物学的革命性发展基础之上的，政府对经济进行干预的制度与经济学发展密切相关。正因如此，知识经济的提法范围有些窄，其他提法除了知识价值社会，也大多没有把这种社会类型的核心要素包括在内，存在概括不够简明准确的问题。

在国内，知识经济的提法较为常见。知识经济是指"以知识和信息的生产、分配、传播和应用为基础的经济"，"知识已经被认为是提高生产率和实现经济增

---

① 秘书长特别代表：《应对经济危机不应降低企业的人权责任》，载联合国官方网站，2009 年 6 月 2 日，https：//news. un. org/zh/story/2009/06/113922，2021 年 5 月 20 日最后访问。

② 梁晓晖：《工商业与人权：中国政策理念的转变与业界实践的互动研究》，载《国际法研究》2018 年第 6 期，第 20 页。

③ ［美］丹尼尔·贝尔：《后工业社会的来临》，高铦等译，江西人民出版社 2018 年版，1999 年英文版序第 13 页。

长的驱动器，因此，信息、技术和学习在经济活动中的作用已经成为人们关注的焦点"。① 知识经济可以描述现代经济的特征，但如果不把知识经济放到整个全球社会背景中考察，将无法真正把握知识经济的内涵，也无法实现从工业经济到知识经济的转变，因此知识社会的提法更全面。

知识社会的基本特征包括如下几个方面：

第一，知识替代土地、劳动等成为经济发展的关键性资源，知识与资本高度发达并深度结合。知识不同于数据、信息。数据是有关事实的简单概括和排列，信息是对数据进行了简单的加工和抽象，知识则是基于对数据和信息的分析，以探索知其所以然为目的，形成可以证实或证伪的理论。发现新知识需要对已有知识进行重新排列、安排和规划，以科学或审美为目的，创造新的视角或新的知识。知识与资本高度结合使知识得以运用，形成创新性的技术和制度。

第二，创新是知识社会的核心命题，社会的各项制度主要围绕创新展开。知识社会之所以不只是知识经济，是因为尽管人们认识到知识在经济发展中的核心地位，但知识的创新需要各种能够促进创新的制度规则配合才能够实现，否则难以实现知识经济。

第三，知识社会是以人为本，以服务、体验为主题的社会，是全球化、一体化的社会，是快速变动的社会。知识社会是以满足人的高级需求为基础的社会，因此对人的服务成为主导产业。教育、医疗、娱乐、研究等高端服务业成为中心产业。在创新的驱动下，理论知识不断转化为具体的技术应用，对社会影响越来越大，社会变革将快速发生。

第二节　工商业与人权关系调适的基本原则

一、合宪原则

宪法作为的最高法与根本法，记载了我国人民所遵行的深层根本行为规则。基于规则之间的体系化和相容关系，对于工商业与人权规则的调整，特别是以政

---

①　世界经济合作与发展组织（OECD）编：《以知识为基础的经济》，杨宏进、薛澜译，机械工业出版社1997年版，第17~26、8~9页。

府为主体通过制定法律等规范性文件的方式进行的调整，必须遵循宪法的规则，不能与宪法的原则、精神和条款相悖。

我国宪法规定全国人大常委会具有解释宪法的权力，全国人大常委会如何通过解释宪法来进行合宪性审查一直在探索之中。2018 年全国人大设立了宪法和法律委员会，赋予其"推动宪法实施、开展宪法解释、推进合宪性审查、加强宪法监督、配合宪法宣传等工作职责"。① 但目前宪法和法律委员会主要对法律草案进行事先的合宪性研究，对规范性文件的事后合宪性审查基本由全国人大常委会法制工作委员会（下称"法工委"）通过备案审查的方式进行。2000 年《立法法》建立了较完备的备案审查制度，全国人大常委会为了更好地落实这项制度，于 2004 年在法工委设立法规备案审查室，专门承担备案审查具体工作。自 2017 年起，法工委开始向全国人大常委会报告备案审查工作情况，地方人大常委会法工委也开始进行类似报告，备案审查工作被展现到公众视野之中。在全国人大常委会法工委的工作报告和其公布的案例中，不少案件涉及合宪性问题。虽然我国其他机构也会进行合宪性判断，但目前进行合宪性判断实践最多的机构是全国人大常委会法工委，其经过二十多年的实践，总结出了合宪性审查的一些经验和标准，集中体现在 2019 年制定的《法规、司法解释备案审查工作办法》中。

合宪性审查最重要的问题是审查标准的确定。全国人大常委会制定的《法规、司法解释备案审查工作办法》为备案审查设立了四个标准，分别是合宪性标准、政治性标准、合法性标准与适当性标准。其中政治性标准是指是否"与党中央的重大决策部署相符或者与国家的重大改革方向一致"②，这个标准也是在考量规范性文件的适当性问题，因此可以认为是适当性标准的一个部分。③ 如果把

---

①　参见《全国人民代表大会常务委员会关于全国人民代表大会宪法和法律委员会职责问题的决定》。

②　参见《法规、司法解释备案审查工作办法》第 37 条。

③　全国人大常委会法工委备案审查工作情况的 2020 年和 2021 年报告就采用了合宪性、合法性和适当性三个标准。参见沈春耀：《全国人民代表大会常务委员会法制工作委员会关于2019 年备案审查工作情况的报告——2019 年 12 月 25 日在第十三届全国人民代表大会常务委员会第十五次会议上》，载《中国人大》2020 年第 5 期；沈春耀：《全国人民代表大会常务委员会法制工作委员会关于 2021 年备案审查工作情况的报告——2021 年 12 月 21 日在第十三届全国人民代表大会常务委员会第三十二次会议上》，载《中华人民共和国全国人民代表大会常务委员会公报》2022 年第 1 期。

备案审查的标准分为合宪性标准、适当性标准和合法性标准三个标准，这其中适当性标准的地位比较特殊。在备案审查过程中，审查机关一般先审查规范性文件的合法性。在合法性没有问题的情况下，如有合理性疑问，则进行适当性审查。如果规范性文件存在适当性问题，可以直接给予否定性评价，也可以进一步进行合宪性审查，以增强其否定性评价的基础。这是由于与合宪性、合法性标准相比，适当性标准比较模糊，虽然理论上可以提出一些适当性标准，但在实践中很难确定一个明确的标准，① 单独运用适当性标准进行审查往往很难具有说服力。因此，可以把适当性标准作为合宪性审查标准的一部分，先以宪法的条款和原则分析规范性文件的合宪性，然后再以宪法蕴含的精神作为适当性标准的指引，分析规范性文件确立的规则是否符合社会事实，② 或者如美国最高法院的实践，把两者融合起来进行合宪性判断。

根据目前的审查实践，合宪性审查的标准可以包括法律保留标准、比例原则标准、平等原则标准和适当性标准。这四个标准主要判断来调整工商业与人权的规则创新是否侵害了公民的基本权利，是否对公民基本权利构成了限制。基本权利限制的合宪性审查可以采取三阶段模式：首先，确认涉及哪项基本权利的保护范围；其次，该基本权利是否真正受到了侵犯；最后，侵犯是否具有合宪性理由，即违宪阻却事由。③ 依据合宪原则对工商业与人权规则的合宪性审查以保护人权为中心，这表明了工商业发展与人权进步必须同步进行，不能通过牺牲人权的方式来发展经济。

二、创新原则

创新原则是指我国需要必须适应知识社会的特点，用创新理念来指导工商业

---

① 　全国人大常委会法制工作委员会法规备案审查室：《规范性文件备案审查理论与实务》，中国民主法制出版社 2020 年版，第 126 页。

② 　有学者认为规范性文件审查应当先进行合法性审查、再进行合宪性审查、最后进行适当性审查，适当性审查可以起到对合法性审查和合宪性审查"补遗"的作用。参见王锴：《合宪性、合法性、适当性审查的区别与联系》，载《中国法学》2019 年第 1 期。这种做法把适当性审查置于合宪性审查之上，但在法治国家宪法是规范性文件的最高标准，不应该存在比合宪性审查更高且独立于合法性审查的标准。适当性审查或者是合法性审查的组成部分，或者是独立审查方式但低于合宪性审查，或者是合宪性审查的组成部分。

③ 　张翔：《基本权利限制问题的思考框架》，载《法学家》2008 年第 1 期，第 134 页。

与人权关系的调适。我国正向知识社会转变，要顺利实现这种转变，必须大力提倡创新，使创新成为社会发展的主动力。对中国社会的观察必须从两个维度进行，一个是传统中国，或者叫做乡土中国；一个是现代中国，或者称之为知识中国。以农村和中小城市为代表的传统中国，蕴含着大量的以求稳定为中心的规则；以大城市为代表的现代中国，则把变动创新作为中心规则。这也表明了中国向知识社会转变的困难，因为农村和中小城市依然是中国大部分人口的主要居住地。很多学者观察中国也是以传统中国为视角。例如有人为科举制度辩护，认为科举制度的确可以起到发现人才的作用。事实上无论是科举还是高考当然可以发挥发现人才的作用，甚至科举制度在农耕中国还是非常先进的制度，但这种制度对创新的压制是无论如何也不可否认的。① 科举可以发现人才，但这种人才经过了科举的训练已经把创新能力压制到最低程度。我们不仅要认识到传统中国的存在，更要认识到知识中国的扩展，不能认为只要是传统的都是好的，只要是传统就应该维持。

传统社会和知识社会的重要区别是，传统社会讲求维持，只要维持当前的社会形态即可，不必让每个人的生活变得更好。工业社会特别是知识社会则讲求创新，维持现状已经不能满足人不断提升的需求。

然而传统社会的理念和思维模式影响到当今中国的每个角落，与知识社会的要求并不一致。比如严格的官僚等级与知识社会的扁平化管理要求相悖，过分的从众心理和打击异类的做法与知识社会尊重和包容"离经叛道"的理念不相容。在建设创新型国家的过程中，这些问题必须得到改变。特别是在教育领域，培养创造力、创新性如果只是简单地改进教学、课程，选拔"拔尖创新人才"，不仅无法达到目的，反而使形式主义在社会中加速蔓延，损害创新型国家建设。无论是教育还是社会领域，必须认同个性自由、独立思考、批判精神等的价值意义，允许尝试和犯错误。"因此，创造力的解放首先是精神的自由和解放。"②

党的十九大报告把我国面临的主要矛盾概括为"人民日益增长的美好生活需要和不平衡不充分的发展之间的矛盾"。美好生活的一个重要基础就是富裕的生

---

① 参见苏力：《大国宪制——历史中国的制度构成》，北京大学出版社 2018 年版，第 418~420 页。

② ［美］Keith Sawyer：《创造性：人类创新的科学》，师保国等译，华东师范大学出版社 2013 年版，戴耘：总序第 2 页。

活，而知识社会中的知识商品是"思想之源与富裕经济学"①，知识商品的特征就是创新，创新成为推动社会发展，创造富裕美好生活的主动力。

创新内涵丰富，可以分为技术创新、管理创新和制度创新三大类。技术创新是指将一种新产品、新工艺或新服务引入市场，实现其商业价值的过程；管理创新是指将一种新思想、新方法、新手段或新的组织形式引入企业或国家的管理中，并取得相应效果的过程；而制度创新则是指将一种新关系、新体制或新机制引入人类的社会及经济活动中，并推动社会及经济发展的过程。② 无论技术创新、管理创新还是制度创新，均需要立法的引导和立法推动变革。政府以立法推动的规则或者制度变革必须以创新为原则。

我国《宪法》适应知识社会的趋势，把创新作为重要的指导方针，同时通过许多条款鼓励立法创新。其主要包括：《宪法》序言"贯彻新发展理念"，新发展理念第一个理念就是创新发展；第 3 条规定，"中央和地方的国家机构职权的划分，遵循在中央的统一领导下，充分发挥地方的主动性、积极性的原则"，发挥地方的主动性、积极性蕴含着对地方立法创新的鼓励，主动创新是地方立法的核心原则；第 20 条规定，"国家发展自然科学和社会科学事业，普及科学和技术知识，奖励科学研究成果和技术发明创造"，这表明《宪法》对科学技术创新的重视，立法需要在此方面提供制度供给，促进科技创新；第 24 条规定，"国家倡导社会主义核心价值观"，社会主义核心价值观把自由作为美好社会的首要因素，对自由的提倡实际就是对创新的提倡。《宪法》第 47 条规定："中华人民共和国公民有进行科学研究、文学艺术创作和其他文化活动的自由。国家对于从事教育、科学、技术、文学、艺术和其他文化事业的公民的有益于人民的创造性工作，给以鼓励和帮助。"这是将创新作为一种公民权利纳入宪法，鼓励公民通过创造性的工作实现自己的价值，国家有义务在此方面通过立法予以尊重、保护公民的创新精神。这些条款中的新发展理念和社会主义核心价值观是 2018 年修宪增加的内容，这也反映了《宪法》对创新的鼓励呈现力度增加的趋势。这些序言和总纲中的鼓励创新的纲领性条款，说明了《宪法》对创新的重视。《宪法》通

---

① ［澳］Michael A. Peters, Simon Marginson, Peter Murphy 主编：《创造力与全球知识经济》，杨小洋译，华东师范大学出版社 2013 年版，第 5 页。

② 成思危：《论创新型国家的建设》，载《中国软科学》2009 年第 12 期，第 1~14 页。

过这些创新条款的引导，要求立法有所作为，使创新成为立法的义务。任何限制创新、不鼓励创新、不为创新创造制度环境的立法都是违背宪法精神的。

三、协商原则

尽管工商业与人权议题在国际层面取得了许多的成果，达成了一些共识。但我们不得不面对的一个现实就是这些共识都是以一种软法的形式呈现。通过国际公约、国家间条约抑或是国内法的硬法规制来调试工商业与人权关系都难以实现。这是因为这些规则从表面看来无比正确，但却是单方面强加的、未经充分协商而制定的，因此必然无法与各国的实际情况和原有社会运行规则相适应。无论国际还是国内，要在这一领域真正实现突破都需要落实协商原则，即只有让所有的参与主体通过协商达成最大限度的共识，才能让他们自发和自愿地去遵守这些共识产生的规则。

贯彻协商原则有诸多好处，包括使工商企业的一致行动成为可能，减少了交易成本，提高了行动效率；通过国家与工商企业和行业协会的协商，增进了工商企业与政府的互信；通过搭建对话协商为平台，使企业家与政治家互动合作成为一套机制，为实现实质平等与公平正义奠定基础;① 官僚集团、企业精英和普通民众之间的利益也都在这一协商过程中通过某种方式进行了协调，更能发挥他们各自的积极性、创造性来共创美好生活。

协商原则体现的是协商民主的精髓和要求。协商民主是以参与为基石，以批判性的对话讨论为手段，以美德作为价值引导，以宪法作为制度构架的公共咨询、决策参与的过程与制度。协商民主具有平等性、对话性、过程性、参与性、批判性、地方性、责任性、妥协性等特征。协商民主意涵和特征可以在自由主义、社群主义、共和主义、法团主义、社会民主主义等思潮中找到身影，协商民主理论对其做了进一步的综合和深化。

自由主义对个人自由发展、人格完善的关注，社群主义对公民参与的重视、地方性的关怀以及公民美德的倚重，共和主义对利益平衡与妥协的阐释，法团主义所构想的国家与社会有序沟通，社会民主主义的实质平等和民主的多元观点，

---

① 参见黄振、张扩振：《中国语境下协商民主的涵义初探》，载《西南农业大学学报（社会科学版）》2012年第5期，第74页。

为协商民主的产生和发展提供了理论上的源泉和思想启迪。

近现代以来，以何种方式实现国家善治是中西方一直不断探索的问题。经过长久的试错演进，西方国家逐渐走上了以法治为基本话语、以自治为基础性制度、以人民负主要责任、政府进行协调的国家治理模式。现代法治在本质上是一种用权利话语重写历史、以程序技术掩饰实质矛盾的社会控制策略。① 因此，国家权力在处理工商业与人权关系时应当受到制约，以保障人权为目的，最大限度地给予工商业领域自治的空间似乎是更好的选择。

以自治权为核心的话语构建了西方治理的主要模式。要想在工商业领域通过自治方式实现对人权的保障，需要各种制度的支持。而这些制度的内在核心或者说目标又都在于落实协商民主。其原因在于，协商民主较其他方式更容易达到以下两个层次的目标：一是通过直接参与的面对面协商来推动各类参与主体的主体性认识，培养所有参与主体的责任心；二是通过程序性、时间性对话来实现偏好的转变和理性认识的形成，从而促进妥协结果的产生。实现这一双重目标是以协商民主的立体制度构架为条件的。

治理的主体在行使自治权时，需要处理两个方面的问题，其一是解决各种公共问题，其二是处理与政府之间的关系。在处理这些问题时，协商民主成为必要的方式。这是因为：其一，治理主体在行使自治权利，并没有强制力的保障，需要协商进行解决；其二，民主协商也是落实治理主体没有转让给国家的权利和自由的体现。因为企业家等治理主体通过民主协商的方式行使自治权，通过小型化的面对面的参与，实现了其政治权利，感受到了自身的尊严，有利于他们幸福感的提升。西方国家在处理这两类问题的制度安排过程中逐渐形成结构性框架，即以居民间协商制度为核心、以团体与政府协商制度为桥梁、以政府间协商制度为顶层的三层结构。

在我国，实现国家善治主要通过完善协商民主制度来实现。中国共产党第十八次全国代表大会提出"健全社会主义协商民主制度"；十八届三中全会提出要"推进协商民主广泛多层制度化发展"，"深入开展立法协商、行政协商、民主协商、参政协商、社会协商"；十八届四中全会提出"构建程序合理、环节完整的协商民主体系"；十九大报告在重申"要推动协商民主广泛、多层、制度化发

---

① 冯象：《政法笔记》，北京大学出版社2012年版，第140页。

展"的基础上，进一步提出"统筹推进政党协商、人大协商、政府协商、政协协商、人民团体协商、基层协商以及社会组织协商"的社会主义协商民主的"七大渠道"建设。全过程民主则是党在深入把握中国民主政治发展规律的基础上对中国特色社会主义民主特质的深刻总结和阐述。全过程民主的特质在协商民主中表现得最突出，或者说协商民主是展现我国全过程民主的重要民主形式。工商业与人权议题中的协商民主也是我国协商体系的一部分，搭建一个政府、工商企业、行业协会、企业员工及利益相关方等在内的协商平台，以法治化的形式在程序及实体上充分落实协商原则是化解工商业发展与人权保障冲突，使二者协调发展的必由之路。

从规则创新的角度来说，调适工商业与人权关系可以从三个方面入手，分别是人权保护规则、工商业规则构成的内部规则以及与之相关的外围规则。比如每周工作 5 天 40 小时的工作时间规定属于对劳动者休息权的保护规则，企业设置性侵害投诉机制属于企业尊重人权的规则，对企业进入某些行业设置严格的门槛的规制措施属于工商业规则，培养企业家精神、形成有利于创新的制度环境则属于外围规则。这些规则一同构成了调适工商业与人权关系的规则生态系统。我们不可能对工商业与人权关系调适所有规则都面面俱到，只能就主要方面进行分析。在人权保护规则中，经济自由权的保护既是工商业发展的前提，也是公民能够有尊严生活的基础；在工商业规则中，政府规制规则对工商业的影响极大，特别需要关注和创新；在外围规则中，企业家精神的培育和有利于创新的制度环境是使工商业与人权摆脱冲突、企业发展与人权保障协同共进的关键。

第三节　工商业与人权关系调适的具体规则

一、调适工商业与人权关系的内部规则

（一）保护经济自由权

工商业与人权的关系中涉及了两种不同的权利关系和权利主体：第一种解读中，经济自由权作为所有人普遍享有的人权之一，工商业是经济自由的一种实现方式，因此工商业和人权的权利主体的关系是统一且一致的；另一种解读中，人权泛指所有人的所有人权，工商业主和其他人是两个不同的权利主体，双方的权

利是共存但可能出现冲突的关系。这两种情形虽然同时存在，但第二种情况是建立在第一种基础上的，只有市场主体的经济自由权得到充分保障和实现时，工商业才会发展到一定程度以至于其自由与其他人的其他权利产生冲突。

市场经济以自由主义为基础，其核心价值是生命、自由和财产。与生命同等重要的自由和财产构成了经济自由的基础。现代经济学之父亚当·斯密提出了市场经济由一个"无形的手"自行调节的理论，交易能力是提高生产力的前提，劳动是衡量商品价值的普遍和正确尺度，资本是一种积蓄，在自由的市场中，市场机制可以自动调节供需关系。也就是说，市场经济中最重要的权利除了财产权，还有工作的权利、交易的自由、契约自由、进出市场的自由等。工商业的发展得益于市场经济和自由贸易；反之，贸易保护主义和违背市场规律的政府干预会阻碍经济发展，导致贸易冲突，最终损害工商业主利益。

经济危机会导致贸易保护主义抬头，极端的贸易保护主义则会导致贸易冲突。因此，解决这些问题的核心在于全球各国经济健康稳定的发展，而经济发展的根源在于自由开放的市场和尊重市场规律的合理政府规制。在市场经济中，最基本的元素是市场主体。市场机制的运作基于市场主体的经济自由，包括对财产的所有权、交易的自由、契约自由、工作和选择职业的自由、进出市场的自由等。同时，当代贸易保护主义和贸易冲突严重损害了各国企业和个人的利益，侵蚀了市场主体的经济自由权。以中美贸易冲突为例，贸易壁垒的直接受害者是双方的高科技企业、生产业、进出口公司、农业生产者等，其契约自由、交易自由、进入市场的自由遭到了严重的侵害。也就是说，保护市场主体的经济自由权是化解和避免贸易冲突的根本。

具体而言，保障经济自由权首先要遵守市场规律原则，这也是长期以来我国经济体制改革的首要原则。我国当下的经济体制，市场经济并没有在资源配置中起决定性作用，而政府却起了决定性的作用，中国市场经济的"半计划、半市场"特征显著。①

应依照依法治国的原则，从立法、执法和司法三个层面对市场主体的经济自由权提供保障。

在立法层面，要贯彻《中共中央关于全面推进依法治国若干重大问题的决

---

① 《尊重市场规律是改革的首要原则》，载《经济参考报》2013年9月12日。

定》中指出的"社会主义市场经济本质上是法治经济，使市场在资源配置中起决定性作用和更好发挥政府作用，必须以保护产权、维护契约、统一市场、平等交换、公平竞争、有效监管为基本导向，完善社会主义市场经济法律制度"。通过宪法和经济立法进一步深化市场改革，逐步减少政府对社会资源的垄断，根除计划经济体制下遗留的经济干预权，将资源配置权转移到市场经济主体手中。① 首先，适用于所有市场主体的一般经济自由需要在宪法中得到承认和保护。可以参考韩国《宪法》的模式，韩国将市场经济制度具体化，并在其《宪法》第 15 条规定的"国家实行社会主义市场经济"后加入"国家尊重个人和企业在经济上的自由和创新"。② 如此还可以概括的形式对《宪法》需保障市场经济所需的基本经济自由权利，如竞争自由、合同自由、营业自由、居住和迁徙自由、职业自由等进行规范。此外，应通过《宪法》或相关立法肯定和保障包括国有企业、非国有企业和个体经济在内的所有经济主体平等的法律地位，并加强经济立法，依照权力法定、法律保留、正当程序及责任控制等原则，③ 为宏观调控和政府管制提供清晰、合理、合宪、保障人权的法律基础。同时还要取消现行制度中阻隔市场的管制，保障市场经济应有的营业自由，通过立法规范逐步简化市场经济残留下来的审批制度，减少行政审批环节、削减审批项目、加快审批流程。④ 我们还可以效仿《欧盟基本权利宪章》第 16 条"营业自由被欧盟法律和国家法律及判

---

① 王克稳：《论市场主体的基本经济权利及其行政法安排》，载《中国法学》2001 年第 3 期，第 3~17 页。

② 在韩国宪法上，社会的市场经济协调了经济平等与经济自由，既体现社会正义的价值，同时保障公民的经济自由。参见韩大元：《中国宪法上"社会主义市场经济"的规范结构》，载《中国法学》2019 年第 2 期，第 8 页。

③ 冯果：《宪法秩序下的经济法法权结构探究》，载《甘肃社会科学》2008 年第 4 期，第 209~212 页。

④ 个人经济自由指数中包括"个人工作、生产、消费和投资任何个人所需的自由"程度，以及"政府是否允许劳力、资本和产品自由地流动，是否能规避高压政策，或是否会约束这种自由"。这一指数也同样会对十项因素打分（1~100 分，100 分最高）：财产权、腐败程度、财政自由度、政府开销、商业自由度、劳力自由度、货币自由度、贸易自由度、投资自由度和财务自由度。参考 Jackie Connor：《香港经济：自由市场经济》，载 Seven Pillars Institute for Finance and Ethics，https：//sevenpillarsinstitute.org/case-studies/%E9%A6%99%E6%B8%AF%E7%BB%8F%E6%B5%8E%EF%BC%9A%E8%87%AA%E7%94%B1%E5%B8%82%E5%9C%BA%E7%BB%8F%E6%B5%8E/，2021 年 5 月 10 日最后访问。

例所确认"启动宪法解释程序，对营业自由进行宪法解释。也可以考虑借鉴巴西①和波兰②的做法，制定独立的《经济自由法》，对围绕经济自由权利的保障进行细致的安排。

在执法层面。第一，履行政府职能要严格依照法律。严格落实机构、职能、权限、程序、责任法定化；行政机关法定责任必须为，法无授权不可为，不得法外设定权力，没有法律依据不得侵害公民、法人和企业的合法权益。③ 第二，深化行政执法体制改革，合理整合简化市场监管部门，削减从事经济活动的审批程序，提高政务效率。第三，坚持严格规范公正文明执法：明确具体操作流程，规范行政许可、行政处罚、行政强制、行政征收、行政收费、行政检查等执法行为；落实公平对待所有经济主体，无论是国有企业还是非国有企业，都必须采用同一个执法标准和操作流程。第四，强化对行政权力的制约和监督，并全面推行政务公开，从制度上加强对政府内部权力的制约和政务的监督。

在司法层面，要落实最高人民法院发布的《关于充分发挥审判职能作用切实加强产权司法保护的意见》，平等保护各种所有制经济产权，"既要保护物权、债权、股权，也要保护知识产权及其他各种无形财产权。通过刑事、民事、行政等各种审判及执行活动，依法明确产权归属，制裁各类侵犯产权的违法犯罪行为，特别是利用公权力侵犯私有产权的违法犯罪行为；坚持依法保护，结合案件审判和司法调研，促进社会主义市场经济法律制度不断健全，推动完善产权保护制度"。同时，还要落实最高人民法院发布的《关于全面加强知识产权司法保护的意见》，最高人民法院与国家发展和改革委员会联合发布的《关于为新时代加快完善社会主义市场经济体制提供司法服务和保障的意见》指出，保护经济自由

①　巴西在 2019 年 9 月 20 日颁布了《经济自由法》，参见 Brazil: Economic Freedom Act Reduces Government Intervention in The Brazilian Economy, TozziniFreire Advogados（15 October 2019）, https://www.mondaq.com/brazil/economic-analysis/854024/economic-freedom-act-reduces-government-intervention-in-the-brazilian-economy。

②　波兰于 2004 年 8 月 21 日颁布了《经济自由法》, Economic Freedom Act - Good News for Entrepreneurs, Polish Investment & Trade Agency, https://www.paih.gov.pl/polish_law/economic_freedom_act。

③　《中共中央关于全面推进依法治国若干重大问题的决定》，载中华人民共和国中央人民政府网，2014 年 10 月 28 日：http://www.gov.cn/zhengce/2014-10/28/content_2771946.htm，2021 年 4 月 19 日最后访问。

权，为经济高质量发展提供良好的法治化营商环境。

（二）降低对工商业的规制

随着贸易保护主义的抬头和逆全球化浪潮的不断蔓延，贸易冲突越来越表现为规则的冲突。在贸易冲突中，劳工标准和绿色标准等诸多贸易壁垒被建立起来，工商业与人权议题也被提升到前所未有的高度。

20 世纪 70 年代，国际动乱局势蔓延，西方国家经济陷入困境，政治腐败丛生，平等与民主改革浪潮兴起，民众对政府的不信任达到了新的高度，随着全球一体化的提速，市场价值开始传播，政治改革迫在眉睫。① 新公共管理理论兴起，为解决这些问题提供了理论支撑。降低规制成为潮流。无论是始于 20 世纪 70 年代末的美国不规制（deregulation）运动②、20 世纪 80 年代中后期的日本规制缓和③、英国的民营化运动④还是德国政民协动型行政⑤的展开，都"强调突出政府的服务职能，限缩其对市场的过多介入，引入市场机制和社会力量参与行政活动，缓和、废止或者整合行政规制，以信息技术应用来推动行政规制流程再造和行政规制方式变革等"。⑥ 简言之，就是降低规制。⑦

---

① 参见［美］托马斯·鲍斯泰尔曼：《二十世纪七十年代——从人权到经济不平等的全球史》，乔国强、乔爱玲译，商务印书馆 2015 年版，第 191~192 页。

② 参见杜钢建：《抵抗性宪政结构与不规制运动》，载《贵州警官职业学院学报》1996 年第 1 期，第 14 页。

③ 参见杨建顺：《行政规制与权利保障》，中国人民大学出版社 2007 年版，第 354~357 页。

④ 参见［英］Cosmo Craham：《民营化：英国实践》，孟晋译，载《行政法学研究》2006 年第 3 期，第 109~124 页。

⑤ 参见［日］南博方：《当代行政法的发展趋势和日本行政法的新进展》，杨建顺译，载爱思想网，2006 年 5 月 25 日，http://www.aisixiang.com/data/9619.html，2021 年 5 月 19 日最后访问。

⑥ 杨建顺：《中国行政规制的合理化》，载《国家检察官学院学报》2017 年第 3 期，第 84 页。

⑦ 在谢地主编的《政府规制经济学》一书中指出，规制放松或者规制缓和的原因在于：（1）由于技术经济条件的变化，政府进行经济性规制的理论依据逐渐消失；（2）产业间替代竞争加剧，受规制产业发展受到限制；（3）政府规制失灵引发企业要求放松规制的浪潮；（4）关于政府规制理论研究的一系列新进展为政府规制放松提供了理论依据；（5）经济全球化的发展引发规制放松的要求。详见谢地主编：《政府规制经济学》，高等教育出版社 2003 年版，第 24~27 页。

由于我国特殊的经济体制，我国长期处于对经济严规制的状态。随着改革开放的不断深入，我国经济建设取得了令世人瞩目的成就。实际上，政府干预措施在为政府管理提供便利的同时，也对市场主体的经济自由产生了负面影响。然而，随着经济发展，我国逐步与国际市场接轨，越来越多的中国企业走向世界，也有越来越多的外资企业进入中国。长期以来政府对企业的高规制模式已然不适合现在的国内外经济发展现状，我国在经济体制方面必然需要进行深入的改革。"改革开放三十年来，中国针对经济、社会等领域的规制立法越来越多。特别是《行政许可法》颁行之后，要求政府缓和规制、再规制、合理化规制以及建设有限政府的呼声极为高涨。"[1]

2001年12月11日，中国正式加入世界贸易组织WTO，成为第143个成员国。"根据WTO协定和中国加入WTO文件的规定，我国加入WTO后政府管理职能转变的根据和方向，就是改善市场准入和市场竞争的条件，最大限度地减少对贸易和经济活动的不当干预。"[2] "中国与WTO之间的关系是《马拉喀什协定》基础上的法律关系。"[3] 因此，应当履行加入世贸组织的法律义务。"概括的说WTO的中心政策就是使成员国政府对贸易的干预降到最低限度，使市场在自愿配置方面发挥尽可能大的作用。"[4] "WTO是关于政府活动的规则，成员国承诺的义务就是通过转变和履行政府职能来实现。政府的职能转变到哪里去，简单说就是要转到改进市场条件上去，包括市场准入的条件和市场竞争的条件。"[5] 外资准入限制和市场竞争条件的设置虽然为国内企业提供了一个温室环境，保护了其对本国市场的占有，但同时限制了外国资本进入，资本流通的限制显然违背了经济自由的理念，也不利于市场经济发展。当下国际贸易冲突不断升级，其核心还是争议双方围绕世贸组织WTO设定的义务展开。想要彻底解决冲突，争议双方必须按照相关规则，改进政府管理职能。

《法律与经济学期刊》在科思做主编时期，刊发了一系列关于管制及其影响

---

[1] 高秦伟：《美国规制影响分析与行政法的发展》，载《环球法律评论》2012年第6期，第115页。
[2] 于安：《加入世贸组织与政府职能转变的法律问题》，载《求是》2002年第24期，第37页。
[3] 于安：《降低政府规制——全球化时代的行政法》，法律出版社2003年版，第25页。
[4] 于安：《降低政府规制——全球化时代的行政法》，法律出版社2003年版，第28~29页。
[5] 于安：《降低政府规制——全球化时代的行政法》，法律出版社2003年版，第38页。

的研究，之后科思接受采访时说："我们发现，大部分管制都会产生，或者已经产生了更坏的效果"，"现在，我们的政府运作规模太大，它已经达到了经济学家们成为负边际收益的程度。它所做的任何额外的事情，都会乱成一团"。① 过多的政府干预对市场主体的经济自由造成了负面影响，也可能导致贸易摩擦。"随着经济全球化的发展，要求国际贸易、跨国投资、战略联盟等国际合作有一个开放、公平、自由的环境，但是政府规制是对经济运行的人为干预和限制，客观上是对国内市场的保护，不利于国际间人、财、物、信息的交流。为此，发达国家之间在市场准入方面进行长期磋商，最后达成妥协，共同放松管制，提倡公平竞争。其结果是在金融、保险、电信等传统的政府实施经济性规制的领域不同程度地放松了政府规制。"② 尤其是在国际经贸环境政治化的今天，中国企业在国际竞争中受到排挤的现象不容忽视。如何将政府管控的负面影响降到最低，为中国企业摘掉"国有""受政府控制"的标签，是未来我国深化经济体制改革、完善社会主义市场经济体制过程中需要解决的问题。

　　我们应当降低规制，③ 充分发挥工商业市场主体的主动性，给予各类型经济主体公平参与经济建设的空间和机会，谋求合作治理的机会和空间。只有这样才能提高各类主体的竞争能力和实力，④ 突破当前围绕劳工权利和环境权利建立的贸易壁垒，通过制定更高的以人权保障为目标的贸易标准来维护我们国家的利益。我们赞同梁晓晖先生的观点："规范规制看似直接，但合作治理并不意味着低效。在包括人权在内的共享价值和内生动力的作用下，基于合作治理的'公法私体化'实践，如'软法'机制表现出了工商业所需的解决问题的高效率，其应对问题的直接性、全面性、灵活性以及快速反应的效能也经常比法律规范更为

---

　　① ［美］兰迪·T. 西蒙斯：《政府为什么会失败》，张媛译，新华出版社 2017 年版，第 344 页。

　　② 谢地主编：《政府规制经济学》，高等教育出版社 2003 年版，第 26～27 页。

　　③ 正如习近平在科技管理改革方案中指出："科技管理改革不能只做'加法'，要善于做'减法'。要拿出更大的勇气推动科技管理职能转变，按照抓战略、抓改革、抓规划、抓服务的定位，转变作风，提升能力，减少分钱、分物、定项目等直接干预，强化规划政策引导，给予科研单位更多自主权，赋予科学家更大技术路线决定权和经费使用权，让科研单位和科研人员从繁琐、不必要的体制机制束缚中解放出来！"详见习近平：《加快建设科技强国 实现高水平科技自立自强》，载《求是》2022 年第 9 期，第 12 页。

　　④ 梁晓晖先生认为，尊重人权正在成为工商业的内生竞争力。详见梁晓晖：《工商业与人权：从法律规制到合作治理》，北京大学出版社 2019 年版，第 208 页。

显著。"①

首先，对经济的规制要遵守行为法定原则。依赖行政监管规制会使市场主体难获自由经营的安定性。因为，每一市场主体的利益安全性判断只能立基于他们所能获得的既有法律规范信息，而反观我国现行相关法律规定，并未就此提供清晰的判断标准。② 确保措施的稳定性和可预见性是降低规制的关键之一。只有当市场具备一个清晰、明朗、稳定的规则，市场主体的权益才能得到最基本的保障。因此，法律法规中不得授予执法机关对法律未明示禁止的行为追究民事责任、行政责任和刑事责任的裁量权。当新的领域或者新的待规制范围产生，对法律未明示禁止的某种行为欲加禁止时，须由立法机关修改或由有立法权的机关发布补充性规定，此种修改或补充性规定不得有溯及力。我国的行政规制改革，应当立足于《行政许可法》《全面依法治国决定》和国务院《全面推进依法行政实施纲要》所确立的基本制度框架和基本原则，切实地依法推进。③ 可以考虑将《行政许可法》第 13 条规定修改为"本法第十二条所列事项，通过下列方式能够予以规范的，应当不设行政许可：（一）公民、法人或者其他组织能够自主决定的；（二）市场竞争机制能够有效调节的；（三）行业组织或者中介机构能够自律管理的；（四）行政机关采用事后监督等其他行政管理方式能够解决的。"还应当对国家规制机构进行变革和完善。在中国的政府规制改革过程中，依然是以"三定方案"来确定机构的设立和变更。④ "建立一个独立、公正、高效的新的规制机构是必要的也是必需的。"⑤ 因此，为实现这个目的，可从以下几个方面着手：（1）从法律上明确规制机构的地位、组织及其职权，实现规制机构的法定化，并应尽量克服因法律变革带来的机构调整上的滞后性；（2）依法赋予规制机构以制定规则、执行规则和裁决争议的权力，明确其行使权力的法定程序和问责机制，从法律上确保其具体行政决定最终能够被提起司法审查的可能性；（3）

---

① 梁晓晖：《工商业与人权：从法律规制到合作治理》，北京大学出版社 2019 年版，第 208 页。

② 许明月、张志辽：《区际贸易障碍的法经济学分析与宪法规制》，载《现代法学》2009 年第 2 期，第 44 页。

③ 杨建顺：《中国行政规制的合理化》，载《国家检察官学院学报》2017 年第 3 期，第 104 页。

④ 宋华琳：《美国行政法上的独立规制机构》，载《清华法学》2010 年第 6 期，第 70 页。

⑤ 谢地主编：《政府规制经济学》，高等教育出版社 2003 年版，第 235 页。

明确机构的法律责任；（4）明确机构依法接受国家权力机关、行政机关的法定监督和公众的社会监督。①

其次，市场经济规制还应遵守经济自由的基本原则，包括私有财产保护原则、合同自由原则、公平竞争原则、经济民主原则、自己责任原则等。这些区别于计划经济的原则是我国社会主义市场经济发展的重点和难点。"西方世界最了不起的成就之一就是发展、承认并保护了契约。这很了不起，因为契约关系替代了那些以地位为条件的关系。契约允许活力与改变，而地位却要维持停滞的与传统的社会。"② 在多种所有制并存的市场经济中，市场主体的法律地位是平等的，私有合法财产与国有财产应得到一体的保护，公平地参与竞争。市场主体在经济活动中享有合同自由，这是市场经济的基本原则。政府对合同自由的限制应控制在合理范围内，非不得已不予限制，并明确立法规定。与此同时，政府有义务保证经济民主，防止行业垄断和独占，并允许职工参与民主管理。我们在本书前面章节中一直在贯彻的一个理念就是要鼓励创新，通过创新来引领经济的发展，为人权保障提供基础。我们现在大量创新出现在分享经济中，但"网络与信息技术发展不断，新颖的东西亦随时出现，对于创新者本身而言亦是充满了许多的未知数。同时，创新本身极具复杂性，严重的情形是引发了传统产业和新兴产业之间的不公平竞争，更可能导致对消费者保护产生困境。此外，当创新的不确定性与复杂性交织在一起时，本身是否需要规制更加难以判断"。③ 因此，在这种需要创新领域应当给予充分的发展空间，给予市场主体及新的模式自由发展空间，不能强规制更不能所谓"预判性"进行规制。

最后，政府规制需要遵循必要性原则。政府的不必要干预曾引发了一系列问题，④ 以美国为代表的西方国家，已经将成本收益分析纳入行政规制的过程中，

---

① 参见周汉华：《政府监管与行政法》，北京大学出版社2007年版，第12~13页；转引自宋华琳：《美国行政法上的独立规制机构》，载《清华法学》2010年第6期，第70页。

② ［美］兰迪·T.西蒙斯：《政府为什么会失败》，张媛译，新华出版社2017年版，第348页。

③ 高秦伟：《分享经济的创新与政府规制的应对》，载《法学家》2017年第4期，第19页。

④ 兰迪·T.西蒙斯在其著作《政府为什么会失败》一书中以现代公共选择视角，系统阐释了政府不必要的干预是导致政治上短视、经济上停滞及公众对政府不信任等问题的根源。他以美国为例，阐释了从社会福利、消费者保护、教育、贸易、环境和犯罪领域剖析了不适当的国家干预是如何导致政府推行的项目以失败告终的。

成本收益分析①已经成为规制推出的前置程序。② 然而我国"行政立法的焦点仍然局限在立法权的合法性和立法程序的正当性上，还没有能力关注法律规则效果的经济分析，无论《立法法》还是《行政法规制定程序条例》、《规章制定程序条例》和《法规规章备案条例》都没有重视经济分析方法和与之密切相关的意见沟通、对话和协商程序"。③ 我们不得不面对的一个现实是规制存在低效④甚至失效或者失灵⑤的情况。规制的目的在于防止整个社会进入一种不可逆转的风险状态之中如何避免风险的出现或者将其伤害降到最低，一方面取决于规制者对该风险的政治策略乃至政治战略衡量；而另一方面，则又必须取决于有关规制者是否学会对风险的防止和管理进行成本效益分析。⑥ 诚如桑斯坦所言："某种风险是否重大，这在很大程度上取决于排除该风险所需的成本。如果规制成本很小的话，一种相对微小的风险有可能要求规制；如果规制成本巨大，那即使风险是

---

①　美国的规制影响分析（Regulatory Impact Analysis）是指对现存或者拟议中的规制政策已经产生或者可能产生的积极影响与消极影响进行系统分析、评估的机制与过程。它是一种为决策提供更好的成本与收益信息的工具，能使规制过程更加开放、透明与负责任，能避免不必要的成本，从而改进规制的质量。美国的行政命令要求行政机关将这种分析报表提交给管理与预算办公室（the Office of Management and Budget，OMB）下设的信息与规制事务办公室（The Office of Information and Regulatory Affairs，OIRA）审查，使用的主要方式以成本收益分析（Cost Benefit Analysis，CBA）为主，如果收益大于成本，那么行政机关拟议中的规则制定或者年度规制计划方可顺利颁行。由于主要使用成本收益分析的方式，因此规制影响分析一度被称为成本收益分析。成本收益分析之所以会大行其道，一方面在于它适应了规制缓和的需求，另一方面也是经济分析法学思潮在规制与行政法领域充分应用的结果，多位在学术上支持法律经济学与成本收益分析理论的学者先后担任过美国总统的顾问或者政府要职，他们认为行政机关即使拥有法定权力，但是也必须在法定权力范围内选择最有利于社会资源有效配置的方案，从而减少浪费，实现公共利益最大化的目标。详见高秦伟：《美国规制影响分析与行政法的发展》，载《环球法律评论》2012年第6期，第97~98页。

②　高秦伟：《美国规制影响分析与行政法的发展》，载《环球法律评论》2012年第6期，第115页。

③　崔卓兰、于立深：《行政规章研究》，吉林人民出版社2002年版，第9页。

④　何彬：《腐败如何使规制低效？一项来自环境领域的证据》，载《经济社会体制比较》2020年第6期。

⑤　程岩：《规制国家的法理学构建——评桑斯坦的〈权利革命之后：重塑规制国〉》，载《清华法学》2010年第2期。

⑥　程岩：《规制国家的法理学构建——评桑斯坦的〈权利革命之后：重塑规制国〉》，载《清华法学》2010年第2期。

巨大的，可能最好的办法也是对其不加以规制。一种合力的规制体系并不孤立地考虑风险的大小，而是将风险与排除风险的成本比较进行考虑。"① 有必要借鉴这一方法，在现有法律和条例中明确或单独制定《规制改进法》② 之类的法律，并将其作为规制出台的法定前置程序。至于说具体哪些规制不应当设立或者应当退出，由市场替代政府能在哪些事情上可以做得更好，"只有在缩小政府规模后才能知道"。③

　　身处治理时代，我国的政府规制改革，一是要规范政府经济职能，同时也要加强社会性规制，从而保证政府规制的必要性、公平性及经济上的可实施性，提高政府规制的可信性和效力。探索路径如下所示：（1）加强立法完善规制法规，将实践工具的创新与政府职能转变、官员素质提高和政府能力增强相结合，现有的一站式服务中心、政务超市、网上审批等实践工具，均在此列；（2）为监督社会组织的日常活动，培养一种良性成长的社会力量，设立具有相对独立性的社会性规制机构；（3）充分发挥非政府组织在社会规制方面的作用，比如行业协会的自律性，商会、消费者协会以及工会等组织对其的约束能力。④

二、调适工商业与人权关系的外围规则

（一）培育企业家精神

　　工商业与人权关系调适应以企业家为中心。培育企业家精神，对于调适工商

---

　　① ［美］凯斯·R. 桑斯坦：《权利革命之后：重塑规制国》，钟瑞华译，中国人民大学出版社 2008 年版，第 223 页。转引自程岩：《规制国家的法理学构建——评桑斯坦的〈权利革命之后：重塑规制国〉》，载《清华法学》2010 年第 2 期，第 153 页。

　　② 美国 2002 年的《规制改进法》（*Regulatory Improvement Act*）规定成本收益分析必须作为行政机关制定规则的一种原则与程序，对规制作出影响分析是规制草案的有机组成部分等。美国学者甚至认为，美国国会将成本收益分析贯穿其通过的一系列公法中，是自 1946 年美国联邦《行政程序法》颁布以来对规制程序最深刻的一次改革。目前，成本收益分析的适用主体已经从联邦政府扩展到各州。详见高秦伟：《美国规制影响分析与行政法的发展》，载《环球法律评论》2012 年第 6 期，第 103 页。

　　③ 科思就管制的观点，详见［美］兰迪·T. 西蒙斯：《政府为什么会失败》，张媛译，新华出版社 2017 年版，第 344 页。

　　④ 苗红娜：《治理时代西方国家的政府规制改革——兼论后规制政府的兴起》，载《重庆大学学报（社会科学版）》2010 年第 2 期，第 88 页。

业与人权关系具有重要现实意义。企业家精神主导制度创新，是新时代的新要求。创新是我国实现高质量发展、实现人民美好生活的必由之路。创新是人权发展的动力与生命力。社会财富的创造及保障人权的成本负担都依赖于企业，而持续性的创新是企业获得长期稳定竞争优势的基础和来源。企业家的创新精神是工商业与人权协同发展的核心。企业的持续性创新一方面需要政府法律及政策的保障和扶持，另一方面需要通过发扬企业家精神，只有让他们将勇于创新、善于创新的企业家精神带入社会财富创造的过程，才能为我们人权保障打下坚实的经济基础。企业家的创新精神的培育能引发意识创新，迭代企业对工商业与人权关系的认知。创新比拼的不是人海战术，而是头脑中的智慧，要落实在各行业的创新型人才身上。而这一群体对自由、公正、安全和有尊严的工作条件有着更高的诉求。企业家的人权理念，在企业内部能够传递出一种人性化的讯息，有助于全员形成某种共识和良性互动，这样才能激发员工的担当精神和创新热情，在高度认同企业价值观的基础上，才有更多意愿和主动性去发现新业务、研发新技术或者开发新产品，协同创造更大的企业价值。工商业与人权，关乎万千个劳动者个体的幸福程度，经济发展的新时代，也是人权发展的新时代。企业家的创新精神的培育还能引发技术创新，为工商业与人权发展的提供物质基础，还能带动制度创新，以保证人权保障的规范运行。

无论是承载尊重基本人权、社会正义和人格尊严以及尊重男女平等权利等价值观的《联合国宪章》，还是 2011 年 6 月 16 日联合国人权理事会通过的首套为预防和解决与工商业活动有关的、对人权不利影响风险而制定的全球标准《工商企业与人权：实施联合国"保护、尊重和补救"框架指导原则》，抑或是在联合国秘书长的倡议下于 2000 年发起的，旨在让工商业领导者在其企业领域内自愿促进和遵守九项（现为十项）有关人权、劳工标准、环境以及反腐败的原则的联合国《全球契约》都不构成强制性适用规则。国际上的努力虽然起到了导向和指引作用，但具体落实还是一个国内的问题。因此，培育企业家的人权精神，是实现工商业与人权协调发展的关键。只有解决了企业家精神的问题，才算是有了真正的突破。追求自由平等、恪守契约、诚信、社会责任的精神，都是企业家精神的重要组成部分。只有通过培育企业家精神，让企业家为自己的决策和行为承担社会责任，将人权保障视作承担企业社会责任的重要内容，才能真正落实国际上制定的规则，调适好工商业与人权的关系。

第一，深入挖掘和明确企业家精神的内涵，为企业家提供明确的伦理和价值指引。推动对企业家精神进行深入研究，使其在学术界和实务界达成共识。企业家的创新精神、责任精神、诚信精神都是企业家精神的核心内涵，在保障人权方面有着重要的作用。最重要的是，企业家的人权保障精神也应当纳入企业家精神的范围，成为企业家的伦理和价值指引。欧盟和美日等国在企业界推广 CSR 方面的经验，建议国家有关管理部门和有关行业协会组织借鉴。首先，将 CSR 本土化和具体化，在企业内部建立伦理监督委员会；同时，对企业所有员工进行 CSR 的教育和培训；然后，将本土化和具体化后的 CSR 引入企业家的决策过程，帮助企业家在进行决策时，对决策的实施可能引发的不道德后果进行周密考虑和准确判断。[1]

第二，构建培育企业家精神的制度环境。党的十八届五中全会提出："限制政府对企业经营决策的干预，减少行政审批事项。清理和规范涉企行政事业性收费，减轻企业负担，完善公平竞争、促进企业健康发展的政策和制度。激发企业家精神，依法保护企业家财产权和创新收益。"制度环境对企业家精神具有重要的影响作用。制度环境是由多种制度构成，其中对企业家精神的培育而言，最重要的制度是法律制度。产权清晰、政府管制少、法律体系完善及公司治理结构合理的制度环境都能够促进企业家精神的产生和发挥。[2] 企业家精神的培育，实际上就是企业家适应和遵循组织场域中的社会秩序模式，积极寻求组织内外部利益相关者的认同，最终遵从和适应制度环境的过程。在何种制度环境下，企业家的创新精神更容易被激发？答复无疑是——该制度环境拥有健全的创业与创新扶持政策、高效的政府治理水平、发达的金融发展水平、支持企业家成长的氛围及较高的法制化水平，能为企业家的创业与创新活动提供有力支持及可预期的行为框

---

① 龙静云：《从行为经济学视角看企业责任伦理》，载《江海学刊》2008 年第 6 期，第 38 页。

② 张自卿、邵传林、裴志伟：《制度环境与企业家精神一个文献综述》，载《商业经济研究》2015 年第 7 期，第 95 页。

架。① 因此，为落实习近平总书记在 2020 年 7 月 21 日的企业家座谈会上指出的"依法保护企业家合法权益，加强产权和知识产权保护，形成长期稳定发展预期，鼓励创新、宽容失败，营造激励企业家干事创业的浓厚氛围"，须完善宪法和法律的规范，将"弘扬企业家精神"写入宪法和法律，为企业家精神的培育提供行为框架和指引。例如可以将鼓励企业家创新精神的具体途径写入宪法，可以考虑在《宪法》第 15 条规定的"国家实行社会主义市场经济"后除加入"国家尊重个人和企业在经济上的自由和创新"，还可以加入"国家尊重企业家，弘扬企业家精神"。同时还应当完善财税、金融等各类法律制度，为企业家精神的培育和发挥作用提供一个良好的法治环境。

第三，打造培育企业家精神的社会文化环境。企业家精神往往从所在社会环境中汲取特定的价值观念与行为方式，在一定程度上，社会文化环境决定了企业家精神的取向与内涵，且显著地作用于企业家的管理思维和实际操作，是企业家精神形成的源泉。② 只有在诚实守信、开放包容、尊重企业家及其贡献、以商为荣与合作共赢、鼓励创新与宽容失败的社会文化环境中，企业家才具有更加强烈的创业与创新意愿，③ 才能孕育出更丰富的企业家精神。党的十九大报告提出要"激发和保护企业家精神，鼓励更多社会主体投身创新创业。建设知识型、技能型、创新型劳动者大军，弘扬劳模精神和工匠精神，营造劳动光荣的社会风尚和精益求精的敬业风气"。通过打造尊重与保护优秀企业家的社会氛围，充分发挥优秀企业家的先锋模范作用。例如可以将《中华人民共和国教育法》第 7 条"教育应当继承和弘扬中华优秀传统文化、革命文化、社会主义先进文化，吸收人类文明发展的一切优秀成果"修改为"教育应当继承和弘扬中华优秀传统文化、革命文化、社会主义先进文化和企业家精神，吸收人类文明发展

---

① 马富萍、郭晓川：《企业家精神培育环境研究：量表的开发与验证》，载《内蒙古大学学报（哲学社会科学版）》2017 年第 4 期，第 86 页。

② 马富萍、郭晓川：《企业家精神培育环境研究：量表的开发与验证》，载《内蒙古大学学报（哲学社会科学版）》2017 年第 4 期，第 86 页。

③ MS Cardon & CE Stevens & DR Potter, Misfortunes or Mistakes?: Cultural Sensemaking of Entrepreneurial Failure, Journal of Business Venturing, p.1, 2011. 转引自马富萍、郭晓川：《企业家精神培育环境研究：量表的开发与验证》，载《内蒙古大学学报（哲学社会科学版）》2017 年第 4 期，第 86 页。

的一切优秀成果"。由此，要深度发掘优秀企业家精神的典型案例，加强对优秀企业家精神的报道和宣传，将优秀企业家精神不断传递给社会大众，增进企业家精神的大众认知，肯定企业家对社会和经济发展所做的贡献，形成尊重企业家社会价值，理解、关怀和支持企业家成长的社会氛围和社会舆论，并将进一步加强企业家精神社会内化认同。同时，鼓励社会大众践行企业家精神，形成全社会发扬企业家精神的意识自觉，并且将意识自觉落实到行动自觉中去，在日常社会生活中坚持吃苦耐劳、踏实肯干、勇于创新的工作作风，秉持企业家特有的匠人精神，摒弃浮夸浮躁的社会生活态度。更重要的是，将企业家精神与当下社会发展时代特征结合起来，特别是与习近平新时代中国特色社会主义思想结合起来。[1] 同时还应当注重企业家形象的塑造，尤其是企业在进行跨文化管理时，企业家应当熟悉企业所在东道国的政治、经济和文化，遵守社会道德，建立既有母国文化特色又符合所在东道国文化的企业家形象，减少企业管理中的文化冲突。[2]

（二）完善创新制度

2006 年胡锦涛在全国科学技术大会上的讲话中第一次提出了我国要建设创新型国家，2007 年召开的党的十七大上把创新型国家建设上升为国家战略的核心。2020 年党的十九届五中全会提出坚持创新在我国现代化建设全局中的核心地位，提高创新能力，到 2035 年进入创新型国家前列。党和政府对创新与建设创新型国家的重视程度不断提高。

创新是人权发展的动力与生命力，建设和完善创新制度是调适工商业与人权关系的主要抓手。这就要求通过意识创新来迭代企业家对人权关系的认知；通过技术创新来为工商业人权发展提供物质基础；通过制度创新来保证人权保障的规范运行。

第一，要充分发挥宪法对创新的指引作用。2020 年党的十九届五中全会提

---

① 赵乐祥、汪春雨：《新时代企业家精神的内涵、作用与环境培育》，载《广西社会科学》2020 年第 12 期，第 96 页。

② 参见庞丽君、朱立华：《评价理论视角下中美企业家形象建构对比研究》，载《经济界》2018 年第 6 期，第 72~73 页。

出"坚持创新在我国现代化建设全局中的核心地位"①，我国进入新发展阶段，正从"追赶型"国家向"创新型"国家转变，要实现"形成支持全面创新的基础制度"②的目标，需要国家根本大法宪法的助力才能得到全面实施。创新建设的诸多制度规则中，宪法作为根本大法，无疑是促进和保障创新的根本规则和最重要的基础制度。

宪法从三个方面保障创新型国家的建设。首先，以引导和鼓励创新的方针条款推动创新理念的扩展。创新首先是理念的变化，必须实现从向后看的理念到向前看、从限制创新到宽容创新的理念的转换。其次，以体系化的制度规则为创新提供良好的制度环境。创新需要一个生态系统，政治系统、经济系统、文化系统、社会系统都需要支持创新。国家机构的设置与权力配置、公民自由权利的范围、社会权利的强度等都需要配合创新。最后，以合宪性审查推动阻碍创新法律的废除。鼓励创新应该成为合宪性审查的基础性基准，把稳定秩序原则与宽容创新原则结合起来。

我国现行宪法对创新的规范大致可以分为对国家权力的规范和对公民权利的保障两部分，详见表7-1。

表7-1

宪法中涉及创新的条款	权力的规范	序言 发展社会主义市场经济，发展社会主义民主，健全社会主义法治，贯彻新发展理念。
		第三条 充分发挥地方的主动性、积极性的原则。
		第十四条 国家通过提高劳动者的积极性和技术水平，推广先进的科学技术，完善经济管理体制和企业经营管理制度，实行各种形式的社会主义责任制，改进劳动组织，以不断提高劳动生产率和经济效益，发展社会生产力。
		第十五条 国家实行社会主义市场经济。
		第十九条 国家发展社会主义的教育事业，提高全国人民的科学文化水平。

① 《中国共产党第十九届中央委员会第五次全体会议公报》，载新华网，2020年10月29日，https：//finance.sina.com.cn/china/gncj/2020-10-29/doc-iiznctkc8368449.shtml。

② 习近平：《加快建设科技强国 实现高水平科技自立自强》，载《求是》2022年第9期，第10页。

续表

宪法中涉及创新的条款	权力的规范	第二十条　国家发展自然科学和社会科学事业，普及科学和技术知识，奖励科学研究成果和技术发明创造。
		第八十九条　国务院行使下列职权：（七）领导和管理教育、科学、文化、卫生、体育和计划生育工作。
		第一百一十九条　民族自治地方的自治机关自主地管理本地方的教育、科学、文化、卫生、体育事业，保护和整理民族的文化遗产，发展和繁荣民族文化。
	权利的保障	第三十三条　国家尊重和保障人权。
		第四十七条　中华人民共和国公民有进行科学研究、文学艺术创作和其他文化活动的自由。国家对于从事教育、科学、技术、文学、艺术和其他文化事业的公民的有益于人民的创造性工作，给以鼓励和帮助。

由表 7-1 可见，我国《宪法》还没有直接对"创新"进行论述和规范，在创新的推动层面对于权力的规范或者要求远远大于对权利的保障。

因此，可以考虑将"创新"写入《宪法》中。例如在序言"发展社会主义市场经济，发展社会主义民主，健全社会主义法治，贯彻新发展理念"后加入"坚持创新在我国现代化建设全局中的核心地位"[①]；在第 24 条规定的"国家倡导社会主义核心价值观，提倡爱祖国、爱人民、爱劳动、爱科学、爱社会主义的公德"后将"弘扬创新精神"加入其中。"实施创新驱动发展战略，最根本的是要增强自主创新能力，最紧迫的是要破除体制机制障碍"[②]，在第 14 条规定的"国家通过提高劳动者的积极性和技术水平，推广先进的科学技术"后加入"鼓励创新"；将"完善经济管理体制和企业经营管理制度"改为"完善经济管理体制、企业经营管理制度和创新体制机制"；在第 19 条规定的"国家发展社会主义

---

① 《中共中央关于制定国民经济和社会发展第十四个五年规划和二○三五年远景目标的建议》，载中华人民共和国中央人民政府网，2020 年 11 月 3 日，http：//www. gov. cn/zhengce/2020-11/03/content_5556991. htm。

② 习近平：《在中国科学院第十七次院士大会、中国工程院第十二次院士大会上的讲话》（2014 年 6 月 9 日），人民出版社 2014 年单行本，第 8 页。

的教育事业,提高全国人民的科学文化水平"后加入国家"保障学术自由"①;可将第47条改为"中华人民共和国公民有进行创新探索②③、科学研究、文学艺术创作和其他文化活动的自由。国家对于从事教育、科学、技术、文学、艺术和其他文化事业的公民的有益于人民的创造性和创新性工作,给以鼓励和帮助"。"要进一步突出企业的技术创新主体地位,使企业真正成为技术创新决策、研发投入、科研组织、成果转化的主体"④⑤,"企业家创新活动是推动企业创新发展的关键"⑥。可以在《宪法》第14条中明确规定,鼓励企业家"推广先进的科学技术"进行"企业经营管理制度"等制度的创新。

第二,完善创新法律制度,为创新提供有力的法治保障。不仅要完善《宪法》的创新基础规则,如财产权的保护、经营自由的保护,还应当将创新环境条款体系化形成包容性的制度,为创新活动创造良好的生态环境,加快国家创新体系建设。当前我国有关创新的法律主要有《中华人民共和国科学技术进步法》《中华人民共和国专利法》《中华人民共和国促进科技成果转化法》。其中2021年12月24日修订的《中华人民共和国科学技术进步法》,是我国科技创新领域的基本法,该法的关注点落脚在科技技术创新上。无论是经济学大师熊彼特还是管理学大师彼得·德鲁克,都认为创新不仅仅是技术创新,还包括非

---

① 作为日本创新相关法律的根本指引《日本国宪法》就在其第23条规定了要"保障学术自由"。

② 《习近平话改革:大胆探索 勇于创新》,载央视网,2018年10月3日,http://news.cctv.com/2018/10/03/ARTIar9Le2ZL1zxrkIvZpKVG181003.shtml。

③ 习近平总书记指出,"企业家创新活动是推动企业创新发展的关键""大疫当前,百业艰难,但危中有机,唯创新者胜。企业家要做创新发展的探索者、组织者、引领者"。详见《习近平总书记讲话引发热烈反响:弘扬企业家精神 勇当生力军》,载《人民日报》2020年7月24日,要文第2版。

④ 《习近平在参加全国政协十二届一次会议科协、科技界委员联组讨论时的讲话》(2013年3月4日),载新华网,http://www.xinhuanet.com/politics/2017-05/10/c_1120946574.htm。

⑤ 《中华人民共和国科学技术进步法》第39条规定:国家建立以企业为主体,以市场为导向,企业同科学技术研究开发机构、高等学校紧密合作的技术创新体系,引导和扶持企业技术创新活动,支持企业牵头国家科技攻关任务,发挥企业在技术创新中的主体作用,推动企业成为技术创新决策、科研投入、组织科研和成果转化的主体,促进各类创新要素向企业集聚,提高企业技术创新能力。

⑥ 《习近平总书记讲话引发热烈反响:弘扬企业家精神 勇当生力军》,载《人民日报》2020年7月24日,要文第2版。

技术创新。研发创新固然重要，非研发创新也非常重要。① 技术创新和非技术创新需要协调发展。有学者提出了市场、技术及管理三维创新概念，即创新包括市场创新、技术创新和管理创新。② 有学者认为按属性划分创新可分为知识创新、技术创新、管理创新和方法创新。因此，应该将创新的培育作为一个系统工程来看待。因此可以考虑参考作为日本科技法体系的中心《科学技术基本法》的规范，将"人文科学和自然科学协调发展"写入本法总章中。③ 尽管在该法第 4 条中规定了"国家完善高效、协同、开放的国家创新体系，统筹科技创新与制度创新"，但在涉及制度的时候都采用了"实行××制度""建立××制度""完善××制度"，此种表述对于制度创新的鼓励还不够，还应当回应哪些制度应该创新，由谁来统筹这些创新以及回答如何统筹的问题。因此，可以将该法第 4 条改为"国家鼓励制度创新，完善高效、协同、开放的国家创新体系，统筹科技创新与制度创新……"，并在所有制度规范后面都加入鼓励制度创新的表述。我国现行科技创新法律的行政色彩鲜明，谈"鼓励""支持""促进"比较多，谈"权利"和"权益"比较少。④⑤ 我们可以效仿日本⑥或欧盟⑦在国务院新设"创新委员会"或者成立"国家创新领导小组"对创

---

① 郑刚、刘仿、徐峰、彭新敏：《非研发创新：被忽视的中小企业创新另一面》，载《科学学与科学技术管理》2014 年第 1 期，第 140～146 页。非研发创新包括技术和知识采用、反求工程与模仿创新、集成创新、市场创新。

② 饶扬德、唐喜林：《市场、技术及管理三维创新协同过程及模型研究》，载《科技进步与对策》2009 年第 13 期，第 5～8 页。

③ 2020 年日本修订《科学技术基本法》，更名为《科学技术创新基本法》。通过追加哲学和法学等人文及社会科学以创造新价值。参见黄荣光：《日本的科学技术法制体系简述》，载《科学文化评论》2020 年第 5 期，第 50 页。

④ 参见肖尤丹：《全面迈向创新法时代——2021 年〈中华人民共和国科学技术进步法〉修订评述》，载《政策与管理研究》2022 年第 1 期，第 103 页。

⑤ 修订后的该法中，"鼓励"出现 50 次，"支持"出现 37 次，"促进"出现 23 次；但"权利"仅出现了 6 次，"权益"出现了 5 次。

⑥ CSTI 兼具咨询和决策职能，也主导预算分配；日本学术会议负责提供科技咨询建议；科学技术创新预算战略会议负责辅助预算事务；科技创新推进事务局负责协调行政事务；内阁官房从推进实施的角度参与；文部科学省、经济产业省等省厅及下辖的研究所按职能管理相应科技事务。参见《美日宏观科技统筹协调机制及启示》，载网易号创新研究，2021 年 12 月 15 日，https://www.163.com/dy/article/GR99FP2D0511B355.html，2021 年 12 月 20 日最后访问。

⑦ 2021 年 3 月 18 日，欧盟委员会宣布正式启动新的资助机构欧洲创新理事会（EIC），通过各种计划资助和支持各种创新，并颁发创新奖项鼓励政府、企业、个人的创新活动。Commission Launches European Innovation Council to Help Turn Scientific Ideas into Breakthrough, European Commission (18 March 2021), https://ec.europa.eu/commission/presscorner/detail/en/ip_21_1185.

新进行协同和资助，增加对初创企业和中小企业的鼓励，明确具体措施和奖项设置，对创新予以鼓励。① 也可效仿欧盟设立创新记分牌或者排名制度，将创新作为意向政绩考核指标，鼓励地方政府进行创新。②

落实国务院颁布的《优化营商环境条例》指出的"切实降低制度性交易成本，更大激发市场活力和社会创造力，增强发展动力"，不断完善创新制度。如完善税收体制，支持中小型创新企业税收制度，强化对创新人力资本的税收激励。例如，可以在《中华人民共和国企业所得税法》第 25 条中明确规定"国家对重点扶持和鼓励发展的产业和项目"以及创新"给予企业所得税优惠"。除此之外，还应当"实施知识产权强国战略，实行严格的知识产权保护制度，完善知识产权相关法律法规，加快新领域新业态知识产权立法。加强知识产权司法保护和行政执法，健全仲裁、调解、公证和维权援助体系，健全知识产权侵权惩罚性赔偿制度，加大损害赔偿力度"。③ 同时还要落实《工业品外观设计国际注册海牙协定》和《关于为盲人、视力障碍者或其他印刷品阅读障碍者获得已出版作品提供便利的马拉喀什条约》（下称《马拉喀什条约》），"对国内外创新主体知识产权给予同等保护，适用统一的审查标准，对每件申请给予平等审查"④，为创

---

① 我国在国资委已经成立了科技创新局社会责任局，对国资央企的创新进行领导。详见《国务院国资委成立科技创新局社会责任局，更好推动中央企业科技创新和社会责任工作高标准高质量开展》，载国务院国有资产委员会网站，2022 年 3 月 16 日，http：//www. sasac. gov. cn/n2588025/n2643314/c23711009/content. html，2022 年 6 月 6 日最后访问。

② 欧盟对各国创新进行评分，根据得分情况，可将欧盟国家分为四种类型：创新领先国家（Innovation Leaders）、创新强劲国家（Strong Innovators）、创新一般国家（Moderate Innovators）与创新新兴国家（Emerging Innovators）。参见《欧盟发布〈欧洲创新记分牌〉：欧盟国家与欧盟地区的创新在不断提升》，载中国国际科技交流中心网站，2021 年 11 月 30 日，https：//www. ciste. org. cn/index. php？m = content&c = index&a = show&catid = 74&id = 3394，European Innovation Scoreboard：Innovation performance keeps improving in EU Member States and regions，European Commission（21 June 2021），https：//ec. europa. eu/commission/presscorner/detail/en/ip_21_3048.

③ 《中华人民共和国国民经济和社会发展第十四个五年规划和 2035 年远景目标纲要》，载中华人民共和国中央人民政府网，http：//www. gov. cn/xinwen/2021-03/13/content_5592681. htm，2021 年 6 月 13 日最后访问。

④ 《海牙协定、马拉喀什条约在我国生效实施——参与世界知识产权治理迈出新步伐》，载《光明日报》2022 年 5 月 17 日，第 08 版。

新提供法治保障。

　　第三，建设国家创新体系①，推进创新人才培养机制的构建，激发人才创新活力，完善科技创新体制机制②。要在全社会营造尊重劳动、尊重知识、尊重人才、尊重创造的环境。③ 创新的主体是个人，只有培养一大批认同个性自由、有独立思考和批判精神，敢于创新、勇于创新的人才有可能实现创新。④ 可以将《中华人民共和国教育法》第6条修改为"教育应当坚持立德树人，对受教育者加强社会主义核心价值观教育，增强受教育者的社会责任感、创新精神和实践能力。国家在受教育者中进行爱国主义、集体主义、中国特色社会主义的教育，进行理想、道德、纪律、法治、创新、国防和民族团结的教育"。⑤ 同时也要保证创新者不用为创新失败而承担巨大的风险。可以借鉴《中华人民共和国科学技术进步法》第68条"国家鼓励科学技术人员自由探索、勇于承担风险，营造鼓励创新、宽容失败的良好氛围。原始记录等能够证明承担探索性强、风险高的科学

---

　　① 最早提出"国家创新体系"这一概念的是克里斯托夫·弗里曼，把国家创新体系描述为一种由公共部门和私人部门共同构建的网络，一切新技术的发起、引进、改良和传播都通过这个网络中各个组成部分的活动和互动得以实现。这个动态体系决定了基于科学知识和技术经验学习过程的创新能力建设的效率与方向。简言之，国家创新体系将直接影响创新行为。参见平力群：《探析日本经济波动的制度因素——基于国家创新体系的视角》，载《日本学刊》2021年第3期，第25页。

　　② 《中国共产党第十九届中央委员会第五次全体会议公报》，载新华网，https：//finance. sina. com. cn/china/gncj/2020-10-29/doc-iiznctkc8368449. shtml，2020年10月29日最后访问。

　　③ 习近平：《加快建设科技强国 实现高水平科技自立自强》，载《求是》2022年第9期，第13页。

　　④ 要更加重视人才自主培养，更加重视科学精神、创新能力、批判性思维的培养培育。参见习近平：《加快建设科技强国 实现高水平科技自立自强》，载《求是》2022年第9期，第13页。

　　⑤ 要注重人文社会科学领域的创新。2020年6月，日本将沿用了25年之久的《科技基本法》修订为《科技创新基本法》。《科技创新基本法》强调对人文社会科学的振兴，以及提升创新能力的重要性。与此相应，在其指导下制订的基本计划，也由原来的"科技基本计划"更名为"科技创新基本计划"。新的基本计划增加了振兴人文社会科学领域的内容，提出通过人文社会科学知识与自然科学知识的融合来创造"综合知识"，并运用"综合知识"解决人类社会面临的发展问题。参见《背水一战：日本启动科技创新"六五计划"》，载新华网，http：//www. news. cn/globe/2021-03/30/c_139827279. htm，2021年3月30日最后访问。

技术研究开发项目的科学技术人员已经履行了勤勉尽责义务仍不能完成该项目的，予以免责"的规定，在其他涉及创新的法律中制定相似的规则。此外，也应当改革教育制度、人才选拔制度、聘用制度、社会保障制度等一系列制度为创新人才的培养和成长提供可能。

参 考 文 献

1. 联合国贸易和发展会议：《世界投资报告 2009》。

2. ［美］道格拉斯·C. 诺思、约翰·约瑟夫·瓦利斯、巴里·R. 温格斯特：《暴力与社会秩序——诠释有文字记载的人类历史的一个概念性框架》，杭行、王亮译，格致出版社 2017 年版。

3. 梁晓晖：《工商业与人权：从法律规制到合作治理》，北京大学出版社 2019 年版。

4. ［法］巴斯夏：《财产、法律与政府》，秋风译，贵州人民出版社 2002 版。

5. 习近平：《在企业家座谈会上的讲话》，载新华社官方账号"新华社" 2020 年 7 月 21 日，https：//baijiahao. baidu. com/s? id = 1672838953450500876 &wfr = spider&for = pc。

6. 胡润研究院：《2020 中国企业社会责任白皮书》，载澎湃号"北京电子学会" 2020 年 6 月 16 日，https：//www. thepaper. cn/newsDetail_forward_7856311。

7. 李扬、彭华岗等：《中国企业社会责任发展报告（2019）》，社会科学文献出版社 2019 年版。

8. 刘璐璐、任姣姣等：《中国企业社会责任研究报告（2020）》，社会科学文献出版社 2020 年版。

9. 黄群慧、钟宏武等：《中国企业社会责任研究报告（2018）：责任十年再出发》，社会科学文献出版社 2018 年版。

10. 程骞、周龙炜：《从"企业社会责任"到"工商业与人权"：中国企业的新挑战》，载《中国发展简报》2015 年第 3 期。

11. 李玉杰：《工商企业在商业活动中尊重和保护人权的责任》，载《天津商业大学学报》2015 年第 1 期。

12. 赵涛、刘保民、朱永明：《基于员工权益的企业社会责任评价体系探讨》，载《郑州大学学报（哲学社会科学版）》2008 年第 2 期。

13. 顾文忠：《企业社会责任对我国对外贸易的影响》，南开大学 2012 年博士研究生学位论文。

14. 贺建涛：《加拿大对海外采矿企业社会责任的战略建构：以拉美为例》，载《拉丁美洲研究》2021 年第 3 期。

15. Radu Mares、张万洪：《工商业与人权的关键议题及其在新时代的意义——以联合国工商业与人权指导原则为中心》，载《西南政法大学学报》2018 年第 2 期。

16. 杨松才：《论〈联合国工商业与人权指导原则〉下的公司人权责任》，载《广州大学学报（社会科学版）》2014 年第 11 期。

17. 梁晓晖：《工商业与人权：中国政策理念的转变与业界实践的互动研究》，载《国际法研究》2018 年第 6 期。

18. 袁楚风：《试析"一带一路"背景下国际化企业人权责任的国际司法监督体系》，载《广州大学学报（社会科学版）》2016 年第 11 期。

19. 李林芳、徐亚文：《"一带一路"倡议与中国企业承担人权责任策略探析》，载《北方法学》2020 年第 2 期。

20. 王秀梅：《论我国〈国家工商业与人权行动计划〉的制定：基于企业社会责任的分析》，载《人权》2019 年第 2 期。

21. 程骞、徐亚文：《人权视角下的公司环境责任——兼论"工商业与人权"框架的指导意义》，载《中国地质大学学报（社会科学版）》2015 年第 5 期。

22. 张伟、张雅琪：《欲穷千里目 更上一层楼——中国改革开放 40 年人权法治保障建设的回顾与展望》，载《人民法治》2019 年第 1 期。

23. 程骞：《残障者平等就业权的国际标准和国内规范——基于联合国工商业与人权框架的考察》，载《残障权利研究》2015 年第 1 期。

24. 许斌：《论工商业人权责任的制度化》，山东大学 2020 年博士学位论文。

25. 胡珀、李卓伦：《企业人权责任的历史演进与未来展望》，载《北华大学学报（社会科学版）》2020 年第 3 期。

26. 徐亚文、李林芳：《简析企业社会责任的人权维度与路径建构》，载《上海对外经贸大学学报》2020 年第 1 期。

27. 程骞：《公司人权义务的法哲学原理》，武汉大学 2016 年博士学位论文。

28. 张心怡：《跨国公司的人权义务及其规制》，外交学院 2019 年硕士学位论文。

29. 李莎莎：《企业人权责任研究》，吉林大学 2018 年博士学位论文。

30. 袁楚风：《企业人权责任实现的国家义务》，载《温州大学学报（社会科学版）》2016 年第 6 期。

31. 李红勃：《公司的人权责任》，载《河北法学》2004 年第 9 期。

32. 王晓静：《中国"走出去"企业人权责任的履行》，载《经济研究导刊》2011 年第 3 期。

33. 李春林：《跨国公司的国际人权责任：基本现状与发展趋势》，载《云南社会科学》2012 年第 4 期。

34. 喻中：《拉特纳论跨国企业的人权责任》，载《人权》2004 年第 5 期。

35. 宋永新、夏桂英：《跨国公司的国际人权责任》，载《浙江大学学报（人文社会科学版）》2006 年第 6 期。

36. 汪玮敏：《跨国公司的国际人权责任》，载《安徽大学法律评论》2006 年第 2 期。

37. 董京波：《跨国公司的人权责任》，载《山西省政法管理干部学院学报》2005 年第 2 期。

38. 刘满达：《跨国公司的人权责任》，载《法学》2003 年第 9 期。

39. 汪玮敏：《跨国公司人权责任的规制及其反思》，载《合肥工业大学学报（社会科学版）》2008 年第 2 期。

40. 李良才：《跨国公司人权责任研究——人权法新发展及中国的应对机制》，载《山西政法管理干部学院学报》2009 年第 3 期。

41. 毛俊响、盛喜：《跨国公司社会责任的确立：基于横向人权义务的补充分析》，载《中南大学学报（社会科学版）》2017 年第 4 期。

42. 马忠法、赵思涵：《联合国视角下跨国公司经营行为的国际系统治理》，载《江汉学术》2021 年第 3 期。

43. 何易：《论跨国公司的国际人权责任》，载《武汉大学学报（哲学社会科学版）》2004 年第 3 期。

44. 迟德强：《论跨国公司的人权责任》，载《法学评论》2012 年第 1 期。

45. 张思思：《试论跨国公司之人权责任》，载《武汉大学学报（哲学社会科学版）》2012 年第 3 期。

46. 孙萌、封婷婷：《联合国规制跨国公司人权责任的新发展及挑战》，载《人权》2020 年第 6 期。

47. 庞林立：《"工商业与人权"议题下的跨国公司和非政府组织合作机制》，载《人权》2020 年第 1 期。

48. 戴瑞君：《"一带一路"建设中的人权因素——以中蒙经贸合作为例的分析》，载《人权》2018 年第 5 期。

49. ［韩］徐昌禄、南承宪：《韩国海外经营企业的工商业与人权案例研究：挑战和一个新的国家行动计划》，张伟、吴华兵译，载《人权》2018 年第 6 期。

50. 程骞：《消除残障就业歧视的官方举措：香港的实践及〈工商业与人权指导原则〉的启示》，载《残障权利研究》2015 年第 2 期。

51. ［美］约翰·杰勒德·鲁格：《工商业与人权：演进中的国际议程》，张伟、尹龄颖译，载《国际法研究》2017 年第 3 期。

52. ［荷兰］尼古拉·杰格斯：《可持续发展目标和工商业与人权议题：是夜行之舟吗?》，张伟、刘林语译，载《中国政法大学学报》2021 年第 1 期。

53. ［美］约瑟夫·熊彼特：《财富增长论》，李默译，陕西师范大学出版社 2007 年版。

54. 鞠龙克：《从企业家精神看企业的社会责任》，载《社会科学家》2012 年第 6 期。

55. ［美］彼得·德鲁克：《创新与企业家精神》，蔡文燕译，机械工业出版社 2007 年版。

56. 叶勤：《企业家精神的兴起对美国经济增长的促进作用及其启示》，载《外国经济与管理》2000 年第 10 期。

57. 李兰：《企业家精神：2009·中国企业家成长与发展报告》，中国人民大学出版社 2009 年版。

58. 邓子纲：《大数据时代企业的社会责任》，载《社会科学战线》2018 年第 10 期。

59. 田奋飞：《论企业责任观选择的逻辑》，载《社会科学家》2007 年第 4 期。

60. David Grayson、Jane Nelson：《企业主导型企业责任联盟的三大推动力量》，殷格非、于志宏译，载《可持续发展经济导刊》2014 年第 6 期。

61. 方建国：《什么样的企业会承担社会责任》，载《福州大学学报（哲学社会科学版）》2019 年第 5 期。

62. 张雯：《企业社会责任与高管胜任力关系实证研究》，西北大学 2012 年博士研究生学位论文。

63. 龙静云：《从行为经济学视角看企业责任伦理》，载《江海学刊》2008 年第 6 期。

64. 薛妙勤：《低碳时代国有企业的责任伦理》，载《郑州大学学报（哲学社会科学版）》2012 年第 2 期。

65. 张维迎：《新古典市场理论与奥地利学派市场理论有什么不同?》，载中国经济 50 人论坛：http://www.50forum.org.cn/home/article/detail/id/7660.html，2021 年 4 月 8 日最后访问。

66. ［美］兰斯·戴维斯、道格拉斯·诺思：《制度变迁与美国经济增长》，张志华译，格致出版社、上海人民出版社 2019 年版。

67. 李春利等：《聚焦张维迎：一个争议经济学家的复杂性与张力》，载 ICCS Journal of Modern Chinese Studies，2018（1），p. 1.

68. 张维迎：《理念决定未来》，载《读书》2002 年第 7 期。

69. 张维迎：《产业政策争论背后的经济学问题》，载《学术界》2017 年第 2 期。

70. ［美］史蒂芬·霍尔姆斯、凯斯·R. 桑斯坦：《权利的成本——为什么自由依赖于税》，毕竟悦译，北京大学出版社 2011 年版。

71. 张维迎：《理念的力量》，西北大学出版社 2014 年版。

72. 汪琼：《教育让心灵起飞——教育心理学的实践应用手记》，东北师范大学出版社 2019 年版。

73. ［美］E. Bruce Goldstein：《认知心理学：心智、研究与你的生活》（第三版），张明等译，中国轻工业出版社 2019 年版。

74. 哈耶克：《自由秩序原理》，邓正来译，生活·读书·新知三联书店 1997 年版。

75. 哈耶克：《建构主义的谬误》，载《知识的僭妄——哈耶克哲学、社会科学论文集》，邓正来译，首都经济贸易大学出版社 2014 年版。

76. Holland, John H., Escaping Brittleness: The Possibilities of General Purpose Machine Learing Algorithms Applies to Parallel Rule-Based Systems, in R. S. Michalski, J. G. Carbonell, and T. M. Mitchell (eds.)：Machine Learning：An Artificial Intelligence Approach, Vol. 2.

77. Popper, Karl R., Objective Knowledge. An Evolutionary Approach. Oxford：Clarendon Press, 1972.

78. Polanyi, Michael：Personal Knowledge. London：Routledge, 1958.

79. ［美］C. 莫特扎维诺斯：《个人、制度与市场》，梁海音、陈雄华、帅中明译，长春出版社 2009 年版。

80. ［美］冯·贝塔朗菲：《一般系统论：基础、发展和应用》，林康义、魏宏森译，清华大学出版社 1987 年版。

81. 傅国华、许能锐：《生态经济学》，北京科学出版社 2014 年版。

82. 魏宏森、曾国屏：《系统论：系统科学哲学》，清华大学出版社 1995 年版。

83. 《国务院关于印发全国主体功能区规划的通知》（国发〔2010〕46 号）。

84. ［美］戴利、法利：《生态经济学：原理和应用》，金志农等译，中国人民大学出版社 2013 年版。

85. 老子：《道德经》。

86. 俞荣根：《儒家思想通论》，商务印书馆 2018 年版。

87. 董仲舒：《春秋繁露》，"人副天数"。

88. 董仲舒：《春秋繁露》，"为人者天"。

89. 董仲舒：《春秋繁露》，"必仁且智"。

90. 徐佳贵：《两个"中心概念"的再检讨——重读杜赞奇〈文化、权力与国家：1900—1942 年的华北农村〉》，载《传统中国研究集刊》（第 15 辑），上海社会科学院出版社 2016 年版。

91. 黄宗智：《小农经济理论与"内卷化"及"去内卷化"》，载《开放时代》2020 年第 4 期。

92. ［美］杜赞奇：《文化、权利与国家：1900—1942 年的华北农村》，王福明译，江苏人民出版社 2010 年版。

93. 黄卉：《法学通说与法学方法——基于法条主义的立场》，中国法制出版社 2015 年版。

94. 《马克思恩格斯选集》（第 4 卷），人民出版社 1995 年版。

95. 汪习根：《法治社会的基本人权——发展权法律制度研究》，中国人民公安大学出版社 2006 年版。

96. ［美］埃里克·方纳：《美国自由故事》，王希译，商务印书馆 2003 年版。

97. ［德］柯武刚、史漫飞：《制度经济学》，韩朝华译，商务印书馆 2000 年版，第 24 页。

98. 《牛津高阶英汉双解词典》，商务印书馆 1997 年版。

99. 《马克思恩格斯选集》（第 3 卷），人民出版社 1995 年版。

100. 李步云主编：《人权法学》，高等教育出版社 2010 年版。

101. 《马克思恩格斯全集》（第 47 卷），人民出版社 1979 年版。

102. 中华人民共和国国务院新闻办公室：《中国的减贫行动与人权进步》，人民出版社 2016 年版。

103. ［美］弗里德曼：《资本主义与自由》，张瑞玉译，商务印书馆 1986 年版。

104. 李立清、李燕凌等：《企业社会责任研究》，人民出版社 2005 年版。

105. Carroll, A. B, A Three-Dimensional Conceptual Model of Corporate Social Performance, Academy of Management Review, 1979.

106. 许英杰、石颖：《战略性企业社会责任》，中国言实出版社 2016 年版。

107. ［英］安德鲁·克拉帕姆：《非国家行为人的人权义务》，陈辉萍、徐昕、季烨译，法律出版社 2013 年版。

108. 孙继荣：《ISO26000——社会责任发展的里程碑和新起点（二）ISO26000 的形成过程及核心内容》，载《WTO 经济导刊》2010 年第 11 期。

109. 张元：《美国国会中的中国人权提案研究（1993—2013）》，华东师范大学 2013 年硕士学位论文。

110. 张涛：《绿色壁垒与贸易争端：以中日蔬菜贸易为例》，人民出版社 2012 年版。

111. 张森林：《经济全球化与世界社会主义价值的思考》，人民出版社 2011 年版。

112. 习近平：《习近平谈治国理政》（第二卷），外文出版社 2017 年版。

113. 陈德铭等：《经济危机与规则重构》，商务印书馆 2014 年版。

114. 朱京安：《中国绿色贸易壁垒法律制度研究》，人民出版社 2018 年版。

115. 联合国人权理事会：《工商企业与人权：实施联合国"保护、尊重和补救"框架指导原则》，人权与跨国公司和其他工商业企业问题特别代表报告，John Ruggie，A/HRC/17/31，2011 年 3 月 21 日。

116. 康树华：《环境保护中的企业责任——从日本的四大公害案件判决谈起》，载《社会科学》1982 年第 10 期。

117. 《朗文当代英语辞典》，外语教学与研究出版社 2004 年版。

118. Merriam-Webster's Collegiate Dictionary，Merriam-Webster, Inc.，第 11 版。

119. ［德］斯蒂芬·沃依格特：《制度经济学》，史世伟、黄莎莉、刘斌、钟诚译，中国社会科学出版社 2020 年版。

120. ［日］青木昌彦：《制度经济学入门》，彭金辉、雷艳红译，中信出版集团 2017 年版。

121. ［美］道格拉斯·C. 诺思：《制度、制度变迁与经济绩效》，杭行译，格致出版社、上海三联书店、上海人民出版社 2014 年版。

122. ［英］安东尼·吉登斯：《社会的构成——结构化理论纲要》，李康、李猛译，中国人民大学出版社 2016 年版。

123. ［澳］柯武刚、［德］史漫飞、［美］贝彼得：《制度经济学：财产、竞争、政策》，商务印书馆 2018 年版。

124. 《世界人权宣言》。

125. 科斯：《企业的性质》，载〔美〕罗纳德·H. 科斯：《企业、市场与法律》，盛洪、陈郁译，格致出版社、上海三联书店、上海人民出版社 2014 年版。

126. 徐显明：《人权法原理》，中国政法大学出版社 2008 年版。

127. 金俭：《略论人权理论与实践的历史发展》，载《南京社会科学》2004年第 5 期。

128. 夏勇《人权概念起源——权利的历史哲学》，中国政法大学出版社 2001年版。

129. 《马克思恩格斯全集》（第 46 卷下册），人民出版社 1980 年版。

130. 〔比〕亨利·皮朗：《中世纪欧洲经济社会史》，乐文译，上海人民出版社 2014 年版。

131. 《明会典》。

132. 陈学文：《明代信牌、信票和路引的考释》，载《中国典籍与文化》2014 年第 2 期。

133. 〔英〕洛克：《政府论》，叶启芳、翟菊农译，商务印书馆 2004 年版。

134. 〔英〕休谟：《人性论》，关文运译，商务印书馆 2006 年版。

135. 张扩振：《经济宪法初论：经济宪法的理念、制度与权利》，中国政法大学出版社 2017 年版。

136. 《孟子·滕文公上》。

137. 王家范：《中国传统社会农业产权"国有"性质辩证》，载《华东师范大学学报（哲学社会科学版）》1999 年第 3 期。

138. 高玮：《中国古代社会私有财产权利分析》，载《湖北经济学院学报》2010 年第 1 期。

139. 王家范：《中国传统社会农业产权辨析》，载《史林》1999 年第 4 期。

140. 刘正祥、徐精鹏：《四川保路运动时期四川地方政府与中央政府的对峙——兼论清朝覆灭的原因》，载《社会科学研究》1998 年第 4 期。

141. 徐正元：《中国当代私营经济初创时期的发展轨迹和阶段特征——"傻子瓜子"经济剖析》，载《中国经济史研究》2003 年第 3 期。

142. 《邓小平文选》（第 3 卷），人民出版社 1993 年版。

143. 张家宇：《论劳动力市场中的管制与自治——美国洛克纳案变迁的启示》，载《湖湘论坛》2016年第5期。

144. 徐海东、周皓：《过度劳动、健康损耗与收入补偿》，载《劳动经济研究》2021年第3期。

145. 陈佑武、李步云：《改革开放以来法治与人权关系的历史发展》，载《现代法学》2015年第2期。

146.《最高人民检察院工作报告——2021年3月8日在第十三届全国人民代表大会第四次会议上》，https：//www. spp. gov. cn/spp/gzbg/202103/t20210315_512731. shtml。

147.《联合国人类环境宣言》（1972年斯德哥尔摩宣言）。

148.《［"数"说两会］"56789"，民营经济有"分量"》，新华社新媒体，2019年3月10日，https：//baijiahao. baidu. com/s？id＝1627584762519150633&wfr＝spider&for＝pc。

149.《国务院办公厅关于印发全国深化"放管服"改革着力培育和激发市场主体活力电视电话会议重点任务分工方案的通知》，http：//www. mof. gov. cn/zhengwuxinxi/caizhengxinwen/202107/t20210721_3739511. htm.

150. 习近平：《致纪念〈世界人权宣言〉发表七十周年座谈会的贺信》，载《人民日报》2018年12月11日。

151. 国务院新闻办公室：《〈为人民谋幸福：新中国人权事业发展70年〉白皮书》，http：//www. scio. gov. cn/zfbps/ndhf/39911/Document/1665100/1665100. htm。

152. 王堃：《发展权的另类功能：缓和商业活动与人权的冲突》，载《学术界》2020年第1期。

153.《中共中央关于党的百年奋斗重大成就和历史经验的决议》，载《人民日报》2021年11月17日。

154.《中华人民共和国国民经济和社会发展第十四个五年规划和2035年远景目标纲要》，载《人民日报》2021年3月13日。

155.［以色列］尤瓦尔·赫拉利：《人类简史：从动物到上帝》，林俊宏译，中信出版集团2017年版。

156. 《关于"双减",习近平这样说》,中国日报网,2021年9月9日,http：//cn. chinadaily. com. cn/a/202109/09/WS61395b99a3101e7ce9762a77. html? ivk_sa=1023197a。

157. James, G. , Robert, L. , Walter, B. , Economic Freedom of the World：1975—1995, The Fraser Institute, 1996.

158. 汤春来：《试论我国反垄断法价值目标的定位》,载《中国法学》2001年第2期。

159. Gwartney, J. , Lawson, R. , Norton, S. , Economic Freedom of the World：2008 Annual Report, The Fraser Institute, 2008.

160. 陈蓉：《论经济自由的含义及其价值——以公用事业的市场准入为视角》,载《长沙理工大学学报（社会科学版）》2010年第4期。

161. ［法］孟德斯鸠：《论法的精神（上册）》,张雁深译,商务印书馆1963年版。

162. 冉富强：《国家举债权与宪法基本权利之关系——以经济自由权为中心》,载《河北法学》2010年第3期。

163. 王克稳：《论市场主体的基本经济权利及其行政法安排》,载《中国法学》2001年第3期。

164. 韩大元：《宪法学》,高等教育出版社2006年版。

165. 罗尔夫·斯特博：《德国经济行政法》,中国政法大学出版社1999年版。

166. FRA, Freedom to Conduct A Business：Exploring the Dimensions of A Fundamental Right, European Union Agency for Fundamental Rights, pp. 9-10, 2015.

167. European Union （2007）, Explanations Relating to the Charter of Fundamental Rights, OJ 2007 C 303/17 （2007/C 303/02）, December 2007.

168. Marks, S. P. , Emerging Human Rights：A New Generation for the 1980s, Stoffer Lectures, Rutgers Law Review, 33 （2）；Wellman, C, Solidarity, the Individual and Human Rights, Human Rights Quarterly, 22 （3）.

169. ［英］以赛亚·伯林：《自由论》,胡传胜译,译林出版社2003年版。

170. 任强：《罗马私法中的占有制度》，载《比较法研究》1994 年第 Z1 期。

171. Sturgis，A. H.，The Rise, Decline and Reemergence of Classical Liberalism，The Locke Smith Institute，1994.

172. 江国华：《论"四项基本权利"及其刑罚向度》，载《武汉大学学报：哲学社会科学版》2013 年第 6 期。

173. 郑成思：《知识产权、财产权与物权》，载《中国软科学》1998 年第 6 期。

174. 刘丕峰：《中国古代私有财产权的法律文化研究》，2008 年博士学位论文。

175. 龙卫球：《数据新型财产权构建及其体系研究》，载《政法论坛》2017 年第 4 期。

176. 邱本：《论市场监管法的基本问题》，载《社会科学研究》2012 年第 3 期。

177. 张扩振、汪进元、王堃：《经济宪法学理论框架建构新探》，载《北京化工大学学报（社会科学版）》2011 年第 1 期。

178. 斯蒂芬·布雷耶、保罗·W. 麦卡沃伊：《管制与放松管制》，载约翰·伊特韦尔、默里·米尔盖特、彼得·纽曼编：《新帕尔格雷夫经济学大词典》（中文版第 4 卷），经济科学出版社 1996 年版。

179. ［美］丹尼尔·F. 史普博：《管制与市场》中文版，上海三联书店，上海人民出版社 1999 年版。

180. 曾国安：《管制、政府管制与经济管制》，载《经济评论》2004 年第 1 期。

181. 程恩富、谭劲松：《社会主义比资本主义能更好地运用市场经济》，载《当代经济研究》2015 年第 3 期。

182. 李龙：《宪法基础理论》，武汉大学出版社 1999 年版。

183. 桂宇石：《中国宪法经济制度》，武汉大学出版社 2005 年版。

184. 朱孔武：《财政立宪主义研究》，法律出版社 2006 年版。

185. 周刚志：《论公共财政与宪政国家——作为财政宪法学的一种理论前言》，北京大学出版社 2005 年版。

186. ［英］霍布豪斯：《自由主义》，朱曾汶译，商务印书馆 1996 年版。

187. ［英］安东尼·吉登斯：《第三条道路：社会民主主义的复兴第三条道路及其批评》，郑戈译，北京大学出版社 2000 年版。

188. ［荷］亨克·范·马尔赛文、格尔·范·德·唐：《成文宪法——通过计算机进行的比较研究》，陈云生译，北京大学出版社 2007 年版。

189. ［美］诺姆·乔姆斯基：《新自由主义与全球秩序》，江苏人民出版社 2000 年版。

190. 邓肄：《公民经济自由在中国宪法中的重新确立》，载《北方法学》2017 年第 4 期。

191. 周庭芳、汪炜：《经济法概论》，武汉理工大学出版社 2013 年版。

192. Lin, K. J., Lu, X., Zhang, J., Zheng, Y., State-owned Enterprises in China: A Review of 40 Years of Research and Practice, China Journal of Accounting Research, 13 (1), 2020.

193. 余淼杰、蓝锦海：《国际贸易视角下逆全球化研究》，载《长安大学学报（社会科学版）》2020 年第 4 期。

194. 邢仁雷、刘昕：《谈新贸易保护主义下的国家安全审查制度——从华为、中兴收购受阻谈起》，载《行政与法》2013 年第 7 期。

195. 杨雪利：《新贸易保护主义对中国进出口贸易的影响和分析》，载《中国储运》2020 年第 8 期。

196. 曹凯：《从欧盟一体化看自由贸易与保护主义》，载《北京理工大学学报（社会科学版）》2001 年第 2 期。

197. 黄一玲：《马克思主义视阈下经济全球化与贸易保护主义兴衰》，载《海南大学学报（人文社会科学版）》2020 年第 3 期。

198. Khor, M., Khor, K. P., Rethinking Globalization: Critical Issues and Policy Choices, Zed Books, 2001.

199.《商务部新闻发言人就美国对 340 亿美元中国产品加征关税发表谈话》，载新华网，2018 年 7 月 6 日，http://www.xinhuanet.com/fortune/2018-07/06/c_1123088529.htm。

200.《关于发布中美第一阶段经贸协议的公告》，载中华人民共和国中央人民政府网站，2020 年 1 月 16 日，http：//www. gov. cn/xinwen/2020-01/16/content _5469650. htm。

201. 联合国贸易和发展会议：《世界投资报告 2019》，载联合国网站，UNCTAD/WIR/2019（Overview），https：//unctad. org/system/files/official-document/ wir2019_overview_ch. pdf。

202. 中华人民共和国商务部：《中国对外投资发展报告 2019》，http：// images. mofcom. gov. cn/fec/202005/20200507111104426. pdf。

203. Li，C.，He，C.，Lin，C.，Economic Impacts of the Possible China-US Trade War，Emerging Markets Finance and Trade，54（7），2018.

204. Fajgelbaum，P. D.，Goldberg，P. K.，Kennedy，P. J. & Khandelwal，A. K.，The Return to Protectionism，The Quarterly Journal of Economics，135（1），2020.

205. Amiti，M.，Redding，S. J.，Weinstein，D. E.，The Impact of the 2018 Tariffs on Prices and Welfare，Journal of Economic Perspectives，33（4），2019.

206. 《美农业部批准 120 亿美元补贴 共和党议员批"苏联政策"》，载观察者网，2018 年 7 月 25 日，https：//www. guancha. cn/internation/2018_07_25_ 465532. shtml。

207. ［英］弗里德利希·冯·哈耶克：《法律、立法与自由》（第 3 卷），邓正来等译，中国大百科全书出版社 2021 年版。

208. 《国务院关于印发〈中国制造 2025〉的通知》（国发〔2015〕28 号），2015 年 5 月 9 日。

209. 冯果：《宪法秩序下的经济法法权结构探究》，载《甘肃社会科学》2008 年第 4 期。

210. 《中共中央关于全面推进依法治国若干重大问题的决定》，载中华人民共和国中央人民政府网站，2014 年 10 月 28 日，http：//www. gov. cn/zhengce/ 2014-10/28/content_2771946. htm。

211. 吴晓波：《激荡三十年》，中信出版社 2008 年版。

212. 《中共中央国务院关于营造企业家健康成长环境 弘扬优秀企业家精神更好发挥企业家作用的意见》，载中华人民共和国中央人民政府官方网站，2017

年 9 月 25 日，http：//www. gov. cn/zhengce/2017-09/25/content_5227473. htm。

213. 孙黎等：《企业家精神：基于制度和历史的比较视角》，载《外国经济与管理》2019 年第 9 期。

214. 陈东升：《改革开放与中国企业家成长的四个浪潮》，载《21 世纪经济报道》2018 年 3 月 13 日。

215. 《国家创新驱动发展战略纲要》，载新华社网站，2016 年 5 月 19 日，http：//www. xinhuanet. com/politics/2016-05/19/c_1118898033. htm。

216. 《国务院关于印发"十三五"国家科技创新规划的通知》，载中国政府网，2016 年 8 月 8 日，http：//www. gov. cn/zhengce/content/2016-08/08/content_5098072. htm。

217. 郭铁成：《企业应该成为技术创新的主体》，载《决策与信息》2015 年第 8 期。

218. 卢现祥：《创新主体：政府还是企业》，载《光明日报（理论周刊·经济学）》，2015 年 3 月 25 日。

219. Mariana Mazzucato, The Entrepreneurial State：Debunking Public vs. Private Sector Myths, Penguin, 2018.

220. 张海丰、杨虎涛：《制度、企业家精神与长期经济增长》，载《学习与实践》2015 年第 5 期。

221. 李克强：《科技创新要面向"双创"在"顶天立地"上下功夫》，载中央政府门户网站，2016 年 2 月 18 日，http：//www. gov. cn/xinwen/2016-02/18/content_5043447. htm。

222. 联合国经济与社会理事会：《关于在国家和国际层面上创造有益于为所有人创造充分的生产性就业和体面工作及其对可持续发展的影响》，2006 年 7 月。

223. 陈佑武：《新发展理念引领中国人权理论的新发展》，载《人权》2016 年第 3 期。

224. 刘燕、万欣荣、李典娜：《社会转型的"制度陷阱"与中国选择》，载《上海财经大学学报》2011 年第 4 期。

225. 秋风：《请给民间金融制度生长的空间》，载搜狐财经，2010 年 1 月 6

日，https：//business. sohu. com/20100106/n269425573. shtml。

226.《哥本哈根共识——社会发展世界峰会主要承诺概述》，哥本哈根，承诺四，1995 年。

227.《国际劳工大会第 96 届会议报告六：促进可持续性企业》，2007 年。

228. 孔幼真：《论科学技术进步对人权发展的影响》，载《政治与法律》1995 年第 6 期。

229. 许成钢：《相比技术创新，制度创新对中国更重要》，载许成钢新浪财经专栏，2017 年 6 月 13 日，https：//finance. sina. cn/zl/2017-06-13/zl-ifyfzfyz 3620659. d. html？ from＝wap。

230. 国际劳工局：《国际劳工大会第 96 届会议报告六：促进可持续性企业》，2007 年。

231. 常健：《社会治理创新与诚信社会建设》，中国社会科学出版社 2016 年版。

232. 李兰：《当代企业家精神：特征、影响因素与对策建议》，载《南开管理评论》2019 年第 5 期。

233.《APPLE 中国企业责任报告》，载苹果中国官网，https：//www. apple. com. cn/job-creation/Apple_China_CSR_Report_2020. pdf。

234.《"人权蓝皮书 10 周年暨中国人权理念、话语和理论"研讨会举行聚焦中国特色人权话语体系构建》，载新华网，2020 年 12 月 20 日，http：//www. xinhuanet. com/2020-12/20/c_1126883719. htm。

235.《181 家美国顶级企业 CEO 宣称：股东利益不再至上》，载新浪财经网，2019 年 8 月 30 日，https：//finance. sina. com. cn/roll/2019-08-30/doc-iicezzrq 2158028. shtml。

236.《给全球 10 多万员工大幅涨薪，微软是怎么想的?》，载极客公园网易号，2022 年 5 月 19 日，https：//www. 163. com/dy/article/H7NUOD9L05119FMA. html。

237.《Amazon 暴力涨薪：员工涨薪 10% 至 30%》，载沐柠深巷网易号 2022 年 2 月 19 日，https：//www. 163. com/dy/article/H0INV52O0552IB33. html。

238. 张文显主编：《法理学》，高等教育出版社 2011 年版。

239. 阎照祥：《英国政治思想史》，人民出版社 2010 年版。

240. 陈新民：《公法学札记》，法律出版社 2010 年版。

241. ［古希腊］柏拉图：《理想国》，郭斌和、张竹明译，商务印书馆 1986 年版。

242. ［古希腊］亚里士多德：《政治学》，吴寿彭译，商务印书馆 1965 年版。

243. 黄群慧：《"十四五"时期全面深化国有企业改革的着力点》，载《学习时报》2020 年 10 月 7 日。

244. 林燕玲：《国际劳工标准》，中国工人出版社 2002 年版。

245. 高振沧、王凤如：《劳工标准与国际贸易关系的趋势预测》，载《辽宁工程技术大学学报（社会科学版）》2005 年第 3 期。

246. 《目标 8：促进持久、包容和可持续经济增长，促进充分的生产性就业和人人获得体面工作》，载联合国网站，https：//www. un. org/sustainabled-evelopment/zh/economic-growth/。

247. European Commission, Attitudes of European Citizens towards the Environment, Special Eurobarometer Survey, March, 2020.

248. ILO 2017, Global Estimates of Modern Slavery：Forced Labour and Forced Marriage, 2017.

249. UN Global Compact, Decent Work in Global Supply Chains：A Baseline Report, 2018.

250. 《人权与跨国公司和其他工商企业问题秘书长特别代表约翰·鲁格的报告——保护、尊重和救济：工商业与人权框架》（A/HRC/8/5），载联合国人权理事会网站，2008 年 4 月 7 日，http：//www. undocs. org/zh/A/HRC/8/5。

251. 《人权与跨国公司和其他工商企业问题秘书长特别代表约翰·鲁格的报告——工商企业与人权：实施联合国"保护、尊重和补救"框架指导原则》（A/HRC/17/31），载联合国人权理事会网站 2011 年 3 月 21 日，https：//undocs. org/zh/A/HRC/17/31。

252. 《国际劳工组织关于工作中基本原则和权利宣言及其后续措施，国际劳工大会第八十六届会议》，载国际劳工组织网站，2018 年 12 月 4 日，https：//

www. ilo. org/gb/documents-in-chinese/WCMS_652158/lang--en/index. htm。

253. 李晓宁、冯颖：《基于合作共赢的和谐劳资关系构建研究》，载《经济问题》2019 年第 6 期。

254. 《关于禁止和立即行动消除最有害的童工形式公约》（国际劳工大会第182 号公约），载国际劳工组织网站，https：//www. ilo. org/dyn/normlex/en/f?p=NORMLEXPUB：12100：0：：NO：：P12100_ILO_CODE：C182。

255. 《准予就业最低年龄公约》（国际劳工大会第 138 号公约），载国际劳工组织网站，https：//www. ilo. org/dyn/normlex/en/f? p = NORMLEXPUB：12100：：NO：12100：P12100_ILO_CODE：C138：NO。

256. 《就业和歧视公约》（国际劳工大会第 111 号公约），载国际劳工组织网站，https：//www. ilo. org/dyn/normlex/en/f? p = NORMLEXPUB：12100：0：：NO：：P12100_ILO_CODE：C111。

257. 《对男女工人同等价值的工作付予同等报酬公约》（国际劳工大会第100 号公约），载国际劳工组织网站，https：//www. ilo. org/dyn/normlex/en/f?p=NORMLEXPUB：12100：：：NO：12100：P12100_ILO_CODE：C100：NO。

258. Shift 和 Mazars LLP 编：《联合国指导原则报告框架及实施指南（2015）》。

259. 陈善荣、陈明：《广东省北江韶关段镉污染事件案例分析》，载《环境教育》2008 年第 1 期。

260. 王萍、陈静晨：《地方政府在企业排污监管中的责任探究——以太湖蓝藻事件为例》，载《陕西农业科学》2014 年第 12 期。

261. WWF, Deforestation and Forest Degradation, https：//www. worldwildlife. org/threats/deforestation-and-forest-degradation。

262. 《与享有安全、洁净、健康和可持续环境相关的人权义务问题独立专家约翰 H. 诺克斯的报告——初次报告》（A/HRC/22/43），载联合国人权理事会网站，2012 年 12 月 24 日，https：//undocs. org/zh/A/HRC/22/43。

263. 《世界人权文书》，载人权高专办网站，https：//www. ohchr. org/CH/ProfessionalInterest/Pages/UniversalHumanRightsInstruments. aspx。

264. 《人权理事会通过的决议 19/10 人权与环境》（A/HRC/RES/19/10），载联合国人权理事会网站，2012 年 4 月 19 日，https：//undocs. org/zh/A/HRC/

RES/19/10。

265.《与享有安全、洁净、健康和可持续环境相关的人权义务问题独立专家约翰 H. 诺克斯的报告》（A/HRC/37/59），载联合国人权理事会网站，2018 年 1 月 24 日，https：//undocs. org/zh/A/HRC/37/59。

266. Boyd, D. R., Catalyst for Change：Evaluating Forty Years of Experience in Implementing the Right to a Healthy Environment, in J. H. Knox & R. Pejan（Eds.），The Human Right to a Healthy Environment, Cambridge University Press, 2018.

267. Boyd, D. R., The Environmental Rights Revolution：A Global Study of Constitutions, Human Rights, and the Environment, UBC Press, 2011.

268. 康纪田：《反思与重构环境权体系及其制度——以矿业环境权为例的实证分析》，载《西部法学评论》2013 年第 2 期。

269. 白平则：《公民环境权与企业环境资源使用权》，载《山西师大学报（社会科学版）》2005 年第 4 期。

270. 习近平：《共同构建人类命运共同体》，载新华网，2021 年 1 月 1 日，http：//www. xinhuanet. com/politics/leaders/2021-01/01/c_1126936802. htm。

271. ISO 14000 Family-Environmental Management，https：//www. iso. org/iso-14001-environmental-management. html。

272. 秘书长特别代表：《应对经济危机不应降低企业的人权责任》，载联合国官方网站，2009 年 6 月 2 日，https：//news. un. org/zh/story/2009/06/113922。

273.［美］丹尼尔·贝尔：《后工业社会的来临》，高铦等译，江西人民出版社 2018 年版。

274. 世界经济合作与发展组织（OECD）编：《以知识为基础的经济》，杨宏进、薛澜译，机械工业出版社 1997 年版。

275.《全国人民代表大会常务委员会关于全国人民代表大会宪法和法律委员会职责问题的决定》。

276.《法规、司法解释备案审查工作办法》。

277. 沈春耀：《全国人民代表大会常务委员会法制工作委员会关于 2019 年备案审查工作情况的报告——2019 年 12 月 25 日在第十三届全国人民代表大会常务委员会第十五次会议上》，载《中国人大》2020 年第 5 期。

278. 沈春耀：《全国人民代表大会常务委员会法制工作委员会关于 2021 年备案审查工作情况的报告——2021 年 12 月 21 日在第十三届全国人民代表大会常务委员会第三十二次会议上》，载《中华人民共和国全国人民代表大会常务委员会公报》2022 年第 1 期。

279. 全国人大常委会法制工作委员会法规备案审查室：《规范性文件备案审查理论与实务》，中国民主法制出版社 2020 年版。

280. 王锴：《合宪性、合法性、适当性审查的区别与联系》，载《中国法学》2019 年第 1 期。

281. 张翔：《基本权利限制问题的思考框架》，载《法学家》2008 年第 1 期。

282. 苏力：《大国宪制——历史中国的制度构成》，北京大学出版社 2018 年版。

283. 〔美〕Keith Sawyer：《创造性：人类创新的科学》，师保国等译，华东师范大学出版社 2013 年版。

284. 〔澳〕Michael A. Peters, Simon Marginson, Peter Murphy 主编：《创造力与全球知识经济》，杨小洋译，华东师范大学出版社 2013 年版。

285. 成思危：《论创新型国家建设》，载《中国软科学》2009 年第 12 期。

286. 黄振、张扩振：《中国语境下协商民主的涵义初探》，载《西南农业大学学报（社会科学版）》2012 年第 5 期。

287. 冯象：《政法笔记》，北京大学出版社 2012 年版。

288.《尊重市场规律是改革的首要原则》，载《经济参考报》2013 年 9 月 12 日。

289. 韩大元：《中国宪法上"社会主义市场经济"的规范结构》，载《中国法学》2019 年第 2 期。

290. Jackie Connor：《香港经济：自由市场经济》，载 Seven Pillars Institute for Finance and Ethics，https：//sevenpillarsinstitute. org/case-studies/% E9% A6% 99% E6% B8% AF% E7% BB% 8F% E6% B5% 8E% EF% BC% 9A% E8% 87% AA% E7% 94% B1% E5% B8% 82% E5% 9C% BA% E7% BB% 8F% E6% B5% 8E/。

291. 〔美〕托马斯·鲍斯泰尔曼：《二十世纪七十年代——从人权到经济不

平等的全球史》，乔国强、乔爱玲译，商务印书馆 2015 年版。

292. 杜钢建：《抵抗性宪政结构与不规制运动》，载《贵州警官职业学院学报》1996 年第 1 期。

293. 杨建顺：《行政规制与权利保障》，中国人民大学出版社 2007 年版。

294. ［英］Cosmo Craham：《民营化——英国实践》，孟晋译，载《公法研究》2005 年第 2 期。

295. ［日］南博方：《当代行政法的发展趋势和日本行政法的新进展》，杨建顺译，载爱思想网，2006 年 5 月 25 日，http：//www.aisixiang.com/data/9619.html。

296. 杨建顺：《中国行政规制的合理化》，载《国家检察官学院学报》2017 年第 3 期。

297. 谢地主编：《政府规制经济学》，高等教育出版社 2003 年版。

298. 高秦伟：《美国规制影响分析与行政法的发展》，载《环球法律评论》2012 年第 6 期。

299. 于安：《加入世贸组织与政府职能转变的法律问题》，载《求是》2002 年第 24 期。

300. 于安：《降低政府规制——全球化时代的行政法》，法律出版社 2003 年版。

301. ［美］兰迪·T. 西蒙斯：《政府为什么会失败》，张媛译，新华出版社 2017 年版。

302. 习近平：《加快建设科技强国 实现高水平科技自立自强》，载《求是》2022 年第 9 期。

303. 许明月、张志辽：《区际贸易障碍的法经济学分析与宪法规制》，载《现代法学》2009 年第 2 期。

304. 宋华琳：《美国行政法上的独立规制机构》，载《清华法学》2010 年第 6 期。

305. 周汉华：《政府监管与行政法》，北京大学出版社 2007 年版。

306. 高秦伟：《分享经济的创新与政府规制的应对》，载《法学家》2017 年第 4 期。

307. 崔卓兰、于立深：《行政规章研究》，吉林人民出版社 2002 年版。

308. 何彬：《腐败如何使规制低效？一项来自环境领域的证据》，载《经济社会体制比较》2020 年第 6 期。

309. 程岩：《规制国家的法理学构建——评桑斯坦的〈权利革命之后：重塑规制国〉》，载《清华法学》2010 年第 2 期。

310. ［美］凯斯·R. 桑斯坦：《权利革命之后：重塑规制国》，钟瑞华译，中国人民大学出版社 2008 年版。

311. 苗红娜：《治理时代西方国家的政府规制改革——兼论后规制政府的兴起》，载《重庆大学学报（社会科学版）》2010 年第 2 期。

312. 张自卿、邵传林、裴志伟：《制度环境与企业家精神一个文献综述》，载《商业经济研究》2015 年第 7 期。

313. 马富萍，郭晓川：《企业家精神培育环境研究：量表的开发与验证》，载《内蒙古大学学报（哲学社会科学版）》2017 年第 4 期。

314. MS Cardon & CE Stevens & DR Potter, Misfortunes or Mistakes？: Cultural Sensemaking of Entrepreneurial Failure, Journal of Business Venturing, 2011.

315. 赵乐祥、汪春雨：《新时代企业家精神的内涵、作用与环境培育》，载《广西社会科学》2020 年第 12 期。

316. 庞丽君、朱立华：《评价理论视角下中美企业家形象建构对比研究》，载《经济界》2018 年第 6 期。

317. 《中国共产党第十九届中央委员会第五次全体会议公报》，载新华网，2020 年 10 月 29 日，https：//finance. sina. com. cn/china/gncj/2020-10-29/doc-iiznctkc 8368449. shtml。

318. 《中共中央关于制定国民经济和社会发展第十四个五年规划和二○三五年远景目标的建议》，载中华人民共和国中央人民政府网，2020 年 11 月 3 日，http：//www. gov. cn/zhengce/2020-11/03/content_5556991. htm。

319. 《习近平在中国科学院第十七次院士大会、中国工程院第十二次院士大会上的讲话》（2014 年 6 月 9 日），人民出版社 2014 年单行本。

320. 《习近平话改革：大胆探索 勇于创新》，载央视网，2018 年 10 月 3 日，http：//news. cctv. com/2018/10/03/ARTIar9Le2ZL1zxrkIvZpKVG181003. shtml。

321. 《习近平总书记讲话引发热烈反响：弘扬企业家精神 勇当生力军》，载《人民日报》2020年7月24日。

322. 《习近平在参加全国政协十二届一次会议科协、科技界委员联组讨论时的讲话》（2013年3月4日），载新华网，http：//www.xinhuanet.com/politics/2017-05/10/c_1120946574.htm。

323. 郑刚、刘仿、徐峰、彭新敏：《非研发创新：被忽视的中小企业创新另一面》，载《科学学与科学技术管理》2014年第1期。

324. 饶扬德、唐喜林：《市场、技术及管理三维创新协同过程及模型研究》，载《科技进步与对策》2009年第13期。

325. 黄荣光：《日本的科学技术法制体系简述》，载《科学文化评论》2020年第5期。

326. 肖尤丹：《全面迈向创新法时代——2021年〈中华人民共和国科学技术进步法〉修订评述》，载《政策与管理研究》2022年第1期。

327. 《海牙协定、马拉喀什条约在我国生效实施——参与世界知识产权治理迈出新步伐》，载《光明日报》2022年5月17日。

328. 平力群：《探析日本经济波动的制度因素——基于国家创新体系的视角》2021年第3期。

329. 《背水一战：日本启动科技创新"六五计划"》，载新华网，2021年3月30日，http：//www.news.cn/globe/2021-03-30/c_139827279.htm。

后　记

　　2018 年年底正值贸易冲突不断加剧，世界面临逆全球化浪潮的侵袭。笔者申请的教育部人文社会科学重点研究基地重大项目"贸易冲突背景下的工商业与人权研究"获得了批准和资助。之前鲜有学者从贸易冲突的视角来观察和思考工商业与人权关系。人权保障，没有最好，只有更好。笔者试图从内外两方面找寻冲突的根源，从冲突各方的立场来提出切实的冲突化解方案。因此如何以全新的视角来分析问题，给出解决的方案，必须首先对工商业与人权两者关系进行梳理。

　　一方面，以市场机制为基础的工商业的发展是近代人权理念产生和发展的源泉。在某种意义上说，没有市场就没有人权的概念，或者人权问题就不会突出。工商业的发展需要人权的扩展，不论是自由权还是社会权。人权，特别是社会权得到很好的保护是我国市场机制扩展最重要的动力。这需要从各个方面来研究人权发展的历史与市场发展的历史，明确工商业保障人权的原因。

　　另一方面，工商业的发展似乎与某些人权有冲突，比如环境权、劳工权等。于是有人就大谈企业的社会责任，试图用法律规制企业行为以保护人权，或者通过合作治理来保护人权。这些都没有问题，问题是企业为何要保护人权呢？如果不能说服企业去主动保护人权，只是用法律来压制，或者利用其他柔性的方式迫使其合作，企业真的就会保障人权吗？答案应当是否定的，因为企业管理者认可的企业利益可能会战胜环境权、劳工权的保护，特别是内卷化的情况下。

　　谈及工商业与人权，实务界和学界大多被动地讨论外部环境和因素，如联合国制定的原则，如何将这些保障人权的原则落实到实践中，探讨如何来突破西方国家在贸易冲突中依照人权保障标准建立的"贸易壁垒"的问题。很少有人对内部环境和因素方面进行理论研究和找寻解决问题的对策及路径。

当前我国经济发展存在诸多问题。宏观问题如中等收入陷阱、贸易摩擦以及内卷化问题，微观问题如企业保护环境权和劳工权不力。联合国制定了一系列工商业与人权的原则，但如果将这些原则制定成条约等类型的实施细则却困难重重。国际上的努力虽然起到了导向和指引作用，但实际意义不大的原因在于工商业与人权的调适主要还是一个国内的问题。只有解决了企业家精神的问题，才算是有了真正的突破。因此致力于培育企业家精神是当前的关键。企业中特别是企业家只有把创新作为主要理念的情况下，才可能破除内卷化，从而有机会和条件来保护人权。所以从理念上讲，弘扬企业家精神特别重要。

为了未来更好地开展研究和应用于实践，笔者认为有必要对内部环境和因素进行思考和分析，为下一步研究梳理思路、奠定基础，也供学界同仁批判斧正。当然，全书定稿，只是表示一个阶段的完成，此外实在不能代表什么。随着贸易冲突的不断加剧，逆全球化趋势不断增强，工商业与人权话题也被蒙上了政治意识形态色彩，尤其从自我反思和突破自我的角度来寻求解决问题的方法和路径，无疑决定了研究成果的适用有其限度。笔者和笔者关注的课题，都还在路上。

本书出版，离不开各方帮助。恩师周叶中老师宽广的学术视野和深厚的学术想象力是我一生取之不竭的源泉。各位老师、师兄弟及友人们的支持推动着我的不懈探索。感谢中宣部人权事务局、国务院新闻办公室人权事务局和教育部领导的信任。感谢广州大学人权研究院、挪威奥斯陆大学人权研究中心、意大利帕多瓦大学人权研究中心领导和同事们的鼓励和支持，尤其感谢本课题专家组成员：张扩振、李红宾、张昭、朱道坤、韩凌、蔡武进的不懈的努力和付出，他们在选题、写作，成稿、校对整个过程给予我巨大的帮助。感谢好友马卫强和本书编辑胡荣的鼎力支持，没有你们本书不可能出版。几句感谢的话难以表达感情的全部。

王　堃

2023 年 6 月 30 日